上級日本語教材

日本がわかる、日本語がわかる
ベストセラーの書評エッセイ24

解　答

第1課

【思考のストレッチ】 解答例

1. ・先生や上司と話す際、敬語を使わなければならないことが多いが、「変な敬語」を使ってしまうことが多い。
   ・「独壇場」と「独擅場」（誤用が一般的に使用されてしまった例）、「完璧」と「完璧」（漢字の書き間違いが起こりやすい例）、「的を射る」と「的を得る」（誤用と言われているが実は合っているんじゃないかという説もある例）などについて話題になった。
   ・若者言葉や流行語について「問題である」と指摘される。

2. ・日本語の授業時やレポート・論文の執筆時
   ・インターン先で仕事をしているとき（通訳やメールのやり取りなど）
   ・あるいは、国会の答弁では言葉遣いの間違いがたびたび野次の対象になっている。

3. ・「ご連絡してください」：相手に後日連絡してもらいたいときに使うことが多い。相手の「連絡」を丁寧に伝えるために「ご連絡」とするのだが、誤りだと指摘される。その理由は、「ご連絡する」は謙譲語であり、「ご連絡してください」は、目上の人の行為に謙譲語を使うことになってしまうからだそうだ。
   ・「水を飲んでいるのとき」「優しいな人」など、接続の間違い。

【言語知識に関する設問】

1. ❶へんさん　❷せんたくし　❸ぎみ　❹くりょ　❺ひとごと
   ❻めった　❼ひんぱん　❽れっせい　❾ともなう　❿おめい

2. ❶集めて　❷至る　❸挙げて　❹受け入れる　❺伸びて
   ❻取り戻す

3. 解答例
   ・「後を絶たない」：体にきつい仕事のため、続かずに辞めてしまう人が後を絶たない。
   ・「習い性」：漁師だった父は、仕事柄、誰よりも早起きだったが、それが習い性になり、引退した後も必要がないのに誰よりも早く起きてしまう。

【内容理解】

1. 母語話者であっても自分の言葉遣いに完全な自信はなく、かなりの自信を持っている人でも、「間違った日本語／正しい日本語」の本を読んでみると自分が間違って覚えている言葉がいくつもあるということに気づくものだから。

2. a

3. 「後を絶たない」はよくないことが次々起こる場合に使う言葉なので、注文がたくさん入って売り上げが伸びるというような肯定的な場面で使うのは不適切であるから。

4. ・「すごいおいしい」という言い方は一般的には文法の間違いだとされているが、話し言葉であれば、「すごい暑い」とか「えらい大きい」のように形容詞の連体形を副詞的に用いるのも、かなり定着した用法であるから。

- 「汚名挽回」は、悪い状態を再現するというおかしな意味になってしまうと言われているが、「劣勢を挽回する」（劣勢な状態から巻き返す）という表現もごく普通に用いられているため、「汚名挽回」の「挽回」を「〜から巻き返す」という意味に理解すれば、完全に間違いとは言えない。

5. 言葉の用法というものにかなり議論の余地があるから。（言葉の用法というものにかなり議論の余地があり、また、元来の使い方がどうであっても、新しい言葉遣いに人々が慣れてしまえばそれを「正しい言葉遣い」として認めざるを得ないから。）

【発展活動】 解答例

1. ＊以下は、本教材編集委員が2010年10月15日〜11月27日に東京大学・早稲田大学・慶應義塾大学・筑波大学の在学生を対象に行った調査結果に基き、解答例を作成したものである。

①「代返」

〈意味〉 出欠確認の際、欠席した学生の代わりに、他の者がその学生のふりをして返事や出席票の提出をし、欠席者が授業に出ていないのに出席点を得られるようにすること。

〈説明〉 授業に出たくない大学生の間で使われる。不正行為であるため、発覚した場合は罰を受けることもある。

〈備考〉 代返対策として、教師が学生の顔を一人ひとりチェックして出欠を取ったり、学生証の提示などを義務化したりすることもあるが、50人を超える授業では時間的な制約から難しく、完全に代返を防止することは難しい状況となっている。大学によっては、教室の入り口にIDカードを読み取る機械を設置し、学生が入室する際に読み取ったり、出欠確認に携帯電話やスマートフォンを利用し、GPS機能や本人認証システムで確認したりして、代返を防ぐ取り組みもなされている。

②「チャイ語」

〈意味〉 中国語のこと。

〈説明〉 大学の第二外国語の講義名を指して呼ばれることが多い。他にも、「フラ語（フランス語）」「ドイ語（ドイツ語）」など。

〈備考〉 日本の大学では、1990年代以降に第二外国語教育としての「中国語」教育が盛んになった。また、外国語学部、国際学部等に中国語学科や中国語専攻コースを設置するようになった。21世紀に入って中国の経済が著しく発展するとその傾向は顕著になり、日本の大学における中国語履修者も増加傾向にある。『日本の中国語教育』(2002)の16大学の統計によると、第二外国語履修生全体に占める中国語履修者の割合は、多い所で58％、平均すると37％であった。

③「どんだけ」

〈意味〉 突っ込みを入れる際に使う言葉。

〈説明〉 「どんだけ○○なんだよ」という言葉を略し、「どんだけー」と感嘆詞的に一言で突っ込みを入れたり、「うそー」「マジ？」と同様のニュアンスで使ったり、さまざまな意味合いのツッコミ文句として使われる。

〈備考〉 「どんだけぇ〜」の綴りで2007年流行語大賞トップテンに入賞した。

④「フル単」
〈意味〉　1年間で取れる単位の上限まで授業の登録をすること。また、登録した授業の単位をすべて取得すること。
〈説明〉　「full 単位」の略。
〈備考〉　1単位は、予習・復習・課題等のすべての時間を含んで45時間の学習を必要とするものが標準的。大学卒業には最低124単位が必要とされ、各大学・学部が定める必修科目・選択科目等から決められた単位数を履修し、卒業が認められることになる。

⑤「もさ」
〈意味〉　本来は「猛者」と書き、勇敢で荒々しく強い人、あるいは、その道で優れている人を指す。
〈説明〉　若者の間では、あることに熱中しているような人などに対し、気軽に用いる。ややけなした（「それをやりすぎ」といった）ニュアンスを含む場合がある。

⑥「テンパってる」
〈意味〉　焦る、いっぱいいっぱいになる（余裕がない状態になる）こと。
〈説明〉　「慌てて動揺する」「焦る」「のぼせる」「薬物で混乱する」など、さまざまな余裕のない場面で使われるようになっている。
〈備考〉　麻雀用語で「あと1枚で上がれる状態」を意味する「聴牌」に「る」を付けたもの。ここから「準備万全の状態になる」や「目一杯の状態になる」という意味を持つようになる。それが転じて、「余裕がなくなる」というネガティブな意味を持つ。

【解説】
　学生が使う言葉は、主に「学生言葉」「学生語」「キャンパス言葉」、あるいは、「若者言葉」と呼ばれるが、非常に移り変わりが激しい。学生が使う言葉の中には、社会の出来事に関係のある言葉や、テレビCM、ドラマの台詞等が流行して使われるようになるものが多いと言われている。また、言葉を短縮したり（『ツンデレ』〔「ツンツンデレデレ」の略。気が強いため、好意を寄せている相手を突き放すような態度をとってしまう、照れ屋な性格のこと。〕、『フラ語』〔フランス語〕など）、逆さにしたり（『デルモ』〔モデル〕、『まいう～』〔うまい〕など）、ローマ字化して頭文字のアルファベットを並べたり（『KY』〔空気読めない〕など）する例もよく見られる。全国的に広まるものもあれば、地域限定で使われるものもある。また、ネットやゲームの世界でしか使われない言葉（『横レス』〔横やりのレスポンス（response）。SNSやチャットルームなど、利用者が限定されるオンラインサービスで、二人がやり取りしているところへ別の人が話題に加わること〕など）、あるいは、特定の趣味やスポーツをする人たちの中で使われる同人用語もある（『中オタ』〔ぬいぐるみのキャラクターが好きなのではなく、ぬいぐるみの中の"人"に熱中しているファンのこと〕など）。また、もともと英語だった表現を日本語のひらがなで表示するものも幅広く使われるようになってきている（たとえば、ツイッターの世界で広まった『なう（now）』〔『銀座なう』『ラーメンなう』といったように、"今"いる場所をはじめ、今やっていること、今思っていることなどが「進行中」であることを示す際に使う。2010年流行語トップテンに選ばれた〕など）。
　大学ごとに使われる言葉もある。たとえば、今回、調査に協力していただいたのは東京大学・早稲田大学・慶應義塾大学・筑波大学の学生さんたちであるが、筑波大生の回答の中には、『帰筑』〔つくばに帰る、あるいは帰ってきたこと（筑波大学は茨城県つくば市に存在するが、学園

都市を人工的に形成したため、地元出身の学生が極端に少ない。そのため、実家からつくばに戻る際は特別な意味を込めてこの言葉が使われる。つくばを発つことを『離筑』ということもある）という、筑波大生ならではの言葉も見られた。

　調査にご協力いただいた学生さんの一人からは次のようなコメントが寄せられた。

　「僕は、そもそも、自分が使っている言葉が『学生が使う言葉（あるいは、若者言葉）』だということに気づいていないものもありました。何が『学生が使う言葉』で、何がそうでないのかよくわかっていません。これはちょっとまずいなと反省しています。というのも、今、就活中なんですけど、『面接では学生言葉厳禁！』って、きつく言われているからです。」

　普段、自分が使っている言葉が、自分の属する大学や、自分と同じような年齢の人同士でしか使わないということは意識しづらいものである。一方、そのような言葉は、別の年齢層やコミュニティの人間からすると意味がわかりにくかったり、時に不快感を覚えたりすることもある。「問題」とされるのはそのような場合に多い。そのため、就職の面接の際に学生言葉を使ってしまうと、面接官から「一般常識が身についていない」「未熟」といった評価を受けてしまうこともある。ただ、学生さんのコメントのように、「何が学生の言葉か」というのを判別するのは難しく、基準は非常に曖昧である。なにげなく人々が使い始め、広がるというのが言葉であるため、「誰が使うのか」「いつから使われているのか」などといったことはそう簡単にわかるものではない。また、たとえば、「よいです」という言葉は古くは明治の学生言葉（書生言葉）であったが、今は普通の言葉としてなじんでいるように、本来は学生言葉の範疇に入っていたものも、場合によってはそうではなくなるといったこともあるため、いっそう複雑になってくる。

　このように、一口に「学生の言葉」、あるいは「若者言葉」と言っても、その実態は非常に多様で流動的である。どの地域の学生か、どんなことを専門に学ぶ学生か、どんな趣味を持ちどんなサークルに所属する学生か、あるいは、どの時代の学生かなどによって使われる言葉も違うのである。

　逆に、このような言葉を見ていると、「日本語」として一括りになっている言葉が、実は時代や使い手によって非常に動的で多様であることに気づかせてくれるとも言える。

　若者言葉や流行語は、人々の言葉への感性を楽しむのに役立つ。たとえば、「代返」という現象は中国の大学にもある。中国では空いた席の"穴"を埋めるという意味で、「填坑（Tián Kēng）」という言葉が使われる。また、「もさ」という表現と似たものとして、「猛（Měng）」というのもある。国や言語が違っても、同じような学生言葉が存在し、学生たちの言語感覚やセンスには共通点もありそうである。

　先に挙げた、学生さんのコメントに「就職活動中は学生言葉厳禁」という話題が出てきたが、もちろん、時と場合を選んで使うべきなのではあるが、あまりにも、使い方や意味にこだわりすぎてしまうとせっかくの言葉の魅力が失われるようにも思われる。

　言葉というものは、そもそもは人と人とが社会を形成しコミュニケーションする中で豊かに生み出されるものであるため、「学生言葉」、あるいは「若者言葉」に対しても、お互いの気持ちを豊かに伝え合うための一つのツールと考え、そこに込められた人々の言葉への感性を楽しむ気持ちでいればよいのではないかと思われる。

2. ・辞書に書かれた意味や用法を基準にする。
 ・その言葉や使い方を一千万人以上といった多数の人々が使うかどうかを基準にする。
 ・「日本人」が使う言葉を基準にする。
 ・「日本人」でなくても、「母語話者」が使う言葉を基準にする。
 ・日本語の研究をしている人が認めたものを基準にする。
 ・歴史や伝統を基準にする。
 ・国家が発表したもの、あるいは、認めたものを基準にする。

3. ・特に日本語を勉強している人の場合は、間違った日本語を使うのはよくないため、「正しい」言葉を使うことに意義はある。時代や状況、地域によって言葉の使われ方は変わっていくが、そのときにどのような使い方が正しいとされているかを確認し、場合に合わせて改定していくべきである。
 ・言葉の正しさは、伝統や歴史によって生み出される大切な基準であり、守るべきであるため、「正しい」言葉を使うことに意義はある。
 ・言葉の正しさを判別することはそもそも難しいのではないか。たとえば、今正しいとされる使い方も、過去には正しくなかったものもあるし、地域によって正しいか正しくないかが異なるものもある。あるいは、場面によって正しさが変わる場合もある（結婚式、学校、会社、などで言葉の使い方も変わることがある）。そのため、正しい言葉を理解したり習得したりすることを完璧に行うのは不可能で、限界があることを認めなければならない。
 ・大切なのは、「何を表現したいか」と「どうしたら最もよく伝わるか」であって、「正しいかどうか」「間違ったかどうか」だけが重要なのではない。

第2課

【思考のストレッチ】 解答例

1. ・日本語の勉強に、音読はとても役に立っている。今でも、教科書の本文や授業で配布されたプリントの文章を使って勉強するときは、努めて音読している。音読を繰り返せば、言葉が口に定着し、実際にコミュニケーションする際にすぐに口から言葉が出てくるようになる。このような経験から、音読が効果的であるという意見に賛成だ。
 ・音読は効果的であるとよく言われているが、そうではないと思う。特に、外国語を学ぶときには、間違った発音で音読を繰り返してしまう危険性が高く、音読を繰り返すことで、逆に悪い癖が定着してしまうからだ。

2. ・日本語の勉強に、暗誦はとても役に立っている。教科書の本文や授業で配布されたプリントの文章の音読を繰り返して暗誦できるようになれば、学んだ言葉やフレーズが自分の中に定着し、別の場面で自然に出てくるようになる。言葉の学習に暗誦は効果的であると思う。
 ・暗誦は効果的であるとよく言われているが、そうではないと思う。暗誦を中心とした学習方法は、もちろん大切だとは思うが、教科書などで勉強した言葉をそのまま使うだけではコミュニケーション能力は向上しないと思われるので、ただ覚えるだけでは不十分だと思われる。

3. ・言葉は、その言葉を使う人々の文化であり、文化は歴史によって培われてきたものである。そ

のため、今の言葉を知るには、過去の言葉を学ぶことが必須で、そのためには古典文学作品に触れることはとても有意義なことであると考えられる。古典文学作品は、普段私たちが耳慣れない語句で記されているため、一見私たちが使う現代語とは異なるものに思われるが、音読を繰り返し、暗誦することで、少しずつ、その関係性が感じられるようになる。古典文学作品を学ぶ際、音読したり暗誦したりすることは、今の言葉のルーツを感じ、今の言葉をより深く理解するために大切なことだと思う。

・そもそも古典文学作品を勉強することに意味があるとは思わない。たしかに、古典作品の学習は、私たちの言葉や文化の起源を知る上で重要なのかもしれないが、それよりも他に学ぶべきことはたくさんあるのだから、わざわざ古典文学作品を暗誦したりするよりも、今の社会や文化についてより多くの情報を得ることのほうが大切なのではないだろうか。

【言語知識に関する設問】

1. ❶さかのぼる ❷つちかう ❸やどる ❹きひ ❺さく
   ❻ひんする ❼かろんじる ❽おびる ❾なげく ❿おさめる
2. ❶d ❷b ❸c ❹c
3. ❶習慣づけて ❷引き締め ❸力を込めて ❹力を抜き ❺しっかり
   ❻つかみ ❼深く長く ❽リラックスし ❾柔軟 ❿力強い

【内容理解】

1. かつて、学校ではとにかくたくさんの古典的な文章を暗記したが、戦後、とくに高度成長が終わって以降の日本では、ひたすら知識を増やすだけの「詰め込み型」の教育は古臭いものとして批判され、自分で考える力や自由な発想を育てることが大切であるという風潮が強かったため、「とにかく覚える」という暗誦は忌避されてきたから。

2. c

3. 型

4. 解答例

   ・「腰を据える」 〈意味〉 落ち着いて事に取り組むこと。
   　　　　　　　　〈例文〉 彼は問題が起きても、慌てずに腰を据えて対処している。

   ・「腰抜け」　　 〈意味〉 臆病なこと。勇気のない様。意気地なし。
   　　　　　　　　〈例文〉 彼は腰抜けで、けんかに勝ったところなど見たこともない。

   ・「腰くだけ」　 〈意味〉 物事が肝心なところでうまくいかず中途半端に終わること。
   　　　　　　　　〈例文〉 何事もよく考えもせずに計画すると、腰くだけになる。

   ・「および腰」　 〈意味〉 気が向かず積極的にしようとはしない状態。
   　　　　　　　　〈例文〉 義務だからといっておよび腰で手伝われても、かえって迷惑だ。

   ・「逃げ腰」　　 〈意味〉 困難や責任を恐れて逃れようとしている様。
   　　　　　　　　〈例文〉 上司が逃げ腰では、部下は仕事に集中できない。

   ・「弱腰」　　　 〈意味〉 何かに対して弱気で消極的な態度を取ること。
   　　　　　　　　〈例文〉 そんな弱腰の態度で相手を説得できるわけがない。

- 「腹を決める」　〈意味〉（何かするときの）気持ちをはっきりと決断すること。
  　　　　　　　　〈例文〉どの大学に行こうか悩んでいたが、腹を決めた。
- 「腹をくくる」　〈意味〉（不利を承知の上で）〜しようと覚悟を決めること。
  　　　　　　　　〈例文〉彼は腹をくくって、難問に挑戦し始めた。
- 「腹が据わる」　〈意味〉どんなことにも動じないで落ち着いていること。
  　　　　　　　　〈例文〉人間、土壇場になれば腹が据わるというものだ。
- 「腹を探る」　　〈意味〉相手の考えていることを読もうとすること。
  　　　　　　　　〈例文〉態度や話し方を見ながら相手の腹を探る。
- 「腹を割る」　　〈意味〉隠し事をしないで本音を言い合うこと。
  　　　　　　　　〈例文〉腹を割って話せる友人は何より大事だ。
- 「腹の虫」　　　〈意味〉人の機嫌のこと。「〜の居所が悪い」「〜がおさまらない」など、通例、機嫌が悪いときに使う。
  　　　　　　　　〈例文〉彼のいい加減な態度に腹の虫がおさまらない。
- 「肝に銘じる」　〈意味〉絶対に忘れないようにすること。心に刻み込むこと。
  　　　　　　　　〈例文〉父の言葉を肝に銘じて、私は家を出た。
- 「腑抜け」　　　〈意味〉信念がなく、根性のないことや、やる気の感じられない様。
  　　　　　　　　〈例文〉あんな腑抜けた男には大きなことなんてできやしない。
- 「腑に落ちる」　〈意味〉納得すること。一般的には「腑に落ちない」と否定的な意味で使うことが多い。
  　　　　　　　　〈例文〉彼の説明はどうにも腑に落ちない。

5. a

【発展活動】 解答例

1.
- 「顔色をうかがう」　〈意味〉相手の表情を見て相手の考えや気持ちを知ろうとすること。
  　　　　　　　　　　〈例文〉彼は上司の顔色をうかがってばかりいる。
- 「顔に書いてある」　〈意味〉言ってはいないが表情からすぐに心情や考えがわかること。
  　　　　　　　　　　〈例文〉言いたいことが顔に書いてあるよ。
- 「目が点になる」　　〈意味〉驚きあきれること。
  　　　　　　　　　　〈例文〉彼の非常識な行動には目が点になるよ。
- 「長い目で見る」　　〈意味〉今だけで判断せずに気長に見守ること。
  　　　　　　　　　　〈例文〉人を育てようと思うならを長い目で見ることが大事だ。
- 「開いた口がふさがらない」　〈意味〉あきれ果てて何も言えなくなる様。あっ気にとられること。
  　　　　　　　　　　　　　　〈例文〉彼女のあまりのわがままな言いように開いた口がふさがらない。
- 「口が裂けても」　　〈意味〉（通例「言えない」を伴って）絶対口外しないことを示す。
  　　　　　　　　　　〈例文〉あんな失敗をしたなんて恥ずかしくて口が裂けても言えないよ。
- 「腕が鳴る」　　　　〈意味〉自分の技術や力などを発揮したくてうずうずとすること。
  　　　　　　　　　　〈例文〉美味しい食材を見ると料理人としての腕が鳴る。

7

- ・「腕を上げる」　〈意味〉　技術や芸事が上手になること。
  　　　　　　　　〈例文〉　彼は最近、大工としての腕を上げたね。
- ・「肝をつぶす」　〈意味〉　ものすごく驚いた様。または、この上なく驚いたことを示すときにも使う。
  　　　　　　　　〈例文〉　予想を超えた彼の強さに一同肝をつぶした。
- ・「肝を冷やす」　〈意味〉　危険な目にあってぞっとすること。
  　　　　　　　　〈例文〉　今朝、車にひかれそうになって肝を冷やしたよ。

2. 「不为五斗米折腰（bú wèi wǔ dǒu mǐ zhé yāo）」

  「安能摧眉折腰事权贵（ān néng cuī méi zhé yāo shì quán guì）」

  「推心置腹（tuī xīn zhì fù）」

  「腹黒（fù hēi）」

3. ［どの名文を選ぶのかは自由。ただし、朗読なので大きな声ではっきりと発音することを重視する。］

第3課

【思考のストレッチ】 解答例

1. ・関東大震災：
   1923年9月1日に神奈川県相模湾北西沖を震源として発生した地震災害。マグニチュード7.9。約190万人が被災、10万人余が死亡・行方不明になった。昼食の仕度をする時間帯に起きたことで、火災が頻発し被害を拡大させた。

   ・阪神・淡路大震災：
   1995年1月17日に淡路島北部沖の明石海峡を震源として発生した地震災害。マグニチュード7.3。死者約6,400人、行方不明者3人。ビルやマンション、病院といった大きな建物から住宅まで、倒壊・全半壊が多数起こった。また、道路や鉄道、電気、水道、ガス、電話などのライフラインは寸断されて広範囲においてまったく機能しなくなった。

   ・東日本大震災：
   2011年3月11日に宮城県牡鹿半島の東南東沖を震源として発生した地震災害。マグニチュード9.0。死者約15,000人、行方不明者は約3,000人（2012年7月現在）。津波による被害や、地震が影響して発生した福島第一原子力発電所の事故による放射性物質の被害が深刻となった。

2. 福島第一原子力発電所で事故が発生し、放出された放射性物質が周辺地域にも降り注いだと知って心配になった。普段の生活の中でも、雨や食べ物に注意するようになった。

3. TVや新聞など、従来のマスメディアでは、リアルタイムで情報が得られないため、Twitterやネットニュースのほうが状況の把握には役立つ。しかし、SNSやブログ、ネットニュースの中には、情報の裏付けがないものや誤報も少なくなく、TVや新聞などの従来のマスメディアのほうがまだ信頼できる面もあると思う。

【言語知識に関する設問】

1. ❶ほうかい　❷つなみ　❸おせん　❹きょうきゅう　❺しんぴょうせい

❻おとる　❼はいき　❽いきどおる　❾まれ　❿ふっこう
2. ❶事象　❷パニック　❸ストップ　❹リスク　❺コメント　❻見舞われる
3. ❶c　❷b　❸d

【内容理解】
1. 関東大震災は、地震後の火災が大きな被害をもたらした。阪神・淡路大震災では建物の倒壊等による被害が中心であった。一方、東日本大震災では、地震直後の津波による被害が大きく、また、福島第一原子力発電所の事故による放射能汚染が問題化した点が特徴である。
2. (1) 事故が起きれば放射性物質が飛散するリスクが存在し、日本は世界でも最も地震の多い国の一つで、そもそも原子力発電には適していない。
   (2) 原子力発電に伴って排出される放射性廃棄物の合理的な処理方法が未だ見つかっていない。
   (3) 低レベル放射性廃棄物については約300年、高レベル放射性廃棄物に至っては約100万年もの間、地中に埋めて管理し続けなければならない。
3. ❶○　❷○　❸○　❹×
4. b

【発展活動】解答例
1. (1) エスカレーターの利用時間を朝のラッシュ時間だけに限定した。
   (2) 首都圏の製造工場での電気使用量に上限を定めて、過度な違反をする場合には罰金を科した。
   (3) 各公共施設で冷房の使用を控えるように呼びかけ、クールビズの実施を推奨した。
2. 近年では多くの人がSNSを利用しているため、災害時に誤った情報やデマが広がってしまう例が増えている。日本の震災でも、コンビナートの爆発によって有害な雨が降るというデマや、被災地が必要としている物資についての誤情報が相次いだ。また、アメリカでも、ハリケーンの際にSNSで誤情報が拡大されることが問題視されており、連邦緊急事態管理庁(FEMA)がハリケーンの襲来ごとに「ルーモア・コントロール(Rumor Control)」という情報検証のためのウェブサイトを設置している。このように、公的機関が責任を負う形で積極的に情報の真偽を検証していくようなメディアの存在が重要であろう。
3. 「再生可能エネルギー」による発電としては、太陽電池による「太陽光発電」、風車を利用する「風力発電」、ダムの水流による「水力発電」、地中のマグマの熱を利用する「地熱発電」、植物を燃焼させて発電する「バイオマス発電」などがある。まだいずれも大規模に電力需要を賄うには至っていない。水力発電は古い技術であり、かつては日本の主要な電源であった(現在は電力全体の10%弱を供給)。また、発電ではなく熱を直接的に冷暖房等に利用するものとして、太陽熱利用、氷雪熱利用、地中熱利用などが挙げられる。

第4課

【思考のストレッチ】 解答例

1. Amazon：

   それまで書籍を購入しようと思ったら、近くの書店に足を運び、そこにないものは、注文して届くのを待つか、遠くの大型書店まで探しに行かなければならなかった。しかし、Amazon（インターネット書店）の登場で、我々は書店までわざわざ足を運ぶこともなくなった。今では書籍以外にも日用品から家電まで、さまざまな商品が取り揃えてあり、商品を店に買いに行くという行為が不要となり、私たちの生活を大きく変化させた。

2. ・スマートフォンやタブレットなど、さまざまな端末からインターネットにアクセスできるようになった。
   ・かつては、ウェブサイトを見たり、ブログを読んだりすることが主であったが、最近では、Twitterでつぶやいたり、Facebookに書き込んだり、コンテンツを「見る」だけでなく、書くことが増えた。
   ・無線LANの環境が整ってきたので、いつでもどこでもウェブサイトにアクセスすることができるようになった。

3. 世界のニュース・音楽・映像・流行などを収集している。一方で、自分の生活をブログで発信したり、友人とSNSで交流したりしている。

【言語知識に関する設問】

1. ❶しょうちょう　❷じゅうらい　❸しゅうしゅう　❹とくめい　❺ひぼう
   ❻こうちく　❼たてじく　❽もさく　❾ひんぱん　❿けんじつ

2. ❶コンテンツ　❷イノベーション　❸カジュアル　❹ネガティブ　❺ジャーナリスト
   ❻インストール　❼アクセス

3. 解答例

   ❶チームの優勝には、目立たないところで裏方が一役買っていた。
   ❷彼は昔のことを思い出しつつ、懐かしい故郷の道を歩いた。

【内容理解】

1. インターネット販売であれば全国の顧客を相手にできるため、「しっぽ」部分に当たるマニアックな書籍もある程度の売り上げが期待できる。このことから、販売機会の少ない商品であっても幅広く取り揃えることで、売上げを大きくするロングテールが可能となった。Amazonなどのネット企業が、この「長大なしっぽ＝ロングテール」部分から大きな売り上げを上げているというのが、ロングテール論の指摘である。

2. ❶a　❷a　❸b　❹a　❺a　❻b

3. 掲示板サービスなどでは、現在でも、匿名で著名人や企業に対する誹謗中傷が書き込まれたりしている。また、インターネットを通じて個人情報が流出する事件が起こったりもしている。

4. 総表現社会がもたらされる前は、コンテンツ供給は、作家やジャーナリストや新聞記者といった

プロの書き手がマスメディアを通して行っていたが、インターネットの登場により、プロではない人を含めて、非常にたくさんの人が無料で多様なコンテンツを供給するようになった。
5. a

【発展活動】 解答例

1. ヤフーオークション：

   オークションは、それまでは特定の場所に集まった特定の人で行われることが多く、扱える品目数にも限界があったが、インターネット上で行うことで、品目数、参加者数、企画のしやすさも飛躍的に向上した。

2. ・SNSなどのサービスで小学・中学時代など昔の友人と連絡が取れるようになったが、それにより勧誘や押し売りなどされるトラブルも起こっている。
   ・自分の知りたい情報は本を読んだりしてわざわざ調べなくても、大概のことについて誰かがネット上でコメントを書いている。しかし、事前に多くの情報を得られて、失敗を避けることができるため、失敗することが少なくなり、結果、失敗から経験を得る機会が少なくなってしまう。また、事前に下調べできてしまうので新鮮さを味わうことが難しくなってしまう。

3. 音楽の事例：

   著作権の保護期間が過ぎているクラシック音楽などをアマチュアが演奏して、動画を全世界に配信することができる。しかし、演奏者・指揮者などで音楽は雰囲気が変わるものである。アマチュアに対して、プロはいかにコンサート会場などで独特の演奏・演出を直接聞きたい・見たいと思わせることができるかが鍵になる。

第5課

【思考のストレッチ】 解答例

1. ・読む場合：「おもしろそうだから」「経済の仕組みについて知りたいから」「生活水準を上げるためにお金をたくさん稼げるようになりたいから（就職のため）」など
   ・読まない場合：「興味がないから」「今は他の事を学びたいから」「他人の思想よりも自分の思想を育てたいから」など

2. 日本語の場合：

   ・会社の中での管理者の役職名
   ・学校の部活動における部員のサポート役をする人
   ・芸能人の秘書や付き人をする人

   中国語の場合：

   中国語で「マネージャー」は「经理（jīng lǐ）」を意味し、「企業など組織の経営管理に携わる人」を指す。また、「总经理（zǒng jīng lǐ）」という役職名を指す場合もあり、この場合は、日本語でいうところの最高取締役、すなわち、社長にあたる人を指す。

   英語の場合：

   「マネージャー」という言葉は、英語の「manager」に由来する。英語の「manager」にはさま

ざまな意味があり、最も基本的な意味は「企業などの経営者、責任者、部門長、店長など」を指す。
3. 新卒一括採用、終身雇用、年功序列

【言語知識に関する設問】

1. ❶ずいしょ　❷ちゅうけん　❸かえりみる　❹ちいき　❺とうかつ
　　❻てんぽ　❼きょくげい　❽ひゃっぱつひゃくちゅう　❾うんえい　❿ちゅうせいしん
2. ❶b　❷d　❸a
3. 解答例
　❶新たなエネルギー資源の開発には各国が大いに関心を払っている。
　❷彼女は高校生のときに科学のおもしろさに目覚めた。

【内容理解】

1. a
2. 小説としておもしろいからではなく、世界的に著名なドラッカーのネームバリューがビジネスマンの注意を引いたためベストセラーになった。ドラッカーの言葉が紹介されているので、経営思想のエッセンスを学ぶための入門書として読まれた。
3. 個人よりも組織を大切にし、競争よりもみんなで成長することを目標に掲げ、経済全体の発展に貢献してきた点について。（企業がコミュニティとして機能している点について。）
4. ❶×　❷○　❸○　❹×
5. マネジメントはどこにでも存在し、ドラッカーの経営論はどんな場面でも役立てることができ、中でも、「人を生かす」ことを重視する姿勢は、あらゆる場面で顧みられるべきである。ドラッカーは、「組織の目的は、凡人をして非凡なことを行わせることにある」と言ったが、一人ひとりの人間では到底なし得ないことも、人が集まって組織をつくることで可能となり、そのとき、人は「生かされている」ので、人を生かすためのノウハウが「マネジメント」であると考えている。

【発展活動】 解答例

1. ・終身雇用：
　日本企業は、円高や国際競争等が影響し、1990年以降、自社の人件費や過剰雇用に苦しめられている。企業業績を上げるためにはコストカットが例外なく課題とされ、中でも人件費削減が必要とされる場合が多々あったが、一方的な解雇には訴訟のリスクなどもあり、なかなか解雇に踏み切れない状態が続いている。対策としては、解雇しないまでも、正社員の残業規制（長時間の残業の禁止など）、配置転換、早期退職制度などが実施される場合もある。また、パートタイマーについては、契約解除や新規採用中止を用いて、人件費削除に努める会社も出てきている。

　・年功序列賃金制：
　日本企業は、円高や国際競争等が影響し、1990年代以降、自社の人件費や過剰雇用に苦しめられている。人件費削減が課題とされる中で、成果や状況に関わらず在職年数とともに給与が

上昇する年功序列賃金制には限界が生じている。対策として、成果主義の考えを取り入れる企業も増えている。近年激しくなっている国際競争の激化や、長引くデフレがさらに、年功序列賃金制の実施困難に拍車をかけている状況と言える。

- 企業別組合：

  現在、労働組合に所属する労働者数は戦後との比較において低下しているが（敗戦直後60%以上・2005年末調査20%弱）、その要因には、近年の長引く不況により会社内の部門の統廃合や人員整理等が頻繁に行われる中で、各企業の労働組合が解散したり大幅な人員不足になったりしたことがある。また、非正規雇用が増えたこと（日本の労働組合は正社員のみで組織されるケースが多い）、不況で実質的に賃金上昇が困難な状況の中で労働組合が十分な成果を挙げることが難しくなってきたことなどが挙げられる。

2. ドラッカーは、人を生かすことが重要であると言い、特に、人の強みを伸ばすことが重要で、人の欠点ばかりを気にするような人をマネジャーにしてはならないと言う。これは家族における、たとえば子育てでも同じではないだろうか。欠点を正すこともちろん教育の一部ではあるが、本当に子どもが人として成長するのは、その子どもの強みが生かされ、他人の役に立ったり自分の成功につながったりすることを通じてではないだろうか。

3. ドラッカーは、人は必ずコミュニティに所属して生きるもので、企業がコミュニティの役割を果たすことが重要であると言う。私はこの考え方に賛成である。なぜなら、アメリカでは従業員の平均的な勤続年数が短く、転職を繰り返すことが当たり前になっているとよく言われるが、それでも25%程度の人は10年以上同じ職場に勤めている。日本ではその割合が45%程度で、ヨーロッパ諸国でも同様に40%から45%の人が、10年以上同じ職場に勤めている。やはり企業というコミュニティに長く属して、安定した生活を営むことができるということに、多くの人が価値を見いだしているのである。

第6課

【思考のストレッチ】 解答例

1.
   - 「日本で最も成功した国際的なベストセラー作家」（米NYタイムズ）と評される。
   - ノーベル文学賞の有力候補としても注目されている。
   - 村上春樹作品はアジアとヨーロッパを中心に30カ国で翻訳・出版されている。
   - これまでに、数多くの世界的な文学賞を受賞してきた（2006年にはアイルランドのフランク・オコナー国際短編賞と、チェコのフランツ・カフカ賞という国際的な文学賞をダブル受賞している）。
   - 1989年に「ノルウェイの森」の中国語訳が初めて出版されて以来、中国語圏でも30冊以上が翻訳・出版されてきた。中国語圏では、まず台湾で人気に火がつき、その後、「台湾→香港→上海→北京」と、村上春樹現象が飛び火している。
   - 中国語圏では、「非常村上（fēi cháng cūn shàng）」（「村上ワールドのようにすてき」という意）という流行語まで生まれている。
   - 早稲田大学第一文学部映画演劇科卒業。

2. 村上春樹氏の短編小説『螢』と『ノルウェイの森』

『螢』は1983年に発表された短編作品。その後、長編化され、1987年に『ノルウェイの森』として発表されている。世界中でベストセラーとなり、2010年には映画化されて話題となった。

『螢』は『ノルウェイの森』という長編小説の第二章にあたる。

『ノルウェイの森』には、死との関わりが断てず、最終的には自殺してしまう「直子」と、「直子」とは対照的に活発で生命力にあふれる「緑」が登場し、主人公は、その二人の女性の間を行き来する。

『螢』では、「直子」が「彼女」という人称代名詞で登場し、「彼女」の恋人で「僕」の高校時代の友人だった「キズキ」という男の子が、車の中で自殺してしまう。キズキの死後、「僕」と「彼女」は中央線の電車の中で偶然再会し、死の影にとらわれ、それを自覚しつつも、どうにかやり過ごそうとする二人が、ゆっくりと交流を深めていく様子と、最初は気丈にふるまっていた「彼女」が、次第に死の影にとらわれ、追い込まれていく様子が叙情的に描かれている。

3. ・新興宗教団体オウム真理教が地下鉄車内で、化学兵器にも用いられる神経ガスのサリンを散布した無差別殺人事件。
・乗客や駅員ら10名以上が死亡し、負傷者数は約6,300人とされる。（※行政の発表）
・現在もなお、後遺症に悩む被害者や、遺族の苦しみは癒えない。
・犯行に関わった者は教団信者の中に多数おり、逮捕者は40名近くにのぼる。事件後逃亡した者もいたが、2012年6月15日、事件に関与したとして指名手配されていた高橋克也が逮捕され、地下鉄サリン事件で指名手配されていた容疑者は全員逮捕された。2018年7月、死刑が確定していた教祖・麻原彰晃（松本智津夫）死刑囚らの死刑が執行された。

【言語知識に関する設問】

1. ❶こうご　❷なりわい　❸ちせつ　❹かんゆう　❺そがい
　❻いとなみ　❼となえる　❽おとずれる　❾こころざす　❿やぶれる
2. ❶d　❷b　❸d　❹a
3. ❶用心棒　❷銃撃戦　❸語って　❹訪れて　❺バックナンバー
　❻震撼

【内容理解】

1. ❶×　❷○　❸×　❹○　❺○
※日本の厚生労働省によると、壮年期は25～44歳とされる（幼年期0～5歳、少年期6～14歳、青年期15～24歳、壮年期25～44歳、中年期45～64歳、前期高年期65～74歳、中後期高年期75歳～）。
2. 「ふかえり」の作品は「異様な魅力を放っていて、文章表現に手を入れていくらか読みやすくしてやれば、必ず新人賞を獲得し、大ベストセラーになるに違いないと思わせる物語」だったから。
3. 青豆が、過去に起きた大事件を調べる中で、自分の知っている世界は消滅し、別の世界がそれにとって代わったのだと感じ、思いもよらないことが起きる新しい世界を「1Q84年」と呼ぶことにしたから。

4. かつては、何か大きな力が社会生活を厳格に管理し、その支配は目に見えてわかりやすいものであり、支配に抵抗しようとする者にとって、敵がどこにいるのかは明らかであった。しかし、今はそうした大きな力による支配というよりも、人々の心に生まれた「隙間」が原理主義を呼ぶため、支配するものに抵抗するといっても、敵が明確ではないため、いくつもの回り道が必要になってしまう。

5. c

【発展活動】 解答例

1. 「物語」は一見しては筆者の想像や空想によって書かれるフィクションである。しかし、それがフィクションであるからこそ、現実にはあり得ないものから、本当にありそうな話までを幅広く書くことができる。そして、物語の中の出来事を通じ、筆者は読者に伝えたいことを抽象的な言葉ではなく、具体的な事例として送ることができる。

    読者もまた、筆者が書く出来事を通じて、筆者の想像を超えて、さまざまなことを学び取ったり、感じたりすることができる。

    そして、物語は時に、その時代の名作として、時代を超えて読み継がれる力を持ち、会うことの叶わない人々の息吹を私たちに届けてくれると思う。

2. 【2009年に村上春樹がエルサレム賞を受賞した際のスピーチ「壁と卵」】

    2009年にエルサレム賞を受賞することが決まった際、イスラエル政府によるパレスチナ自治区ガザへの攻撃が激しさを増していたため、国内外で多くの批判があった（村上春樹が賞を受け取ることが、結果的には、イスラエルの政策を擁護することになると考える人々がいたため）。村上春樹自身も、授賞式に出席することが適切であるか否かについて悩んだことを受賞スピーチで打ち明けている（「エルサレム賞・受賞のあいさつ」『雑文集』）。

    村上春樹はそのスピーチで、「壁」に直面する「卵」にたとえながら、強いメッセージを発信した。硬く大きな「壁」は爆弾や戦車であり、「卵」はそれらに潰される市民であるというのが、このメタファーの表すものの一つである。しかし、このメタファーが示すのはそれだけではない。人間はみな、一つのかけがえのない魂を脆い殻で覆った一つの「卵」であり、それぞれは硬く大きな「壁」に直面している。そして、その「壁」は「システム」を指し、本来我々を護るべきシステムは、時に効率よく我々を殺し、我々に人を殺させると、村上は述べた。

    村上春樹の言葉には、どんなときでも、この「システム」に我々を利用させてはいけないとする作家としての自分の立場と信念が表れていると考えられる。

    （※エルサレム賞は、個人の自由などをテーマに優れた作品を発表した作家に贈られる賞で、米国の劇作家アーサー・ミラーのほか、ノーベル文学賞受賞者の英哲学者バートランド・ラッセルらに授与されてきた。村上春樹の授賞理由について「芸術的業績と人間への愛に深い敬意を表し、作品にヒューマニズムが明確に反映されている」とされる。）

3. ・村上春樹作品は、死の問題や人間関係の難しさが取り扱われているが、人間は誰しも同じようなことで悩んだり葛藤したりしているため、人々の共感を得やすいのだと思う。
    ・近藤裕子氏（日本近現代文学研究者）は「短文をつなぎ合わせてゆく明快で、テンポのよい文体、アメリカ映画を思わせるような気の利いた言い回し、数字へのこだわりや、おうむがえし

の多い会話など、村上春樹以前にはなかった独特の文体・表現に、その後も多くの若い作家たちが影響を受けることになる（近藤裕子「村上春樹という文体」）。」と述べ、村上作品が世界中で愛される理由の一つに、「文体の読みやすさ」があると指摘している。

第7課

【思考のストレッチ】 解答例

1. 【「変えたい」「変わりたい」と思うとき】
   - 将来への不安を感じたとき。
   - 学校生活がうまくいかないとき。
   - アルバイトで失敗したとき。

   【何をするか】
   - 友達や両親に相談して、どうしたら今の状況をよくできるかアドバイスをもらう。
   - 成功したビジネスマンのエッセイや偉人伝を読んで、自分の理想的なイメージを固める。
   - 1年後、5年後、10年後の目標を立て、そのために何をすべきか考える。

2. - 松下幸之助：経営哲学は、人生のあらゆる場面で参考になる。
   - マザー・テレサ：博愛精神とともに隣人を大事にする精神と献身的な姿勢などを参考にしている。
   - 野茂英雄：周りの声を振り切って、自らの道を開く姿とパイオニア精神を参考にしている。

3. - 「過ぎたるはなお及ばざるがごとし」『論語』
   - 「百里を行く者は九十を半ばとす」『戦国策』
   - 「才能とは、自分の力を信ずることである」マクシム・ゴーリキー『幼年時代』
   - 「日はまた昇る」アーネスト・ヘミングウェイ（ノーベル文学賞作家）
   - 「足るを知る者は富む」『老子』
   - 「20歳だろうと80歳だろうが、とにかく学ぶことをやめてしまった者は老人である。学び続けるものはみな若い。人生において一番大切なことは、頭を若く保つことだ」ヘンリー・フォード（自動車会社フォードの創設者）

【言語知識に関する設問】

1. ❶けいみょうしゃだつ ❷ごうご ❸いつわ ❹はんしんはんぎ ❺むけつ ❻みちびく ❼するどい ❽いっかつする ❾うなる ❿おさめる

2. ❶d ❷c ❸b

3. 解答例
   (1) 今から言うことは大事なことだから覚えておきなよ。人間が変わろうと思っても変われない最も大きな原因は、このことを理解してないからだ。いいか？「人間は意識を変えることはできない」んだよ。
   (2) その場で「今日から変わるんだ」と決めて、ものすごく頑張ってる未来の自分を想像するのは楽だろう。だってその時は想像しているだけで、実際にはぜんぜん頑張ってないんだから。つまりね、意識を変えようとする、というのは、言い方を変えると「逃げ」なんだよ。

(3) やりたいことを見つけるために一番やったらいけない方法、それはね……「考える」ことだ。机に向かってうんうん唸っていたり、自分のやりたいことってなんだろうと漠然と考えたりしていたら、何も分からないよ。分からないどころかよけい迷うことになるだろうね。やりたいこと見つけるための方法は一つだけさ。それは「体感」することだよ。

【内容理解】

1. ・小説という形式で書かれている点
   ・ビジネスマン向けの自己啓発書でありながら、コメディのように楽しむことができる点
   ・2008 年にはドラマ化されたほか、2009 年にはテレビアニメ版が放送、さらにはゲームまで発売された点
2. 平凡な生活から抜け出したい。
3. ❶○　❷×　❸○　❹×　❺○
4. 最も汚い場所を掃除するというトイレ掃除は、誰もやりたがらない行為であるが、誰もやりたがらないからこそ、皆に喜ばれる価値ある行為である。そうした価値のある仕事を積み重ねていくことが、成功につながるから。
5. a

【発展活動】 解答例

1. 【読む利点】
   ・自分では気づかなかったコツを理解することができる。
   ・いろいろな人の体験談や成功エピソードが掲載されているので、ロールモデルとして参考にするのにとても役立つ。

   【読まない理由】
   ・自己啓発書なんて読んでる暇があったら調べ物でもしていたほうがいいと思うから。
   ・自己啓発書には、「変わりたい」系の話は多いと感じるが、「とにかく今とは違う何かに変わりたい」という願望から生み出された目標が、人生の目標としてよいものなのか疑問があるため、自己啓発書は読まない。

2. トーマス・エジソン：
   電球を作る際に 1,000 回失敗したと言われているが、彼は「1,000 度の失敗をしたわけではない、1,000 のステップを経て電球が発明されたのだ」と答えた。諦めない者だけが成功する。

3. 【将来の夢】
   日本語の通訳になること。

   【やっていること】
   日本のドラマや映画を観るとき、「この言葉を通訳するとしたらどんな言葉に置き換えたら良いだろうか。どのように説明したらいいだろうか」と意識しながら観ている。また、通訳は、日本語だけを知っていればできるわけではなく、社会や経済、文化に関する幅広い知識も求められると思うので、毎日、ネットニュースで日本の経済や社会に関する情報を収集することに努めている。近現代の文学作品や、歴史的な出来事についても書籍やインターネットの記事で

勉強するようにしている。

第8課

【思考のストレッチ】 解答例

1. 金原ひとみ：芥川賞作家（2004年、綿矢りさと同時受賞）
   - 児童文学研究家・翻訳家・法政大学社会学部教授の父を持つ。
   - 2003年、「蛇にピアス」で第27回すばる文学賞を受賞。
   - 2004年、同作で第130回芥川賞を受賞。
   - 2010年、小説「TRIP TRAP」で第27回織田作之助賞を受賞。

   綿矢りさ：芥川賞作家（2004年、若干19歳で金原ひとみと同時受賞。最年少受賞記録となる）
   - 高校在学中、「インストール」で当時最年少の17歳で文藝賞受賞。
   - 2004年、「蹴りたい背中」により19歳で芥川賞受賞
   - 2012年、『かわいそうだね？』で大江健三郎賞を最年少受賞。
   - 早稲田大学教育学部国語国文学科卒業。

2.
   - 1935年に菊池寛が直木三十五賞（直木賞）とともに創設した文学賞。
   - 文藝春秋社内の日本文学振興会が純文学の作品を書いた新人を対象に年に2回賞を授与する。
   - 受賞者には正賞（懐中時計）と副賞（100万円）が授与される。
   - 受賞作は雑誌『文藝春秋』に掲載される。

3.
   - 安部公房『壁』（第25回・1951年上半期）130万部
     シュルレアリズム風の前衛的な作品とされた。
   - 石原慎太郎『太陽の季節』（第34回・1955年下半期）102万部
     センセーショナルな内容、学生作家であったこと、などから注目を浴びた。「太陽族」という新語も生まれた。石原慎太郎の髪型を模した「慎太郎カット」が流行した。
   - 大江健三郎『飼育』（第39回・1958年上半期）109万部
     サルトルの実存主義の影響を受けた作家として登場した。
   - 柴田翔『されどわれらが日々――』（第51回・1964年上半期）186万部
     学生運動が起きた社会を背景にした青春小説。
   - 庄司薫『赤頭巾ちゃん気をつけて』（第61回・1969年上半期）160万部
     アメリカ文学の影響を受けているとされた。日米安保闘争などの学生運動を背景に主人公の日々や高等学校の生徒を描いた。
   - 村上龍『限りなく透明に近いブルー』（第75回・1976年上半期）354万部（単行本131万部、文庫223万部）
     薬と性に浸る若者を描いたセンセーショナルな内容が話題となった。
   - 池田満寿夫『エーゲ海に捧ぐ』（第77回・1977年上半期）126万部
     池田満寿夫が版画家として国際的に著名であったため注目された。
   - 綿矢りさ『蹴りたい背中』（第130回・2003年下半期）127万部（単行本のみ）
     芥川賞受賞時に19歳であり、同時受賞した金原ひとみ20歳とともに最年少記録を更新

した10代の芥川賞作家の登場が話題となった。

【言語知識に関する設問】

1. ❶いれずみ　❷げんえい　❸ぜいじゃく　❹せんれん　❺うちき
   ❻おもむき　❼だす　❽うながす　❾きざし　❿いちじるしい

2. ❶b　❷c　❸a　❹d

3. 解答例

   ❶ノーベル賞は、ダイナマイトの発明者アルフレッド・ノーベルの名を冠した、世界で最も有名な賞の一つである。

   ❷足の速さなら国内で彼に肩を並べる者はいない。

   ❸彼女の突然の引退宣言に、その場にいた全員が目をみはった。

【内容理解】

1. a

2. ・ともに当時の芥川賞最年少受賞記録（丸山健二の23歳）を抜いた作家による小説である。（綿矢りさ、19歳。金原ひとみ、20歳）
   ・ともに現代の女子高生の日常を描いた小説である。
   ・主人公は、どちらも平均的女子高生の日常からは外れた存在として描かれている。

3. 「大人」の読者：（自分たちの時代には考えられなかったような、無気力だったり過激だったりといった若者たちの異常な青春の姿に、目をみはる）
   ⇔ 若者の読者：（主人公たちの抱える無気力や、孤独や、痛ましさに、深い共感すら抱く）

4. ・個人を保護する機能が著しく低下した社会状況
   ・先が見えない不況
   ・地域共同体の互助機能の崩壊
   ・血縁共同体の結束の脆弱化
   ・帰る場所を持たず都会を流浪するしかないような若者が溢れる社会

5. e

【発展活動】 解答例

1. 【台湾】
   台湾の若者の支持を得ている小説は、「九把刀」という作家が書いた『那些年,我们一起追的女孩』（邦題『あの頃、君を追いかけた』）である。この作品は、作者「九把刀」の自伝小説ともいわれており、落ちこぼれのやんちゃ少年の人生が、クラスで最も優秀で皆の憧れの存在であるヒロインとの出会いによって、大きく変わり始める物語である、その中で描かれた青春時代ならではの未熟で純粋な恋、一生懸命頑張れる真っ直ぐな気持ち、そして、その中で味わう楽しみや悔しさなどが、大勢の若者から共感を受け、2012年に映画化された。

   【中国大陸】
   現在の中国の若年層からの絶大な支持を得ているのは、中国の「80后（80年代生まれ）」

「90后（90年代生まれ）」世代を代表する「新鋭作家」と呼ばれる若者が書いた小説である。中でも代表的存在として、今でも語り継がれているのは、当時（2000年）まだ高校一年生だった韓寒が書いた長編小説『三重門』である。この小説は、一人の文学少年の進学と成長をめぐって、現代社会における学校教育方針の歪み、親子関係の難しさ、社会制度の虚しさ等々、社会に潜むさまざまな矛盾と問題が、一介の高校生とは思えないほど成熟した考え方と洗練された表現によって、鋭く、なおかつ、おもしろく描かれた作品である。出版後一世を風靡し、200万冊の売り上げを記録し、ここ20年間中国で最も売れた文学作品となった。また、作者である韓寒自身も、「高能力、低学歴」という「反学歴主義」の典型として今でも注目され続け、2010年にアメリカの週刊『TIMES』で「世界で最も影響力を持つ100人」に選ばれた。

2. ・若者の支持を得ている小説は、若者の目線から社会を見つめたり、青春ならではの経験や悩みを描いたりするもので、社会の固い絆や家族の温もりなどが描かれることが少ない点で異なる。
   ・今の若者から支持されている小説は、必ずしも10年後、20年後に支持されるとは限らないが、その世代の若者の心情や考え方、生き方を反映する一種の記録として、今後も語り継がれると思う。

3. 　小説に課せられた役割は、一つは社会を反映することであり、もう一つは社会を反映しないことである。これは一見相反しているようだが、ともに必要なことである。
　　社会を反映するということは、その時代時代で求められた姿を書き表すということでもあり、同時にその時代の人びとの文化や生活を後世に伝える役割を担う。また、その時代の人びとだけを楽しませる小説には、その時代の何らかのエネルギーが凝縮されているのである。
　　時代の社会を反映しないということは、世界を現状に閉じずに、人が持つ自由の可能性の枠を広げるという意味を持つ。閉塞的な時代であるからといって、閉塞的な小説ばかりが書かれていても、読者はきっと満足しないだろう。同時に、時代に流されずに物事の真理を探究することができるのも小説の特徴である。長く読まれる小説は、その時代だけのことを書き表しただけではなく、何らかの人としての真理に触れているのである。
　　ゆえに、社会を反映することと反映しないことが小説が社会に対して果たすべき役割であると思う。

第9課

【思考のストレッチ】 解答例

1. ・（無差別殺人や外国のテロ事件など）悲惨な事件のニュースを目にしたとき。
   ・汚職事件などのニュースを目にしたとき。
   ・他人の理不尽な言動を目にしたとき。
   ・自分が自分でやってはいけないと思ったことをしてしまったとき。（良心に呵責がある行動をしたとき、反道徳的と自らが思っている行為や軽犯罪に触れる行為をしたとき、など）
   ・常にしている。
   ・意識したことがない。
   ・そもそも「道徳」とは何だろうかと悩んでいる。

2. 「正義」とは、その時代や地域、集団の中でそのときの文化背景や社会規律に基づいてつくられたものである。人種差別や生まれた家による身分の格差など、過去の正義が後の悪業になることは珍しくない。一方で、同じ時代を生きながらも、イスラム教とキリスト教の対立など、その文化背景が異なるために「正義」の形が異なることは多い。昨今ではメディアの発達とともに、多くの「正義」が語られるようになったが、それらが本当に意味することを真剣に考えることこそが今求められているのではないかと思う。

3. [サンデル教授は、このような言わば「究極の選択」から、我々自身の考え方を自身で検証することを教えている。本文を読みながら、「功利主義」「自由主義」等の立場や、考え方を学び、あなた自身の回答に込められた考え方や立場について理解を深めよう。]

【言語知識に関する設問】

1. ❶おうこう ❷そぼく ❸しこう ❹ちつじょ ❺ちょうしゅう
   ❻とみ ❼ことなる ❽まさる ❾となえる ❿たたえる

2. ❶c ❷b ❸a

3. (1) ❶単純明快 ❷とにかく ❸介入 ❹望ましく ❺与えて
   (2) ❶名のもと ❷めぐる ❸遠ざけて ❹ないがしろ ❺バラバラ

【内容理解】

1. [功利主義の考え方]

   一人ひとりの「幸福」や「利益」を足し合わせた総量が最大で、「苦痛」の総量が最小限になることが良いことであるとし、それを目指す考え方。

   [問題点]

   問題点としては、多数の幸福を追求する一方で、一部の人の権利が踏みにじられる可能性があるということ。また、「快楽」や「幸福」や「利益」というのは、単なる量として比較が難しいということが挙げられる。

2. ❶b ❷a ❸a ❹b

3. 単なる「中立性」の原則には還元できない、特定の「美徳」が埋め込まれているため。

4. 一人の人間を長期間にわたって深く愛するということそのものが、讃えるに値する美徳であり、その美徳に対する称賛を制度化したものが結婚であるという考え方。(その考え方に基づくと、同性婚も「一人の人間を長期間にわたって深く愛する」ことには変わらないため、認められることになる。)

5. d

【発展活動】 解答例

1. 日々の行動については、自由主義の道徳に基づいていることが多いと思う。というのも、日々の生活で起きる普通の物事の中には道徳的にさほど重大な問題というものはないからで、ちょっとしたことであれば、自分自身の「美徳」に反していたとしても他人の自由に任せておくほうが楽だと思う。ただし、道徳的に重大な判断が求められる場合は、あくまでも自分自身の思う「美

徳」をもとに議論をすべきだと思う。

2.　たとえば、日本では伝統的に、小中学校の遠足や修学旅行で、神社仏閣への参拝が当たり前のように行われてきた。しかし 1987 年に、神奈川県内の小学校が、修学旅行での日光東照宮の拝殿見学を取りやめるという事件が起きた。これは、一部生徒の父母から、宗教施設である日光東照宮の見学を強制するのは、子どもの信教の自由を侵害しているとの批判が出たためであり、同種の動きはその後日本の教育現場で何度か起きている。

　　神社仏閣が宗教施設であるのは事実であっても、それを見学し、その宗教をよく知るということは、必ずしも自分の宗教的信念を侵されるということにはつながらないはずである。ところが、他人が信仰する宗教を、理解しようとするのではなく「見ないように」「触れないように」することが「信教の自由」であると理解する向きがあって、これでは宗教的価値観に関する議論は深まりようがないと言えるだろう。

3.　危険な事態が発生したときに対応する者はルールによりあらかじめ定義しておき、基本的には、訓練を受け経験を積んだ原発の専門職員がその任に当たるべきである。また、いざというときにリスクの高い職務に当たることを考慮して、平時からある程度の報酬を保障するべきである。「健康や生命のリスク」に「高い報酬」で報いるというのは、生命を金銭で買うようなもので道徳的な抵抗を感じる面もあるが、現実的には他に可能な選択肢がないと思われる。

第 10 課

【思考のストレッチ】解答例

1. 理想や志などをまったく持たない人々が、日常生活に追われながら毎日を過ごすような社会が思い浮かぶ。なぜなら、中国語では、「下流社会」は「三流社会」を示し、ただ単に生きるための生活を送る人たちのことを指すからである。
2. 高度成長期からバブル崩壊の頃までの日本は、「一億総中流」を自認するほどの、経済格差の目立たない「平等社会」だったが、ここ最近になって、豊かな階層と貧しい階層への二極化が進みつつある。近年、「格差社会化」や「貧困」が大きなテーマとして雑誌やテレビや新聞で取り上げられた背景には、このような変化があると考えられる。
3. これまで、格差社会問題における階層集団としては、「貧乏な人々」が挙げられることが多かったが、ここでは、そうではないものを指すことが想像される。(cf.「無気力な人々の社会」)

【言語知識に関する設問】

1. ❶きょうじゅ　❷だんかい　❸おうか　❹そくばく　❺ひやく
　　❻あまんじる　❼おとろえる　❽つらぬく　❾さからう　❿はげむ
2. ❶a　❷c　❸b　❹d
3. 解答例
　　❶彼はお世辞がうまいから、あまり真に受けて信じないほうがよい。
　　❷彼は男性であろうと女性であろうと関係なく、すぐに仲良くなる。

【内容理解】

1. 「非正規雇用者」、つまりアルバイトや派遣社員として働く若者の「貧困」の現実をめぐる議論がされている。
2. フリーター等の年収が少ない若者は、「自分らしく、自由に生きることが素晴らしい」と思っている場合が多く、そういう人はお菓子やファーストフードやテレビゲームが好きで、人付き合いにあまり積極的でないというライフスタイル。
3. ❶貧乏　❷無気力(むきりょく)
4. b
5. 将来どのような社会を目指すべきかについてのはっきりした合意と、その将来像に向かって社会全体が上昇していくという実感とが欠けている。

【発展活動】 解答例

1. [回答自由。ただし本文では年齢による格差、親の社会的地位による格差が主に取り上げられていたことに留意する。]
2. たしかに、三浦が挙げている「年収が低い」「面倒くさがり」「お菓子やファーストフードをよく食べる」「一日中家でネットやゲームをしている」といった特徴に当てはまり、「総じて人生への意欲が低い」というようなタイプの人は思い当たるし、そのような人々をまとめて「下流」と呼ぶこともある程度妥当であると思う。しかし、「一人でいるのが好き」「自分らしく生きるのがよいと思う」「好きなことだけして生きたい」といった特徴は、下流の人だけでなく世の中の成功者にも見られる特徴のように思われるので、下流社会の特徴だと言えるのかは疑問である。
3. [回答自由。本文と重複してもよいが、具体的な内容を挙げ、その点に関しては本文からの抜き出しにはしないこと。]

第 11 課

【思考のストレッチ】 解答例

1. ・同じ趣味の人たちが書き込んだ掲示板から、自分が知らなかった情報を得る（J-POP など）。
   ・掲示板にオリンピックやワールドカップの実況(じっきょう)が書き込まれているときは、そのリアルタイムの情報を見る。
   ・不特定多数の人に向けて、意見を書いたり読んだりする。
   ・知り合いと複数人で共有して互いの近況(きんきょう)報告や雑談をする（主に遠方の友人やネット上の友人など）。
   ・自分の作品（詩や小説など）を発表する。
   ・雑記(ざっき)用に作っておいてメモ帳の代わりに使用する。
2. ・辞書や辞典、専門書を読む。
   ・専門家に尋ねる。
   ・ネットで検索(けんさく)する（Wikipedia などを見る）。
   ・ネットの質問掲示板で探す。期待した内容の質問が見当たらないときは自分で質問する。

- 詳しそうな知り合い（ネット上の知り合いを含む）を探して尋ねる。
   - 実際に実験できることであれば実験する。
   - とりあえず近くにいる友人に直接聞いてみる。
3. - 大学受験の際に、同じ大学を受験する高校生たちがSNS上に作ったコミュニティに参加して、勉強方法や大学に関する情報などを交換したり、悩みごとを相談し合ったりした。
   - 就職活動中に、自分が志望する会社の社員の方々の中で、SNSに自分と同じ大学を卒業したと登録している方を見つけ、コンタクトを取った。なぜ、その会社に入ったのか、どのような仕事をしているのかについてお話をうかがった。
   - アニメ・マンガについて、同じ趣味や関心を持つ人たちとSNS上で交流して、イベントに一緒に行ったり、グッズを交換し合ったりしている。
   - 小学校や中学校の同級生の近況(きんきょう)を知ったり、連絡を取り合ったりする。
   - TVや新聞では間に合わないリアルタイムの情報や、地域の細かな情報をSNSから得る。

【言語知識に関する設問】

1. ❶じぎゃく　❷ことさら　❸ぶべつ　❹ばっすい　❺ぶあつい
   ❻あおぐ　❼こす　❽つのる　❾うのみ　❿にぎわす
2. ❶b　❷b　❸c
3. 解答例
   ❶トヨタやホンダをはじめとする日本の自動車産業は、長らく日本の経済を支えてきた。
   ❷彼の学校での成績は極めて優秀であるが、あえて言えば、友人をあまりつくろうとしないことが気になります。
   ❸彼は自分を見限(みかぎ)ることなく、40歳を過ぎても、まだプロ野球選手として活躍している。

【内容理解】

1. - 「ラブストーリー」といっても、作家が小説として書き上げた作品ではなく、もともとインターネット上の掲示板に書き込まれた文を集めたもの。
   - 書籍版の『電車男』は、その掲示板に書かれたやり取りをただ抜粋(ばっすい)して紙媒体(かみばいたい)に移しただけである点。
   - インターネット経由でアクセスすれば、お金を出して本を買わなくとも『電車男』を読むことができる点。
2. ❶×　❷×　❸×　❹○　❺○
3. ❶主人公　❷女性との交際　❸何を着てどこに行けばよいのか
   ❹「2ちゃんねる」の他の住人（利用者）たち
4. ゲームで非現実の女性と交際するシミュレーションゲームをプレイしているような感覚を与えた。なぜなら、電車男は「2ちゃんねる」で他の住人（利用者）たちに何度も相談し、住人が電車男にどのようなアドバイスをするかによって物語の結末が変わってくるからである。
5. d

【発展活動】 解答例

1. ・Wikipedia：
   誰もが無料で参照し、自由に編集できるインターネット百科事典。世界の各言語版が公開されている。
   ・YouTube などの動画共有サイト：
   サイトにアップされた映像について、人々が協力し合って解説やコメント、翻訳を作成し、公開される場合がある。

2. ・実際には会うのが難しいくらい遠方の人とでも友人になることができる。
   ・さまざまな分野（職業、趣味など）の人と知り合うことができ、中には自分にまったく関係がないと思っていたような分野の人とも親しくなる可能性がある。
   ・実生活で近くに住んでいながらまったく交流のなかった人たちとも知り合うことができ、時には実生活でも友人になることがある。
   ・実生活で会う可能性がまったくない人とも知り合うことができるので、親しい人にだからこそ話せないことでも話すことができる。
   ・実際の自分をありのまま伝える必要はない場所も用意されているので、一種の変身願望をかなえることができる（時には年齢・性別すらも偽ることが許される）。

3. ・度を超した誹謗中傷が行われる場合がある。
   ・個人情報が思わぬかたちで流出することがある。
   ・たとえ、個人的な考えであっても、SNS 上に書き込んだ際には、自分の社会的立場や所属する学校・会社などと結びつけて解釈されることもあり、問題となることがある。
   ・芸能人や有名人になりすまして嘘の情報が書き込まれることがある。
   ・毎日 SNS を利用し、依存することで、やめられなくなったり、SNS 上での出来事で深く傷ついたり悩んでしまったりすることがある。

第 12 課

【思考のストレッチ】 解答例

1. ・1 週間に経済関係の書籍 1 冊をノルマにしているので 1 カ月に経済関係の書籍をおよそ 4 冊読んでいる。
   ・1 冊も読まない。
   ・ライトノベルをむさぼるように読んでいる。2 日で 10 冊読んだこともある。だいたい 1 カ月に 20 冊になると思う。
   ＊毎日新聞社が日本で行っているアンケート調査「読書世論調査」（2011 年調査実施版）によると、日本人の 1 カ月の平均読書量は、単行本が月に 0.9 冊、文庫・新書は 0.7 冊となっている。主に読まれる本については「趣味・スポーツ」が 46％で最も多く、続いて「暮らし・料理・育児」が 39％、「日本の小説」が 37％、「健康・医療・福祉」が 36％、「歴史・地理」が 20％、「経済・産業・マネー」「ノンフィクション」が 19％であった。

2. ・大学の生協
　　・寮の近くの書店
　　・お金がないので、極力古書店で買うことにしている。
　　・書店まで行くことと、重い本を買ってから持ち帰るのが大変なので、Amazonなどのインターネット書店でしか買わない。
　　・書店で新品を買うよりもネットで古書を探したほうが安いので、ネットの古書サイトを利用している。
　　※毎日新聞社が行っているアンケート調査「読書世論調査」（2011年調査実施版）によると、日本人が本や雑誌を購入する主な場所は、「大型書店」が53％、「小規模な書店」が21％、「コンビニ」が6％、「インターネット書店」「スーパー」が5％となっている。

3. ・ネットでは得られない、テーマを深く掘り下げた情報を得るために本を読んでいる。
　　・ドラマやアニメを深く知るために、原作となった本を読んでいる。
　　・論文の参考資料として読む。
　　※毎日新聞社が行っているアンケート調査「読書世論調査」（2011年調査実施版）によると、日本人が本や雑誌を読む理由は、「楽しいから」が33％、「暮らしに役立つから」が21％、「教養のため」が18％、「勉強や仕事のため」が16％であった。

【言語知識に関する設問】

1. ❶よろん　❷ごらく　❸ここんとうざい　❹ちくせき　❺とうや
　　❻ついやす　❼ほっする　❽うすらぐ　❾やどる　❿うたう
2. ❶a　❷b　❸c　❹b
3. （1）❶エリート　❷旧制高校や大学　❸歴史書や思想書　❹あさって　❺経済成長
　　（2）❶特化　❷生かす　❸幅広い　❹知見　❺定評　❻深める

【内容理解】

1. 小説とビジネス書。人生の教訓を語ったようなエッセイ。
2. ・A過去とB現在とでは、C現在ほど「活字離れ」が進んでおり、読書冊数や量に違いがある。
　　・A知的関心の高い層とB低い層とでは、C読書量に違いがある。
　　・A稼ぐ人とBそうでない人とでは、C稼ぐ人ほど知的関心が高く、たくさんの本を読んでいる傾向がある。
　　・A稼ぐ人とBそうでない人とでは、C稼ぐ人ほど分厚い本を読み、洋書も読み、専門外の本も読んでいる傾向がある。
3. 岩波書店の創業者である岩波茂雄の「読書子に寄す」というメッセージからは、学問的な知識というものは一部のエリート階級だけが独占するのではなく、広く大衆の手に渡るべきであり、一流の「教養書」を廉価で販売することこそが使命であると考えていることがわかる。これが、岩波書店が、古今東西の古典的な人文書を岩波文庫シリーズとして安い価格で提供する大きな理由の一つであると考えられる。
4. ・経済成長とともに、"教養"そのものへの需要がなくなったこと。

- 高等教育を受けることのできる一部のエリートの特権的な文化であった戦前に比べ、戦後には、大学への進学率も上昇し、教養的知識が必ずしも特別なものではなくなってしまい、教養が"容易に手に入るもの"になっていったこと。
- ファッションをはじめとした都会的なライフスタイルを重んじる風潮（ふうちょう）が強まったこと。
- 大学で教養を学んでも結局は知識階級ではなく普通のサラリーマンになるしかないという事実が、教養を重んじる文化を崩壊させたこと。

5. ❶○　❷×　❸×　❹○　❺○

【発展活動】 解答例

1. 読書量の国際比較を目的とし、世界の国々の人々の週あたりの読書時間を調査した2005年アメリカの市場調査会社 GfK NOP の調査（Uncovers Who's Tuning In, Logging On and Hitting the Books, GfK NOP, New York, June 15, 2005.）によると、最も読書量が多かった国上位30カ国は、インド（10.7時間/週）が1位で、続いて、タイ（9.4時間/週）、中国（8.0時間/週）、フィリピン（7.6時間/週）、エジプト（7.5時間/週）、チェコ（7.4時間/週）、ロシア（7.1時間/週）、スウェーデン（6.9時間/週）、フランス（6.9時間/週）、ハンガリー（6.8時間/週）、サウジアラビア（6.8時間/週）、香港（6.7時間/週）、ポーランド（6.5時間/週）、ベネズエラ（6.4時間/週）、南アフリカ（6.3時間/週）、オーストラリア（6.3時間/週）、インドネシア（6.0時間/週）、アルゼンチン（5.9時間/週）、トルコ（5.9時間/週）、スペイン（5.8時間/週）、カナダ（5.8時間/週）、ドイツ（5.7時間/週）、アメリカ（5.7時間/週）、イタリア（5.6時間/週）、メキシコ（5.5時間/週）、イギリス（5.3時間/週）、ブラジル（5.2時間/週）、台湾（5.0時間/週）、日本（4.1時間/週）、韓国（3.1時間/週）、となっている。

2. 【必要性を感じる場合の例】
    - ウェブサイトを作る仕事をしているが、サイトの作り方といった技術的なことはもちろんのこと、サイトを現代社会においてどのように位置づけるべきか、人々はサイトを用いてどのようなコミュニケーションを望んでいるかなどを把握する必要があり、それには専門知識だけではなく、幅広い知識が必要であると感じた。
    - 日本語のスピーチコンテストに出場した際、「日本語とわたし」というテーマで発表したが、他の発表者が日本と自国でこれまで起きた災害と両国の協力の歴史について述べた上で自らの実体験を発表していた。非常に説得力があり、歴史や社会についても学び、教養的知識を身につけておく必要があると痛感した。
    - 趣味で小説や漫画を読んでいると、多くの本では何かのエピソードを引き合いに出したり、歴史上の人物や過去の出来事が登場したりする。時には、それ自体がユーモアであったり、話の重要な語句であったり、知らないと話を楽しめないことも多い。実際、手塚治虫（てづかおさむ）を知らずに日本の漫画を読んだときは、「漫画の神様」の意味がわからなかった。

    【必要性を感じない場合の例】
    - 現代の日本においては、教養をひけらかすよりも、流行やレジャーやスポーツについて詳しいほうが楽しく会話もできて、友人をつくることができるので、仕事などで知らないといけない知識以外は別に必要だと思わない。

3.
- 宮本輝の『青が散る』(1982)を読んで、テニス、恋愛、さまざまな人の死を通して人生の機微を知る主人公と自身とを重ね合わせ、大学に入りテニスサークルを立ち上げた。
- 鷺沢萠「君はこの国を好きか」(1997)は日本と韓国のハーフの話である。私自身もまったく同じ日本と韓国のハーフだったので、境遇を重ねて読んだ。日本で生まれて日本で育っても、日本人と合わない部分があって、それでも韓国人ではない不思議な部分がしっかりと書かれていた。それ以来、いつか韓国には行こうと強く思いつつも、思いが強くて、なかなか行けずにいる。
- 酒見賢一の『後宮小説』(1989)は初めて読んだ史伝的ファンタジー小説だった。アニメ化されたものを見てから読んだのだが、ファンタジー世界の歴史や文化がよく作られていて、とてもおもしろかった。多くの教養的知識をもとに作られていたので、この本をきっかけに雑学に強く興味を持つようになった。また、実生活とは関係のない歴史小説なども読むようになり、現在ではそれが教養書を読むことにつながっている。
- 上遠野浩平の『ブギーポップは笑わない』(1998)を読んで、一見、不可思議であるけれど、さまざまな人間模様が描かれているストーリーに魅了されて、自分も物語を書きたいと思い、小説家を志した。現在ではもう小説家をめざしてはいないが、小説家になりたいと思って読み始めた多くの本や、言語的知識は今になっても使えるものなので、よい経験になったと思う。

上級日本語教材

日本がわかる、日本語がわかる

ベストセラーの書評エッセイ24

日本語能力試験
N1
対応

田中 祐輔 [編著]
Yusuke TANAKA

川端 祐一郎／肖 輝／張 玥 [著]
Yuichiro KAWABATA　Hui XIAO　Yue ZHANG

にほんごの凡人社

刊行にあたって

『上級日本語教材　日本がわかる、日本語がわかる――ベストセラーの書評エッセイ24』は、21世紀最初の10年間に日本で広く読まれたベストセラー書籍15冊を取り上げ、これらの書籍に関する書評（本文・コラム計24本）を通じて日本語を学ぶというコンセプトで制作された、日本語読解教材です。

本教材の特徴は主に次の3点です。

❶ 日本の社会や文化の「今」を取り上げる読解教材

日本語学習者の「興味・関心」に合致した話題を本文で取り上げ、「日本人と日本語」「日本人と地震」「日本人とビジネス」「日本人と文学」「日本人と哲学」「日本人と生活」「日本人と読書」といった幅広いテーマにわたるベストセラー書籍の書評を通して多角的な観点から読解力を高めることができます。

❷ 自ら考え、発信する力を育成する教材

学習者が、本教材の読解や普段の学習、情報収集を通じて得た知識に基づいて、自ら考え、発信できるよう計72の活動型「思考のストレッチ」「発展活動」が設けられています。

❸ 日本語能力試験N1合格をめざした学習をサポートする教材

中級レベル以上で、日本語能力試験N1合格をめざす学習者の利用を想定して計597の語彙・文法指導と注釈、計36の「言語知識に関する設問」、そして計59の「内容理解」が設けられています。

国内外の日本語学習者や日本語を学習しようとしている人々の日本への関心は高く、日本文化への興味が日本語学習のきっかけであるとの声がよく聞かれます（国際交流基金，2017）。

しかしながら、日本語教育において、現代日本の社会や文化に関する情報が学習者に行き届いているかというと、未だ十分とはいえません。市販の教材が取り扱う情報は伝統的な文化や一部のサブカルチャーに偏る傾向があり、日本社会の多様性や、生き生きとした現代の日本語に触れられる機会はそう多くはありません。国際交流基金（2017）でも指摘されているように、日本語学習者がかなり多く存在する一方で、学習者が満足できるような教材・教科書は十分には提供されていないのが現状なのです。

また、学習者が語学学習を通して、自らが持つ知識や経験を他国の文化と比較するとともに、自国の文化を外国に向けて発信できるようになることも必要でしょう。そのためには、日本語教育の現場においても、学習者が自国の物事を日本語で説明し、自国と日本を対照するといった活動を行うことが有効であると考えられ、そうした目的に合致する教材の開発も急務となっています。

本教材の制作にあたっては、これらの課題を突破することに力を集中し、以下のような原則を掲げました。

① 21世紀はじめの10年間の日本社会を象徴するような情報をふんだんに使用した教材を開発する。
② そのために、日本語教育界のみならず多様な分野から人材を集め、職業・国籍・立場の相異を超えた製作チームを結成する。
③ 学習者の立場からも教材開発に関わる道を設け、幅広い意見と協力を得られる体制作りをする。
④ 学習者の意識やニーズを複数の切り口から調査・分析し、客観的なデータに基づいてコンテンツを作成する。
⑤ 職業・国籍・立場を超えたチームによる共同作業を可能とするために、ウェブ上にも活動の場を構築する。

これら5つの原則のもとに、本教材の研究・開発プロジェクトは進められました。本教材が、日本語学習の素材としてのみならず日本社会の多様な姿を知るための情報源として、皆様にご活用いただければ幸いです。

田中祐輔

Contents

上級日本語教材
日本がわかる、日本語がわかる　ベストセラーの書評エッセイ24

- i　刊行にあたって
- iv　本教材で取り扱う書籍一覧
- vii　本教材の特長と内容——日本での留学や就職に役立つ21世紀日本のことば・文化・社会
- x　各課の構成と使い方
- xiii　本教材の3つの活用手法——反転授業を取り入れたアクティブラーニング型授業実践の例
- xvi　凡例

1　ユニット1　日本人と日本語

3　第1課
- レビュー書籍：北原保雄（編著）『問題な日本語』〈シリーズ〉(2004-2011年、大修館書店)
- 本文：単純には割り切れない、「正しい日本語」と「間違った日本語」
- コラム：おかしな若者言葉、おかしなビジネス会話

19　第2課
- レビュー書籍：齋藤孝（著）『声に出して読みたい日本語』〈シリーズ〉(2001-2004年、草思社)
- 本文：言葉を血肉化する「暗誦」の文化を取り戻すために
- コラム：「腹で考える」ということ

33　ユニット2　日本人と地震

35　第3課
- レビュー書籍：
  - 小出浩章（著）『原発のウソ』(2011年、扶桑社)
  - 中川恵一（著）『放射線医が語る被ばくと発がんの真実』(2012年、KKベストセラーズ)
  - 藤沢数希（著）『「反原発」の不都合な真実』(2012年、新潮社)
  - 東浩紀・津田大介ほか（著）『思想地図β vol.2』(2011年、コンテクチュアズ)
- 本文：地震と原発、そしてインターネット
- コラム：災害時のデマと混乱

53　ユニット3　日本人とビジネス

55　第4課
- レビュー書籍：梅田望夫（著）『ウェブ進化論——本当の大変化はこれから始まる』(2006年、筑摩書房)
- 本文：2000年代後半のウェブ社会の変化を見通した『ウェブ進化論』
- コラム：キュレーションの時代

69　第5課
- レビュー書籍：岩崎夏海（著）『もし高校野球の女子マネージャーがドラッカーの『マネジメント』を読んだら』(2009年、ダイヤモンド社)
- 本文：日本人が好きなピーター・ドラッカーの経営学を、女子高生が読み解く
- コラム：日本のサラリーマンとビジネス書

もくじ

85　ユニット4　日本人と文学

- 87　第6課
  - レビュー書籍　村上春樹（著）
    『1Q84』〈シリーズ〉（2009-2010年、新潮社）
  - 本文　「心を支配するもの」と向き合う村上春樹
  - コラム　デタッチメント（関わりのなさ）からコミットメント（関わり）へ

- 105　第7課
  - レビュー書籍　水野敬也（著）
    『夢をかなえるゾウ』（2007年、飛鳥新社）
  - 本文　自分を変えたいビジネスパーソンに送るメッセージ
  - コラム　自己啓発と自分探し

- 123　第8課
  - レビュー書籍　金原ひとみ（著）
    『蛇にピアス』（2004年、集英社）　綿矢りさ（著）
    『蹴りたい背中』（2003年、河出書房新社）
  - 本文　孤独な都会の若者への励ましの小説
  - コラム　「言葉」と「感覚」

139　ユニット5　日本人と哲学

- 141　第9課
  - レビュー書籍　マイケル・サンデル（著）　鬼澤忍（訳）
    『これからの「正義」の話をしよう──いまを生き延びるための哲学』（2010年、早川書房）
  - 本文　「正義」とは何かを哲学的に考える
  - コラム　サンデルの政治哲学と東日本大震災

157　ユニット6　日本人と生活

- 159　第10課
  - レビュー書籍　三浦展（著）
    『下流社会──新たな階層集団の出現』（2005年、光文社）
  - 本文　貧乏で無気力な若者たち
  - コラム　格差の遺伝？

- 173　第11課
  - レビュー書籍　中野独人（著）
    『電車男』（2003年、新潮社）
  - 本文　インターネット掲示板が書籍に
  - コラム　日本最大の掲示板、2ちゃんねる

187　ユニット7　日本人と読書

- 189　第12課
  - 本文　日本人と読書──教養の崩壊と復活
  - コラム　電子書籍の現状と未来

205　参考文献
211　索引（語彙索引／文法索引／文化・社会キーワード索引）

【別冊】解答

本教材で取り扱う書籍一覧

【ユニット1　日本人と日本語】

● 第1課
北原保雄（きたはらやすお）（編著）

『問題な日本語（もんだいなにほんご）』＜シリーズ＞
（2004-2011年、大修館書店（たいしゅうかんしょてん））

　国語学者・言語学者である北原保雄（きたはらやすお）は、『明鏡国語辞典（めいきょうこくごじてん）』という辞書の編纂（へんさん）チームを率いて、2004年に『問題な日本語』を出版し、その後、続編や関連書籍が出版された。『問題な日本語』はシリーズ3冊目までに計100万部を売り上げて、ベストセラーとなった。日常的に使われている日本語の表現がじつは間違った表現であるという話や、若者の言葉遣いが乱れているといった話は、テレビ等でもよく取り上げられている。北原（きたはら）と執筆陣は、一般的に間違っていると言われている表現も、じつはそれなりの経緯や理屈があって生まれてきたものである以上、単純に間違いだと切り捨てるわけにはいかないとし、場合によっては正しい用法とも言えるのだということを、多数の事例を挙げて解説した。

● 第2課
齋藤孝（さいとうたかし）（著）

『声に出して読みたい日本語』＜シリーズ＞
（2001-2004年、草思社（そうししゃ））

　齋藤孝（さいとうたかし）は教育学者として、身体を鍛えることが近年の教育の中で軽んじられてきたことを批判している。齋藤の身体論は、単に筋力や柔軟性を鍛えるという意味ではなく、身体をバランスよく上手に使う技術を身につけることを重視している。齋藤は、優れた日本語の文章を暗誦し、朗読することが、心と身体を鍛える上で非常に重要であると主張しており、実際に子どもたちに暗誦（あんしょう）・朗読を教える教室を開くなどしている。『声に出して読みたい日本語』は、暗誦（あんしょう）や朗読（ろうどく）に適していると齋藤（さいとう）が考える日本語の名文を多数収録したもので、ベストセラーとなった。

【ユニット2　日本人と地震】

● 第3課
小出浩章（こいでひろあき）（著）

『原発（げんぱつ）のウソ』
（2011年、扶桑社（ふそうしゃ））

中川恵一（なかがわけいいち）（著）

『放射線医（ほうしゃせんい）が語る被（ひ）ばくと発（はつ）がんの真実』
（2012年、KKベストセラーズ）

藤沢数希（ふじさわかずき）（著）

『「反原発（げんぱつ）」の不都合な真実』
（2012年、新潮社（しんちょうしゃ））

東浩紀（あずまひろき）・津田大介（つだだいすけ）ほか（著）

『思想地図β（ベータ） vol.2』
（2011年、コンテクチュアズ）

　2011年東日本大震災（ひがしにほんだいしんさい）後、さまざまなテーマで、震災（しんさい）に関わる書籍が出版された。
　小出浩章（こいでひろあき）は、原子力工学の研究者でありながら一貫して原子発電に批判的な立場をとり続けている異色の科学者で、東日本大震災（ひがしにほんだいしんさい）による福島（ふくしま）第一原子力発電所の事故から2カ月後に出版した『原発（げんぱつ）のウソ』では、放射線の危険性等を基礎から解説し、ベストセラーとなった。震災（しんさい）後の日本では原子力発電の危険性を指摘する声が強いが、放射線医療（ほうしゃせん）によってがんの治療等に携わる中川恵一（なかがわけいいち）は『放射線医（ほうしゃせんい）が語る被ばくと発がんの真実』という書籍を出版し、今回の事故では人体に危険が及ぶような放射線被害は考えられないと指摘した。また、藤沢数希は原子力の専門家ではないが、『「反原発（げんぱつ）」の不都合な真実』の中で、各種統計を精査すると、原子力発電は火力等の他の発電方法に比べて危険であるとは言えないという主張を展開した。
　震災（しんさい）の直後には、マスメディアの報道が現実の動きに追いつかない中で、インターネットによる情報の収集・拡散が広く利用されたが、ジャーナリストの荻上（おぎうえ）チキは、インターネット上にかなりたくさんの「デマ」「流言（りゅうげん）」が飛び交ったことを指摘し、そのパターンを分析して『検証（けんしょう）　東日本大震災（ひがしにほんだいしんさい）の流言（りゅうげん）・デマ』という書籍を出版した。

【ユニット3　日本人とビジネス】

● 第4課
梅田望夫（著）

『ウェブ進化論——本当の大変化はこれから始まる』
（2006年、筑摩書房）

　『ウェブ進化論』は、2006年にアメリカのシリコンバレーでコンサルティング会社を経営する梅田望夫によって、IT分野、特にwebサービスの世界における最新の動向を紹介するために著された。日本に「Web2.0」「ロングテール」等の言葉を広める上でも大きく貢献した。梅田は、webサービスの充実によって、私たちの住む世界は「総表現社会」とも呼ぶべきものになり、一握りのエリートだけでなく「不特定多数無限大」の人々が協力することで新たな「知」の世界が切り開かれるだろうと主張した。

● 第5課
岩崎夏海（著）

『もし高校野球の女子マネージャーがドラッカーの『マネジメント』を読んだら』
（2009年、ダイヤモンド社）

　岩崎夏海は、秋元康に師事したこともある放送作家で、秋元がプロデュースしたAKB48のアシスタントプロデューサーも務めていた。2009年の暮れに『もし高校野球の女子マネージャーがドラッカーの『マネジメント』を読んだら』（通称『もしドラ』）という小説を出版し、ビジネスパーソンを中心に幅広く読まれるベストセラーとなった。『もしドラ』は、高名な経営学者で日本にもファンの多いピーター・ドラッカーの主著『マネジメント』から、組織の運営方法に関する知見を引用して、高校の野球部を率いていく女子マネージャーの活躍を描いた作品。小説のヒット後、マンガ、映画、アニメなどとしても展開され、ブームを巻き起こした。

【ユニット4　日本人と文学】

● 第6課
村上春樹（著）

『1Q84』＜シリーズ＞
（2009-2010年、新潮社）

　村上春樹は現代日本を代表する作家の一人で、80年代に『ノルウェイの森』が400万部以上の大ベストセラーとなって以来、数々のヒット作を生み出している。小説だけでなく、ノンフィクションや翻訳書なども手がけている。2009年に出版した『1Q84』は、新作を書き下ろすのが5年ぶりということもあって発売前から大変な話題を呼び、2010年に発売された「BOOK3」までのシリーズ3冊で合計300万部以上を売り上げている。『1Q84』は、村上の小説作品としては初めて三人称で語られる物語である点も注目された。物語には、オウム真理教をモデルとした宗教団体が登場しており、カルト宗教をはじめとする過激な思想に取り憑かれる人間の心理がテーマとなっている。

● 第7課
水野敬也（著）

『夢をかなえるゾウ』
（2007年、飛鳥新社）

　水野敬也は人を笑わせる技術を定式化し、それを著して2003年に出版した『ウケる技術』がすでにベストセラーとなっていたが、2007年に出版した『夢をかなえるゾウ』は、180万部を超えるベストセラーとなり、ブームを巻き起こした。『夢をかなえるゾウ』は、平凡なサラリーマン生活に嫌気がさしてきた主人公が、インドの神様「ガネーシャ」の教えを受けながら日々地道な努力を重ね、少しずつ変わっていくという小説である。歴史上の偉大な人物のエピソードを交えて「成功する人間になるための秘訣」が語られており、ビジネスパーソン向けの自己啓発書として人気を呼んだ。

本教材で取り扱う書籍一覧

● 第8課
金原ひとみ（著）

『蛇にピアス』
（2004年、集英社）

綿矢りさ（著）

『蹴りたい背中』
（2003年、河出書房新社）

　金原ひとみは20歳のとき、ピアスや入れ墨による身体改造にハマる若者の過激な生活を描いた『蛇にピアス』によって、すばる文学賞と芥川賞を受賞した。この作品はその後映画化もされている。金原が芥川賞を受賞した際、同時受賞に選ばれた綿矢りさが金原よりも1歳若かったため、最年少記録は逃すこととなったが、それ以前の最年少受賞記録が23歳であったことを考えると、金原の20歳での受賞も快挙だった。綿矢りさは高校在学中に『インストール』という小説を書いてデビューし、この作品は「文藝賞」を受賞した。そして大学在学中の19歳のときに、女子高生の憂鬱な生活を描いた『蹴りたい背中』によって芥川賞を受賞（金原ひとみとの同時受賞）し、それまでの最年少受賞記録を大幅に更新した。

【ユニット5　日本人と哲学】

● 第9課
マイケル・サンデル（著）　鬼澤忍（訳）

『これからの「正義」の話をしよう──いまを生き延びるための哲学』
（2010年、早川書房）

　ハーバード大学の哲学教授であるマイケル・サンデルは、学生を巻き込んだディスカッションで道徳哲学を掘り進めている講義の模様が、NHKの『白熱教室』という番組で放送されており、日本でも有名である。2010年にはサンデルの著書の邦訳『これからの「正義」の話をしよう』が発売され、ベストセラーとなった。本書の中では、「1人を殺せば5人の命を救えるときに、その1人を殺すべきか」「同性婚は是か非か」といった、道徳的価値観に関わる問題について、古代以来の哲学の学説史を踏まえながら解説している。

【ユニット6　日本人と生活】

● 第10課
三浦展（著）

『下流社会──新たな階層集団の出現』
（2005年、光文社）

　マーケティングアナリストの三浦展は、ファッションビルを開発するパルコや、日本の代表的な調査会社である三菱総研等で、マーケティングや社会調査に携わった後、独自のマーケティング会社を設立してアナリストとして活躍。2005年に出版した『下流社会──新たな階層集団の出現』では、収入が低いばかりか、生活全体が活気に乏しい若者を「下流」と名付け、彼らの暮らしぶりや人生観を分析。そして、この「下流」に転落する若者たちが増加していることを、現代社会の大きな病理として指摘した。

● 第11課
中野独人（著）

『電車男』
（2003年、新潮社）

　日本のインターネットサービスを語る上で、圧倒的な規模を誇る掲示板サイト「2ちゃんねる」を外すことはできない。2003年、この2ちゃんねる内の掲示板に、ある男が現在進行中の実体験を書き込み始めた。電車の中で酔っ払いに絡まれていた女性を助けたところ、その女性からお礼にプレゼントが贈られてきて、あわよくばデートにこぎ着けられるかもしれないという。男は典型的な「オタク」で女性との恋愛経験は皆無。舞い上がりながらもどうしてよいかわからない彼＝「電車男」が、2ちゃんねるを通じてたくさんの人からアドバイスを受け、初めての恋愛に挑戦する。漫画化、ドラマ化、映画化もされた、インターネット発の大ベストセラー。

＊他にも、多数の書籍を通して日本の社会や文化が論じられています。

本教材について

本教材の特長と内容
― 日本での留学や就職に役立つ21世紀日本のことば・文化・社会 ―

本教材は、近年の日本のベストセラー書籍をめぐるエッセイ（以下、「書評エッセイ」と呼ぶ）をもとにした日本語読解教材です。ベストセラー書籍が扱っている社会現象に触れることで、日本の最新事情に関する情報を得ながら日本語を学習することを目的としており、難易度としては、日本語能力試験N1レベル合格をめざす学習者に対応しています。

書評エッセイで学ぶ長所

書評エッセイを用いた日本語教科書は世界でも新しい試みですが、これを題材とした理由は以下の3点です。

❶ 幅広いジャンルと重要なテーマをカバー

ベストセラーランキングの上位には、非常に幅広いジャンルの書籍が含まれており、さまざまな内容に触れることができます。また、対象が「ベストセラー」であり日本人によく読まれた書籍であるため、そこで扱われているテーマは、日本の現代文化、社会、言葉などとの密接な関わり合いを持つ重要なものであることも間違いありません。

❷ 現代的な題材を確保

2000年以降のベストセラーに限って取り上げることとしているため、まさに21世紀の日本の流行や情勢に沿った題材で日本語を学ぶことができます。

❸ 実際の日本書籍へのガイド

書評エッセイは一種のブックガイドの役割も果たします。インターネット書店の海外発送サービスや、電子書籍出版サービスが発達した今日では、日本国外に住んでいても日本の書籍に触れる機会は豊富にあります。より本格的な日本語学習のために、学習者が自ら日本の書籍を購入する場合に、本教材の書評エッセイや書籍情報が役立つと考えられます。

以下に、本教材の特長、編集方針および構成について、詳しく説明します。

本教材の特長

❶ 日本語学習者が知りたいことや学びたいことを盛り込んだ教材

本教材の最大の特長は、学習者の興味・関心に合わせ、彼らが知りたいこと学びたいこととして挙げる21世紀のリアルな「日本」像に多角的にアプローチすることを重視している点です。

中でも特に若い学習者の興味・関心に対応するために、1980年代・1990年代生まれの日本語学習者約400名に対するアンケート調査を事前に実施しました。調査結果から得られた示唆は、大きく二つあります。

一つ目の示唆は、「日本文化」への関心が依然として高いものの、そこでいう「文化」は従来の日本語教科書で頻繁に取り上げられてきたような、型にはまった「日本文化」像ではないということです。日本文化というと、歌舞伎や俳句のような伝統文化や、アニメやマンガといった一部のサブカルチャーにスポットが絞られがちですが、それらだけが日本文化を代表しているわけではありません。現代の日本文化は、スポーツ、ビジネス、政治、日常生活など、さまざまな要素で成り立っており、学習者にとって重要なのは、より身近で多様な情報に触れることです。言い換えれば、「日本では今、何が起こり、人々は何を考え、どのように生きているのか」を伝えるリアルな情報こそ、学習者が求めるものであるということです。

二つ目の示唆は、学習者は日本語で日本人と「コミュニケーション」をすることを大きな目的の一つにしているということです。これは当たり前のことですが、読解教材においてこの点が重視されることは、これまで多くはありませんでした。日本の大学への留学や日系企業への就職などの際に、日本語を使用して日本人とのコミュニケーションを進める上で、基礎的な日本語能力が問われることは当然のことですが、それに加えて「今、日本社会で何が話題になっているか」を知っておくことも極めて重要です。特に、すでに留学している人やこれから日本での就職をめざす若い学習者にとっては、「今の日本の人々の生活、文化、考え方」を知ることは大変有用です。

vii

❷ 日本語能力試験 N1 合格をめざす読解教材

　本教材の制作にあたり配慮した第 2 のポイントは、中級レベル以上の日本語学習者を対象として、日本語能力試験 N1 に合格するための読解力養成をめざすということです。

　本教材の制作委員会には日本語教育や日本語学の専門家がおり、制作にあたっては、日本語能力試験が 2010 年より大幅に改定されたことも考慮した上で、新しい日本語能力試験（以下、「新試験」とする）に対応できるよう留意しました。「N1」レベルの合格をめざすにはどういった知識・能力が必要であるかをよく検討した上で、本文の難易度や、教材中のトレーニング用問題などが作成されています。

　新試験の合格基準で大きな特徴となるのは「課題遂行のための言語コミュニケーション能力」です。「課題遂行のための言語コミュニケーション能力」とは、『新しい「日本語能力試験」ガイドブック』（以下、「ガイドブック」）によると、「日本語学習者が、それぞれの目標言語使用領域で日本語を使用して課題を遂行するための日本語能力」と定義されており、この能力は、①「言語知識（課題遂行に必要な、日本語の文字・語彙や文法に関する知識）」、②「読解（言語知識を利用しながら、文字教材を理解して、課題を遂行する能力）」、③「聴解（言語知識を利用しながら、音声教材を理解して、課題を遂行する能力）」の三つに分けて測られるとされています。

　本教材が対象とするのは、主に上記①と②です。ガイドブックに「N1、N2、N3 レベルでは基礎段階の N4、N5 に比べて、問題構成において、読解の比率を高くしています。」とあるように、新試験では読解能力を問う問題の比率が高くなっています。本教材も、「言語知識に関する設問」「読解問題」において、言語知識を利用しながら文字教材を理解して、課題を遂行する能力の育成を重視して制作されています。

❸ 自ら考え、対話し、発信する力を育成する教材

　本教材は、語学の習得のみならず、学習者が持つ「知ること」への欲求、「考える」ことに喜びを感じる心に応えたいと考えて制作されています。そもそも、言葉を運用するためには「自分で考える」という姿勢と能力が不可欠です。新試験のガイドブックに示されている「課題を遂行する」こととは、学習者自身が考え、それを日本語で発信することであるとも言えます。

　その一助となることを目的として、本教材の本文では、単なる「情報の紹介」ではなく、書き手がその情報について何を思い、どう考え、どんな意見を抱いているのかが明確に示されています。また、学習者は課ごとに設けられた「思考のストレッチ」「内容理解」を通して文章への理解を深めた上で、「発展活動」という形で自ら考え、対話し、発信する活動が設けられています。

本教材の構成

　以上の編集方針に基づいた上で、新試験 N1 合格をめざす学習のために、本教材では、以下のような構成を採用しました。

- キーワード・関連語句
- 思考のストレッチ
- 本文
- 注釈
- 語彙・文法説明
- 言語知識に関する設問
- 内容理解
- 発展活動
- コラム
- 参考文献
- 索引
- 解答（別冊）

　それぞれの構成要素の目的と概要、および、使い方は「各課の構成と使い方」（p.x）に示す通りです。

ベストセラー書籍の選定

　最後に、書評エッセイの対象となった「ベストセラー書籍」の選定基準を説明しておきます。

　書評の題材として取り上げるベストセラー書籍を選定するにあたっては、有限会社 e パートナーが運営するウェブサイト「日本著者販促センター」に掲載されたものをはじめとして、大手取次や書店が発表している複数のベストセラーランキングを参照しました。

本教材の特長と内容

　選定にあたっては、まず、学習者の興味・関心を把握するために、ベストセラー書籍のテーマを分類した上で、日本語を学ぶ1980年代・1990年代生まれの学習者に対してアンケート調査を行いました。

　関心の高いテーマを抽出した後に、制作委員会のメンバーによる検討を行い、取り上げるテーマの偏りや、現代日本社会を象徴しているかといった点を総合的に判断して、対象書籍を選定しました。

　実際に本文に触れていただければわかる通り、本教材が取り上げたベストセラー書籍は幅広い分野にわたっており、制作途中で行ったモニター調査でも、学習者からは非常に有用な内容であるとの評価が得られました。

日本語読書のきっかけに

　私たち制作委員会は、人間にとって「知」を広げる最良の方法の一つは、書物を読むことであるとかたく信じています。インターネット時代を迎えた今も、良質な文章は、無料で閲覧できるウェブサイトではなく、書籍という形式で流通していることが多いのが現実だからです。

　すでに触れたように、今日ではインターネット書店の海外発送サービスや、電子書籍出版サービスが発達しており、日本に住んでいない人にとっても、日本語の書籍がぐっと身近な存在となりました。インターネットが、私たちと書物の間の距離を縮めてくれているとも言え、日本語を学ぶ人たちの知のネットワークを広げる可能性は無限に広がりつつあります。

　本教材を一つのきっかけとして、ここでは扱い切れなかったベストセラー書籍や、ここで扱ったテーマに関連する他の文献へも、興味や関心を広げていただければと思います。

各課の構成と使い方

各課は、主に以下の構成となっています。

- キーワード・関連語句
- 思考のストレッチ
- 本文
- 注釈
- 語彙・文法説明
- 言語知識に関する設問
- 内容理解
- 発展活動
- コラム

Ⓐ「キーワード・関連語句」

課で扱われる内容を象徴するキーワードや関連語句が課のタイトルの背景に並べられています。それぞれの語句を眺めながら、どのような内容がこれから展開されるかを想像してみましょう。

Ⓑ「思考のストレッチ」

学習者自身がすでに持っている知識や認識に基づいて、自分の考えや理解していることをまとめられるようにし、課の学習内容へ導入するためのものです。本文を読む前に読解活動の準備をすることが可能となりますので、ひとまず、どんなことを学ぶのか、それについて自分自身が今どんな情報や考えを持っているのか確認しましょう。

Ⓒ「本文」

ベストセラー書籍の内容や社会に与えた影響、および執筆者の意見が書評エッセイとして書かれています。日本語能力試験では、「幅広い話題について書かれた新聞の論説、評論等、論理的にやや複雑な文章や抽象度の高い文章等を読んで、文章の構成や内容を理解すること」、「さまざまな話題の内容に深みのある読み物を読んで、話の流れや詳細な表現意図を理解することができる」（ガイドブック）ことが求められていますが、「本文」では、非常に幅広い話題が扱われており、複雑で抽象度の高い文章を読みこなす能力の養成に役立つよう構成されています。

また、常体にも敬体にも慣れることができるよう、本文は課ごとに常体と敬体を交互に用いて執筆されています。流行としての「ベストセラー書籍」を知るだけでなく、日本社会や文化、日本人の考えについて論理的に把握できるように執筆されているので、執筆者の考えや主張をしっかりと把握しましょう。

Ⓓ「注釈」

書評エッセイとして書かれた「本文」には、ベストセラー書籍が扱っている社会現象や事件、人物などが関連している情報が数多くあります。その中には学習者にとってはなじみの薄い情報も含まれ、一般の辞書などでは調べるのが容易でないものもあります。それらの言葉の中で、本教材制作委員である日本語教師が経験的に「説明が必要」と判断したものや、すでに日本語能力試験に合格している学習者が自らの学習体験から「説明する必要がある」と指摘したものを中心に、「注釈」の形式でわかりやすく解説しています。

各課の構成と使い方

Ⓔ「語彙・文法説明」

本教材では、日本語能力試験 N1 合格に必要な語彙・文法の意味や用法が解説されています。語彙・文法項目の選定には、2009 年までの日本語能力試験出題基準や、『新しい「日本語能力試験」問題例集』(2009)、『日本語能力試験公式問題集』(2012)、その他の関連する市販教材を参考にした上で、本教材制作委員である日本語教師が経験的に「説明が必要」と判断したものや、学習者（すでに日本語能力試験に合格している者）から「説明する必要がある」と指摘があったものを中心に、本文に出てきた語彙と文法の解説を行っています。2010 年に改定される前の試験（以下、旧試験）の出題基準を参考にする理由は、ガイドブックにも「(N1 レベルは)現行試験（旧試験のこと）の1級よりやや高めのレベルまで測れるようになります。合格ラインは現行試験とほぼ同じです。」とあり、そのレベルの基準は「選別の方針として以下の4点を定めた。ア 主に頻度を重視して採否を決める。イ 機械的に頻度の高いものから採用するのではなく、日本語教育経験者の視点も加える。ウ 旧試験の『出題基準』語彙表も参考にする。エ 最終的な語数は、日本人成人の獲得語数等を参考にした上で決定する」(押尾ら，2008)とされており、現在の試験もまた旧試験の出題基準を参照すると明記されているからです。

より効果的な学習となるよう、学習項目を優先度の高いものに絞り込むため、日本語能力試験 N1 合格に必要な語彙・文法ではありながら、学習者にとっては、基本的な語彙であり、読み方や意味の把握に支障をきたさない場合や、あえて説明が不要と判断された文法項目は説明を省略しています。

語彙の見出しには、それぞれどの基準により選出されたものかを以下のように示してあります。

① ★ 2009 年までの日本語能力試験出題基準で 1 級とされているもの。【1 級語彙】

② 前掲の参考書、および、日本語教師が教育経験に基づき、解説が必要だと判断したもの。【教師選定】

③ すでに日本語能力試験に合格している学習者に調査を行い、学習経験に基づき解説が必要だと判断されたもの。【学習者選定】

※ただし、①と②または③が重複している場合は、①の「1 級語彙」のみ示すことにし、②と③が重複している場合は、②の「教師選定」と③の「学習者選定」を併記しています。

※また、より効果的な学習となるよう、学習項目を優先度の高いものに絞り込むため、①の基準に該当する語彙であっても、教師・学習者が説明不要と判断した場合には、説明をつけないこととしました。

なお、語彙と文法の解説には、それぞれ下図の項目を設けています。

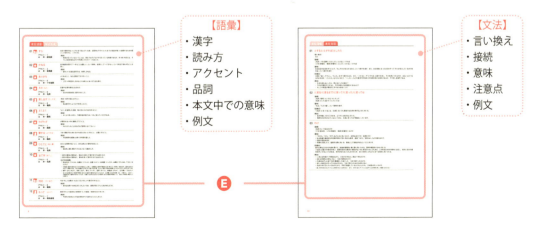

【語彙】
・漢字
・読み方
・アクセント
・品詞
・本文中での意味
・例文

【文法】
・言い換え
・接続
・意味
・注意点
・例文

xi

F「言語知識に関する設問」

日本語能力試験は主に、「言語知識・語彙・文法」「読解」「聴解」の三つの要素から成ります。本教材は前者二項目に対応するために、「言語知識に関する設問」を設けています。言葉の発音を問うものや、正しい表現の四択設問、あるいは、指定された言葉を用いて文を作る、方言と外来語に関する設問など、日本語能力試験に出題される形式以外にも設けてありますので、「語彙・文法説明」と併せて「言語知識に関する設問」を解きながら言語知識の養成に役立ててください。

G「内容理解」

日本語能力試験の「読解」では、本文の内容を正しく読めているかといった力も重点的に問われます。本教材の「内容理解」を解き、筆者の考えやその根拠、理由を自分がどの程度把握できたかを確認してみましょう。複数の選択肢から正しい答えを一つ選ぶ問題、本文の内容と合っているものをすべて選ぶ問題、また、記述式の問題など、出題形式はさまざまです。

H「発展活動」

「本文」ではベストセラー書籍の内容やその社会的背景の紹介および執筆者の意見が書評エッセイとして書かれています。「発展活動」では、これら「本文」に書かれた日本社会や日本人の考え方の多様性を踏まえた上で、そこから「自分の考えを持つ」「考える力を養う」ことをめざした活動項目に学習者自身が取り組みます。そもそも、言葉を運用するには「自分で考える」という姿勢と能力は不可欠です。本教材では、「本文」を読解することにとどまらず、理解した事柄を用いて「課題」に対応し実践ができるように、「発展活動」の中に、「考える」タイプの活動と「調べる」タイプ、そして、「話し合う」タイプの活動を設定しています。

「考える」タイプの活動では、ベストセラー書籍の内容とその背景、また筆者の考え方を知るというだけではなく、その一歩先に踏み込んで、「自分はどう考えるか」を問います。できるだけ学習者自身や学習者が生活する国や地域の問題に引きつけて考えられるようにしてありますので、一人でじっくり考えてから、対話したり発信したりしましょう。「調べる」タイプの活動は、書籍やインターネットなどで自主的に知識を深めることを目的としています。興味のある箇所は、自分で積極的に知識と理解を深めましょう。

なお、「発展活動」の解答には、"ヒント"として例を記述しました。"解答"として具体的なものを記してしまうと、逆に活動に枠を設ける結果となってしまったり、考察や議論の発展を妨げる原因になったりしてしまうことが予想されるためです。あくまで自身の考えを深めるプロセスにおける一つの参考材料として参照してください。

I「コラム」

学習者の興味を重要視し、本文で述べきれなかったことの補足や、本文理解のために役立つ周辺知識等を紹介する文章です。「コラム」を読み、本文で扱われた流行語だけではなく、その周辺テーマへと知識を広げていきましょう。

「コラム」にも、「本文」と同様、「注釈」と「語彙・文法説明」があります。それぞれの目的や主旨などは「本文」と同様です。

xii

本教材の3つの活用手法
― 反転授業を取り入れたアクティブラーニング型授業実践の例 ―

本書を使う先生へ

反転授業とは

「反転授業」という授業形態は、授業と宿題との役割を"反転"させることで、教室の中では教師と学習者とが情報共有や問題解決のためのディスカッションに取り組めるようにする授業形態のことを指します。

伝統的な授業スタイルとして、教師が教室で知識の伝授を行い、学習者は教師から与えられた課題に帰宅後に取り組み、知識の定着と応用力の向上をはかるというものが主流でした。反転授業では、学習者が、基礎的な知識の習得を配布資料やオンライン教材を用いて自ら行います。その上で、自宅で得た情報や、アイディアを教室に持ち寄り、対話形式で応用練習や発展活動に取り組むことを通して学びます。

本教材と付属教材を組み合わせたアクティビティ

本教材は、こうした反転授業が可能となるよう、本来教師が解説する事項も注釈や言葉の解説、設問の解答として掲載しています。また、活動用のワークシートを課ごとに設け、凡人社ウェブサイト（p.xvi 参照）に掲載しています。「本教材の特徴と内容」と「各課の構成と使い方」で述べた流れで独学や授業にご利用いただけることはもちろんですが、反転授業や、授業の一部で利用する副教材、アクティビティの一環として利用する補助教材としてもご活用いただくことができます。

10分間の活動を通して学ぶ「N1 語彙・文法」と「日本の社会文化」

反転授業を取り入れた授業実践に本教材をご活用いただくことで、学習者が、日本のベストセラー書籍を紹介するエッセイを通して、日本の社会や文化に関する幅広い知見を得ることができます。また、教材から読み取った内容を教室でシェアし、個々が持つ知識や考えに基づいて表現する活動を通して日本語能力試験（JLPT）N1 語彙と文法を学ぶこともできます。

ここでは、普段の授業の開始後 10～20 分、あるいは、終了間際の 10～20 分を"読み物を通して活動する時間"としてご展開いただく方法と手順について詳しく紹介します。以下に、ピア・リーディング、アクティブ・ラーニング、語彙・文法学習の三つの観点による具体的な利用手法を記します。

■《ピア・リーディングを取り入れた読解活動の手法》（※所要時間 10～20 分）

各課の本文を見出し（例：第1課「議論が尽きない母国語」「ありがちな『間違った日本語』」「間違いのようで間違いではないもの」「私も間違って覚えていたもの」「変わる国語」）ごとに分け、学習者に担当部分を伝えます。学習者は帰宅後、それぞれの担当箇所を、後述する凡人社ウェブサイトに掲載されたワークシートを用いて読む活動に取り組みます。個々の学習者が自宅で読むものは一つの本文の異なる断片ですが、授業では、ワークシートに個々が書き込んだ情報を持ち寄り、チーム、または、教室全体で穴埋めをしながら、集められた断片から本文の全体像を築き上げます。

以下に、本教材を用いてピア・リーディングという協働を通した情報共有活動を展開することで読みの力を強化する手順について紹介します。

【具体的な手順】

❶ 凡人社ウェブサイト（p.xvi 参照）に掲載されたワークシート「ピア・リーディング用ワークシート（学習者用）」をダウンロードし、学習者の人数分印刷します。ワークシートは課ごとに設けられていますので、該当する課のワークシートをダウンロードしてください。

❷ 活動を行う授業の前の回に、ワークシートを配布し課題となる本文を伝えます。ここで、ワークシートに掲載された本文の見出し（例：第1課「議論が尽きない母国語」「ありがちな『間違った日本語』」「間違いのようで間違いではないもの」「私も間違って覚えていたもの」「変わる国語」）の担当者を決めます。学習者の協議で決めるのもよいですが、例えばあみだくじ等によっても、迅速かつ楽しく決めることができます。担当が決まったら、課題として、本文を読んでワークシートを次回までに

完成させるよう伝えます。

❸ 学習者は帰宅後に、担当となった部分を読みながら、ワークシートに掲載された「150字要約」「興味深い点・驚いた点」について書き込みます。

❹ 授業当日は、授業の冒頭、もしくは、終了前の10〜20分間を利用します。各部分の担当者を別々のグループに振り分け、本文の異なる見出しを担当した学習者で一つのグループを作ります。同じ部分を読んできた担当者が複数名いる場合は複数グループにします。

❺ 凡人社ウェブサイトからワークシート「ピア・リーディング用ワークシート（教室用）」をダウンロードし、A3サイズで印刷したものをグループに1枚ずつ配布します。学習者はグループメンバーと共に、お互いの得た情報を口頭で交換しながら、ワークシートの「各見出しのポイント」と「興味深い点・驚いた点」を穴埋めし、全体像を確認します。

❻ 教師は各グループを見回りながら、不足している情報があるグループと、その情報を持つグループとをマッチングし、お互いに補うようサポートします。

❼ それぞれのグループのワークシートが完成したら活動は完了です。学習者は、ワークシートにグループメンバーの名前が掲載されているかを再度確認した上で、教師に提出します。

❽ 最後に教師が「興味深い点・驚いた点」について学習者に質問し、全体でシェアします。本教材は社会的・文化的トピックに関する記述が豊富に含まれていますので、特に取り上げたいものがある場合は、教師から「先生がおもしろいと感じた点・驚いた点」としてそのトピックを提起することも効果的です。

❾ 授業終了後に、回収したワークシートに教師から一言コメントを入れ、次回の授業時にフィードバックします。

■《アクティブ・ラーニングを取り入れた教室実践の手法》
（※所要時間15分）

　アクティブ・ラーニングは、課題に対して学習者が自らの意見やアイディアをまとめたり、調べたりする活動を行うことで、主体的に考え、表現する力を養う手法です。本教材では、アクティブ・ラーニングを取り入れた授業実践のために、各課の「発展活動」の中に、「考える」タイプと「調べる」タイプ、そして「話し合う」タイプの活動を設けています。

　「考える」タイプの活動では、ベストセラー書籍の内容とその背景、また筆者の考え方を知るというだけではなく、その一歩先に踏み込んで、「自分はどう考えるか」を問います。できるだけ学習者自身や、学習者が生活する国や地域の問題に引きつけて考えられるようトピックが設定されていますので、学習者が一人でじっくり考えてから、対話したり発信したりする活動に取り組むことができます。

　「調べる」タイプの活動は、書籍やインターネット等で自主的に知識を深める力を養うことを目的とした課題が設定されています。学習者の興味や関心に基づき、自ら積極的に知識と理解を深める活動に取り組むことができます。

　以上の「発展活動」の解答には、"ヒント"として例を記述しました。"解答"として具体的なものを記してしまうと、逆に活動に枠を設ける結果となってしまったり、考察や議論の発展を妨げる原因になったりしてしまうことが予想されるためです。あくまで学習者自身の考えを深めるプロセスにおける一つの参考材料として参照してください。本教材を用いて、アクティブ・ラーニングに取り組むための具体的手順について紹介します。

【具体的な手順】

❶ 凡人社ウェブサイトに掲載されたワークシート「アクティブ・ラーニング用ワークシート（学習者用）」をダウンロードし、人数分印刷した上で、配布します。ワークシートは課ごとに設けられていますので、該当する課のワークシートをダウンロードしてください。

❷ 学習者は自宅で、配布されたワークシートに記載された文章の段落ごとの要約文を作成した上で、各課の「発展活動」に取り組み、書き込みます。

❸ 授業当日は、授業の冒頭、もしくは、終了前の 15 分間を利用します。学習者を 3〜5 名のグループに分けます。

❹ 凡人社ウェブサイトからワークシート「アクティブ・ラーニング用ワークシート（教室用）」をダウンロードし、A3 サイズで印刷したものをグループに 1 枚ずつ配布します。

❺ 学習者は情報を持ち寄り、グループメンバーと口頭で情報共有を行った上で、「アクティブ・ラーニング用ワークシート（教室用）」の「発展活動」と「興味深かったグループメンバーの意見・アイディア」に意見交換の内容を書き込みます。

❻ それぞれのグループのワークシートが完成したら活動は完了です。学習者は、ワークシートにグループメンバーの名前が掲載されているかを再度確認した上で、教師に提出します。

❼ 最後に教師が「発展活動」と「興味深かったグループメンバーの意見・アイディア」について各グループに質問をしながら、全体でシェアし、終了です。

❽ 授業終了後に、回収したワークシートに教師から一言コメントを入れ、次回の授業時にフィードバックします。

■《語彙・文型重視の教室活動の手法》
　（※所要時間 15 分）

　本教材では、学習者の語彙や文法の学習をサポートするために、「注釈」「語彙・文型説明」「言語知識に関する設問」を設けています。「注釈」は、学習者にとってなじみの薄い情報のうち、一般の辞書等では調べるのが容易でないものが解説されています。「語彙・文法説明」では、日本語能力試験 N1 合格に必要な語彙・文法が説明されています。「言語知識に関する設問」では、発音や、正しい表現の四択問題、あるいは、指定された言葉を用いて文を作る、方言と外来語に関する設問等、幅広い形式から言語知識の養成に役立つ問いが多数設けられています。言語知識の養成に役立つ語彙・文型重視の教室活動の具体的手順を記します。

【具体的な手順】

❶ 凡人社ウェブサイトに掲載されたワークシート「語彙・文法学習用ワークシート（学習者用）」をダウンロードし、人数分印刷した上で、配布します。

❷ 学習者は自宅で本文を読みながら、ワークシートに掲載された「150 字要約」について書き込んだ上で、言語知識に関する設問を解きます。その際、ワークシートの「わからなかった語彙・文型」に必要に応じてメモを残し、調べます。

❸ 授業当日は、授業の冒頭、もしくは、終了前の 15 分間を利用します。学習者を 3〜5 名のグループに分けます。

❹ 凡人社ウェブサイトからワークシート「語彙・文法学習用ワークシート（教室用）」をダウンロードし、A3 サイズで印刷したものをグループに 1 枚ずつ配布します。

❺ 学習者は情報を持ち寄り、グループメンバーと口頭で情報共有を行った上で、「語彙・文法学習用ワークシート（教室用）」の「わからなかった語彙・文型」と「グループメンバーで調べた意味」に意見交換の内容を書き込みます。

❻ それぞれのグループのワークシートが完成したら活動は完了です。学習者は、ワークシートにグループメンバーの名前が掲載されているかを再度確認した上で、教師に提出します。

❼ 最後に、教師が「わからなかった語彙・文型」と「グループメンバーで調べた意味」について各グループに質問をしながら、全体でシェアし、必要に応じて解説をした上で終了です。

❽ 授業終了後に、回収したワークシートに教師から一言コメントを入れ、次回の授業時にフィードバックします。

本教材の 3 つの活用手法

「文法説明」凡例

品詞の表示方法	接続の表示例	例
[名詞]	[名詞] に至る	結論に至る (第1課)
[名詞(ーだ)]	[名詞(ーだ)] とすると	事実だとすると (第1課)
[ナ形]	[ナ形] ながら(も)	安価ながらも (第2課)
[ナ形(ーだ)]	[ナ形(ーだ)] とすると	孤独だとすると (第1課)
[ナ形(ーな)]	[ナ形(ーな)] わけ	孤独なわけだ (第1課)
[イ形]	[イ形] とすると　＊	難しいとすると／難しくなかったとすると (第1課)
[イ形(ーい)]	[イ形(ーい)] なりに	浅いなりに (第6課)
[イ形(ーい̶)]	いかにも[イ形(ーい̶)] そうだ	いかにもおもしろそうだ (第3課)
[イ形(ーく)]	[イ形(ーく)] あるべきではない	恩着せがましくあるべきではない (第9課)
[イ形(ーければ)]	[イ形(ーければ)] こそ	難しければこそ (第5課)
[動詞]	[動詞] とすると　＊	頼むとすると／頼まなかったとすると (第1課)
[動詞(ーる)]	[動詞(ーる)] にあたり　＊＊	備えるにあたり (第3課)
[動詞(ーて)]	[動詞(ーて)] からというもの	起きてからというもの (第3課)
[動詞(ーた)]	[動詞(ーた)] ところで	批判したところで (第1課)
[動詞(ーない)]	[動詞(ーない)] ではすまない	陥らないではすまない (第2課)
[動詞(ーな̶い̶)]	[動詞(ーな̶い̶)] にはすまない	陥らずにはすまない (第2課)
[動詞(ーま̶す̶)]	[動詞(ーま̶す̶)] がてら	行きがてら (第1課)
[動詞(ーば)]	[動詞(ーば)] こそ	あればこそ (第5課)
[節]	[節] ものを	確認を行えばよいものを (第3課)

＊……普通体のイ形容詞／動詞　　　＊＊……動詞の辞書形

／…………「または」という意味
（　）………「あってもなくてもいい」「省略できる」という意味
〈　〉………後続の違いによる別の形などを示した

活動用ワークシート集

反転授業を取り入れた授業で使用するワークシートを配信しています。
下記よりダウンロードしてお使いください。
（凡人社ウェブサイト内「凡人社の本」からもアクセスできます）

http://www.bonjinsha.com/wp/bookreview

ユニット1 日本人と日本語

第1課
「単純には割り切れない、『正しい日本語』と『間違った日本語』」では、北原保雄（編著）の『問題な日本語』を取り上げ、日本人自身の関心も高い「よくある日本語の間違い」について紹介しています。

第2課
「言葉を血肉化する『暗誦』の文化を取り戻すために」では、齋藤孝の『声に出して読みたい日本語』を取り上げ、美しい日本語を朗読・暗誦することのよさに触れ、言葉と身体の関係について考察しています。

第1課

単純には割り切れない、
「正しい日本語」と「間違った日本語」

第1課　単純には割り切れない、「正しい日本語」と「間違った日本語」

レビュー書籍▶▶▶　北原保雄（きたはらやすお）（編著）
『問題な日本語』〈シリーズ〉
（2004-2011年、大修館書店（たいしゅうかんしょてん））

思考の
ストレッチ

1. 普段、「問題な言葉」「間違った言葉」が話題になったり、使ったりすることはあるか。それはどんな場面か。自分の母語の場合でも日本語の場合でもよいので、例を挙げて考えてみよう。
2. 「正しい言葉」を使うことが求められる場面はあるか。自分の母語の場合でも日本語の場合でもよいので、例を挙げてみよう。
3. 日本語で話したり書いたりする際に、何度も間違いを指摘される言葉や使い方はあるか。例を挙げてみよう。

議論が尽きない母国語

　『明鏡国語辞典（めいきょう）』❶という辞書の編纂（へんさん）チームが2004年末に出版した『問題な日本語』は、シリーズ3巻で100万部を超えるベストセラーになりました。よくある言葉遣いの間違いや、いわゆる若者言葉など、「問題」があるとされる日本語の例をたくさん挙げて、どのように表現するのが正しいかを考えるというものです。ちなみに『問題な日本語』というタイトルそのものも、あまり自然な日本語ではありません。これは著者たちが注目を集めるために、まさに「問題」のあるタイトルをつけたものです。

　日本に限らずどこの国でも同じだと思いますが、母国語だからといって誰もが正しい言葉を完璧（かんぺき）に使いこなせるというわけではありません。そればかりか、国語学者の間で「正しい言葉遣い」について意見が分かれる場合すら01 あって、正否を決めかねる02 ような表現もあります。また、言葉遣いは時代の流れに応じて変化し続けるものです。我々は1000年前の日本語の文章を簡単には読めませんし、老人世代と若者世代の間でも言葉遣いにはいくつもの違いがあります。

　『問題な日本語』の他にも日本語の問題を扱った本はたくさんありますし、テレビ番組で「間違った日本語／正しい日本語」がテーマとして取り上げられることも珍しくありません。誰だって自分の言葉遣いに完全な自信はありませんし、かなりの自信を持っている人でも、こういう本を読んでみると自分が間違って覚えている言葉がいくつもあるということに気づくものです。これからも、「間違った日本語／正しい日本語」は常に話題の尽きないテーマであり続けるでしょう。

---

❶『明鏡国語辞典』
（めいきょうこくごじてん）
2002年大修館書店（たいしゅうかんしょてん）より初版（しょはん）が発行された。編纂（へんさん）は北原保雄（きたはら・やすお）。語句の用法・用例の説明、よくある誤用や誤記など文法に関する項目に力を注いでいる。21世紀になってからの比較的新しい国語辞典なので現代語にも一部対応している。収録数約7万語。

ありがちな[03]「間違った日本語」

　「おかしな日本語」「間違った日本語」が話題にされるとき、よく取り上げられる定番(ていばん)ネタ[04]のようなものがあり、『問題な日本語』にも多数収録されています。特によく話題になるのは、レストランやコンビニでの接客用語で、たとえば以下のようなものです。

（1）　たとえば、喫茶店で店員が客にコーヒーを差し出す[05]際に、「コーヒーのほうをお持ちしました」という言い方をすることがあります。さらに、「ミルクとお砂糖のほうはいかがですか？」と聞くこともあります。しかし、この「〜のほう」の意味はよくわかりません。コーヒーと別に紅茶か何かを頼んでいて、コーヒーが先に（または後に）出てきたのであれば、「コーヒーのほう」と言うのもわかりますが、コーヒーしか頼んでいない場合でも、なぜか「コーヒーのほう」と言う店員が多いので不思議です。

（2）　たとえば、レストランで「ハンバーグセット」を頼んだとすると[文01]、「こちらハンバーグセットになります」と言いながら店員が運んでくることがよくありますが、この「〜になります」も意味不明です。「〜でございます」と同じような丁寧語として頻繁に用いられているのですが、これからハンバーグセットに変化するわけでもないのに、「〜になります」を使うのは変です。もちろん、「〜になります」は変化を伴う場合以外にも使われることはあります。たとえば、「この子はもう3歳になります」のように、「もっと小さく見えるけれど、実は」という意外性を含意(がんい)する場合や、「公園の中を抜けて行くのが一番の近道になります」のように、「あれこれ考えるとそういう結論に至る[文02]」という意味を持つ場合です。しかし、「こちらハンバーグセットになります」は、意外性もなければ他の選択肢を検討する必要もない場面ですので、やはりおかしな日本語と言うべきでしょう。

（3）　コンビニのレジなどで、たとえば700円の品物を買って千円札を店員に渡した場合、店員がよく「千円からお預かりします」と言って千円札を受け取るのですが、この「〜円から」も意味不明ではないかという意見が多くあります。店員が受け取った金額は1000円ちょうどで、千円から始まって金額が増えたり減ったりするわけ[文03]ではないので、単に「千円お預かりします」とか「千円いただきます」と言えばいいわけです。

　これらの表現は、非常によく使われているのは確かですが、おかしな日本語であると考える人もまだ多いことに注意が必要でしょう。

間違いのようで間違いではないもの

　『問題な日本語』は、「間違った日本語」として頻繁に取り上げられる表現の中にも、よくよく[06]考えてみれば、解釈や考え方いかんで[文04]は、間違いとも言い切れないものがあると主張しています。私が「なるほど」と思ったのは、たとえば以下のような例です。

（1）　「全然」という言葉は、「全然足りない」のように打ち消しを伴う形で使うのが標準的とされていますが、近年「全然いい」のように肯定的な意味で使われるケースも増えてきています。といっても、どんな肯定文にも用いられるというわけではなく、「まずいと思ったけど、全然おいしい」「家を出るのが遅かったけど、全然間に合った」のように、「まったく問題が

ない」という意味を込めて使われるのが普通です。このように肯定文に「全然」を使うのは間違いだと言う人もいるのですが、『問題な日本語』の解説によると、明治以降は有名な文学作品にも「全然」を肯定文に用いている文例があり、間違いとは言い切れないようです。少なくとも、最近になって「乱れてきた」日本語というわけではありません。

(2) 「すごいおいしい」という言い方も一般には文法的に間違いだとされており、「すごくおいしい」が正しい。「すごいおいしい」は文章で書かれることは滅多にありませんが、話し言葉ではよく使われている表現です。本来は「すごい」の連用形で「『すごく』おいしい」と表現するはずなので、「すごいおいしい」には違和感があるのですが、実はこれも単純に間違いとは言い切れないようです。まず、話し言葉であれば、「すごい暑い」とか「えらい大きい」のように形容詞の連体形を副詞的に用いるのも、かなり定着した用法です。特に関西などでは、「えらく」よりも「えらい」のほうがよく使われるとさえ言えると思います。しかも、それどころか『問題な日本語』の調査によると、実は明治時代に、夏目漱石をはじめとする有名な小説家たちも「恐ろしい沢山」（恐ろしくたくさん）のように、連体形で形容詞を修飾する表現を使っていたそうです。

(3) 失った名誉を取り戻すという意味でしばしば使われる四字熟語「汚名挽回」は、間違った日本語としてよく取り上げられるもので、「汚名返上」が正しいと主張する人が大多数です。たしかに、汚名（不名誉なこと）を挽回（取り戻す）したのでは、わざわざ[07]悪い状態を再現するというおかしな意味になってしまいます。しかし『問題な日本語』では、「汚名挽回」も正しい日本語として認めています。「劣勢を挽回する」（劣勢な状態から巻き返す）という表現もごく普通に用いられているからで、「汚名挽回」の「挽回」も「～から巻き返す」という意味に理解すれば、ことさらに排除する必要はないという説です。この説には異論もあるとは思われますし、私も基本的に「汚名挽回」とは言いませんが、「正しい言葉遣い」の中に議論を要する[08]ものや意見の分かれるものがあるというのはおもしろい事実です。

私も間違って覚えていたもの

『問題な日本語』を読んで、恥ずかしながら私も間違って覚えていた日本語がいくつもありました。いくつか例を挙げましょう。

(1) 「他人事」という言葉がありますが、これは「たにんごと」と読んではいけないそうです。たしかに、「ひとごと」[09]という言葉があり、「他人事」は実は「ひとごと」への当て字[10]なので、「他人事」と書いて「ひとごと」と読まなければならないそうです。

(2) 「トラブルが後を絶たず、対応[11]に苦慮している」というのは正しいのですが、「うれしいことに、新製品への注文が後を絶たない」という言い方は間違っているそうです。「後を絶たない」はよくないことが次々起こる場合に使う言葉なので、注文がたくさん入って売り上げが伸びるというような場面で肯定的な意味で使うのは不適切であるとのことです。

(3) 「学生時代に、電車での通学がてら[文05]参考書を読んでいたのが習い性（ならいせい／なら

いしょう）となって、今も会社への通勤電車で読書をせずにはいられない」という言い方は正しいが、「学生時代の習い性が抜けない」という言い方は間違いだそうです。もともとは「習い、性となる」（習慣が、自分の性質の一部となる）という慣用表現なので、「習い性」を一語のようにして使うことはできないということです。

(4)　たとえば、会議の場ですべてのプログラムが終了した際に、司会者が「以上をもちまして、本日は閉会となります。皆様、お忙しい中お集まりいただきまして誠にありがとうございました」といった挨拶をするのはごく普通のことですが、この「もちまして」というのも不適切な表現のようです。「以上をもって 12/[文06]」を丁寧にした言い方として使われているわけですが、ここでいう「もって」は「持って」ではなく「以って」なので、「もちまして」という丁寧表現にはできないからだそうです。

変わる国語

『問題な日本語』に限らず、「正しい国語」をめぐる議論がおもしろいのは、言葉の用法というものにかなり議論の余地があるということがわかるからです。一般的に使われている言葉にも「間違い」がたくさんあるし、逆に「間違いだ」と言われる表現の中にも、学者によっては間違いでないと主張するものもあります。

またおもしろいのは、言葉というものはもともと「慣用」に根ざして 13 いるものなので、元来の使い方がどうであっても、新しい言葉遣いに人々が慣れてしまえばそれを「正しい言葉遣い」として認めざるをえないということです。現代の日本語も過去のさまざまな変化があってのものといえ、いくら「誤用」を批判したところで[文07]、定着して 14 しまえば、それが正統に取って代わるわけです。

しかし、「言葉は変わっていくもの」であるとはいえ、むやみやたらに 15 変えてよいものではないということも確かです。『問題な日本語』の中でも、たとえば若者の間で「お茶とかする？」の「とか」のように、はっきり言い切らない表現が多用されていることが批判されています。「言葉は変わるものだから」と開き直って 16 新しい言葉遣いを無条件に受け入れる 17 のではなく、新しい表現が生まれてきたときにはしっかりと議論をして、その良し悪しを吟味する 18 必要がありそうです。

(文＝川端祐一郎)

本文語彙 | 本文文法

01 すら
アクセント― ―
品　　詞― 副助詞

あまり関係のないところにまで及んでいる様。逆説（ぎゃくせつ）的にそのくらいにまで程度が強いと強調するための語として使用する。〜でさえも。
〈例文〉
・地球が回っているということは、現在では子どもですら知っている常識であるが、約400年前には、そうした説を唱えるだけで有罪（ゆうざい）とされたケースもあった。

02 かねる
アクセント― 2
品　　詞― 接尾語

前の動詞を受けて「〜することは難しい」という意味。結果として「〜できない」という用法で使われることが多い。
〈例文〉
・彼のいい加減な説明では、納得しかねる。

03 ありがち
アクセント― 0
品　　詞― ナ形容詞

よくあること。似た状態ができやすいこと。
〈例文〉
・上司への報告をし忘れるミスは新人にありがちな失敗だ。

04 ネタ [ねた]
アクセント― 0
品　　詞― 名詞

記事や文章の素材となるもの。
〈例文〉
・自分の失敗を笑い話のネタにした。

05 差し出す [さしだす]
アクセント― 3 (0)
品　　詞― 動詞

（物を）相手の前に出すこと。
〈例文〉
・私は握手をしようと手を差し出した。

06 よくよく
アクセント― 0
品　　詞― 副詞

「よく」を強調した言葉。特に念入りに何かをすること。
〈例文〉
・よくよく思い出すと、今朝の彼の様子はいつもと違っていたのである。

07 わざわざ
アクセント― 1
品　　詞― 副詞

必要性もないのに意識して行うこと。
〈例文〉
・わかりきったことをわざわざ説明しなくてもいい。

08 要する [ようする]
アクセント― 3
品　　詞― 動詞

うまく機能するためになければならないとすること。必要とすること。
〈例文〉
・宇宙開発の実験には多くの時間を要した。

09 ひとごと (他人事)
アクセント― 0
品　　詞― 名詞

自らには関係のないこと、または、他人に関係のあること。
〈例文〉
・彼は他人事に関わろうとはしない主義の人だ。

10 当て字 [あてじ]
アクセント― 0
品　　詞― 名詞

①漢字の意味に関係なく、読み方を使って漢字を当てはめたもの。
②漢字の読みに関係なく、意味を使って漢字を当てはめたもの。
〈当て字の用例〉
①亜米利加（アメリカ）、仏蘭西（フランス）、浪漫（ロマン）、如雨露（ジョウロ）、出鱈目（でたらめ）、千切り（せんぎり）
※外来語に漢字の音を当てたものが割合として多い。「如雨露」など漢字の意味をうまく使っている例も一部あるが、基本は音だけを当てた単語である。「千切り」は「繊切り」の当て字で、細く切るの意。もともと漢字で読める言葉によりわかりやすい文字を当てた例。
②蝸牛（かたつむり）、海老（えび）、燐寸（マッチ）、煙草（タバコ）、美食家（グルメ）、五月蝿い（うるさい）
※名付ける対象の持つ性質や特徴に合わせて漢字の意味が当てられたもの。「五月蝿い」は五月の蝿（はえ）の様子と「うるさい」の単語の持つ意味が合わさったもの。旧暦（きゅうれき）では、日本は五月ごろが雨季にあたる梅雨の時期だった。昔はこの時期に蝿がとても増えた。

11 対応する [たいおうする]
アクセント― 0
品　　詞― 動詞

何か（もしくは誰か）に応じてふさわしい行動で対すること。
〈例文〉
・あの店は客への対応がとてもよいため、値段が高くても人気があるようだ。

12 もって (以って)
アクセント― 1
品　　詞― 慣用表現

物事の区切りを示す。
〈例文〉
・今回の大会をもって私は現役（げんえき）から退くことにしました。

13 根ざす（根差す）［ねざす］
アクセント ― 2
品　　詞 ― 動詞

植物が土の中に根をはること。これに由来して、「〜に定着（ていちゃく）する」または「〜に基づいて」という意味で使用する。
〈例文〉
・世界各地の祭りはその地域文化に根ざして行われているものが多い。

14 定着する［ていちゃくする］
アクセント ― 0
品　　詞 ― 動詞

慣例化することで一般のものとして浸透（しんとう）し、なじむこと。
〈例文〉
・若者言葉のいくつかはいずれ定着して日本語の一部として認められるだろう。

15 むやみやたら（無闇矢鱈）
アクセント ― ―
品　　詞 ― ナ形容詞

「むやみ」を強調した言葉。程度を超えて後先のことをまったく考えずに行動する様。
※なお漢字は当て字である。
〈例文〉
・むやみやたらに本を読んだからといって知恵がつくというものではない。

16 開き直る［ひらきなおる］
アクセント ― 5
品　　詞 ― 動詞

態度を変えること。不利な状況に対して、無遠慮にまたは恐れないで応じること。
〈例文〉
・彼は自分の非（ひ）を認めるどころか開き直って他人のせいにし始めた。

17 受け入れる［うけいれる］
アクセント ― 0 (4)
品　　詞 ― 動詞

何かを認めてそれを受け止めること。受諾（じゅだく）。
〈例文〉
・彼の申し出を受け入れるべきかどうか悩んでいる。

18 吟味する［ぎんみする］
アクセント ― 1 (3)
品　　詞 ― 動詞

ものの良し悪しを丹念（たんねん）に見ること。また、その上で選ぶこと。
〈例文〉
・料理人が食材を吟味する。

本文語彙　本文文法

01　〜とすると / 〜とすれば / 〜としたら

〈言い換え〉
〜なら

〈接続〉
［名詞（ーだ）/ ナ形（ーだ）］とすると / とすれば / としたら
［イ形 / 動詞］とすると / とすれば / としたら

〈意味〉
ある仮定の状況を伴うことで、「もしそれが成立するなら」という条件を表す。また、ある現実になった状況を伴って「それが成立しているのであれば」という条件を表す。

〈注意点〉
文頭に「仮に」や「もし」、「もしも」を伴う場合もある。また、「とすると」や「とすれば」は条件を表し、その結果どうするのか、あるいはどうなるのかを表す。「としたら」はこれに加えて、「〜したい」などの意思や評価を示す表現を続ける場合があるが、やや話し言葉的である。

〈例文〉
・ 生まれ変わるとしたら、男と女どっちを選ぶ？
・ 今日が月曜日だとすると、今月の終わりは何曜日になるんだ？
・ もしこの報道が事実だとすれば大変なことだ。

02　〜に至る〈〜に至った / 〜に至って〉/ 〜に至っては / 〜に至るまで

〈接続〉
［名詞 / 動詞］に至る / に至っては / に至るまで

〈意味〉
「なる」「たどり着く」という意味を表す。

〈注意点〉
「［名詞］に至っては」は、［名詞］がとても極端である例を挙げるときに用いる。

〈例文〉
・ 長年準備してきたこの本を、ようやく出版するに至った。
・ 億単位の赤字が出ているというのに、社長に至っては「問題ない」の一言だ。

03　〜わけ

〈接続〉
［名詞］なわけ / のわけ / であるわけ　/　［名詞（普通体）］わけ
［ナ形（ーな）］わけ　/　［ナ形（普通体）］わけ
［イ形 / 動詞］わけ

〈意味〉
① 「だから」「から」「ので」などと共に用いられて、自然な成り行き、結果を示す。
② ある物事や事柄を別の言葉や語句で言い換える表現。通例、「つまり」「要するに」などの語句を伴う。
③ 理由や原因を表す。
④ 物事を主張したり、強調する際に用いる。事実として根拠があるということを示す。

〈注意点〉
前の文章などが示す内容を受けて、結論を論理的に導く際に用いられる。説明や解説をするのに用いる。
④は話し言葉での使用が多い。説得を試みる場合に根拠がないのに多用されることもある。この用法は本来の意味には反し、相手に自分の意見を押しつけるところがある。相手が知らないにもかかわらず、当たり前のことのように述べる場合に用いられる。

〈例文〉
① 上海（シャンハイ）とは時差が1時間あるから、日本が8時なら上海（シャンハイ）は7時のわけだ。
② 彼には両親も兄弟もいない。つまり孤独なわけだ。
③ 先週末はずっと家でDVD鑑賞をして過ごした。つまり暇だったわけだ。
④ 新しい転校生がやってくるわけだから、うまく受け入れなければならない。
④ 私は日本に住んでいたわけだから、学校で勉強しているような人よりも、日本語に詳しいわけだ。
　　※ 話し手が日本に住んでいたことを周りの人々は知らない。また、日本に住んでいたことは必ずしも日本語に詳しい根拠にはならない。

04 〜いかん（で）

〈言い換え〉
〜次第（で）／〜によって

〈接続〉
［名詞］いかん（で）

〈意味〉
前に来る名詞句の状態や内容によって、状況が変化することを表す。

〈注意点〉
前に来る名詞によって、自然発生的に変化が起きる場合のみに用いる。
変化を起こす（変更する）場合は「〜に応じて」もしくは「〜によって」を使う。（例：「学校の成績に応じて、おこづかいの額が決まる。」）
変化が起こらずに多様性を持つ場合は、「〜によって」を使う。（例：「人によって意見はさまざまです。」）
「〜によらず／に関わらず／を問わず」などの否定の意味を持つ語と使用すると、「どのような状態、内容になっても状況は変化しない」という意味を表す。

〈例文〉
・その日の天候いかんで、運動会の開催が決まる。　（※自然発生的変化）

05 〜がてら

〈言い換え〉
〜かたがた　（※改まった場合の表現）

〈接続〉
［動詞（−ます）］／（動作を示す）名詞］がてら

〈意味〉
「A がてら B」の形で、A を兼ねて B をすること。

〈注意点〉
二つの動作を同時にする点では同時動作だが、「A がてら B」は、意味合いとしては「A という動作が B という動作に含まれる。結果として、B をすれば A もしたことになる」というものである。しかし、現在では「B という動作が A という動作に含まれる。結果として、A をすれば B もしたことになる」という意味でも使われることが多い。いずれにしても、一つの動作が二つの結果を残す場合に使用する。

〈例文〉
・散歩がてら買い物をしに行った。
　　※古くは「買い物を主にしながら散歩もした」という意味であったが、現在は「散歩を主にしながら買い物もした」という意味を示すことが多い。

06 〜をもって

〈言い換え〉
〜を限りに／〜で

〈意味〉
手段・方法・区切りを表す。

〈注意点〉
スピーチなどの公の場面で使われる硬い表現。

〈例文〉
・これをもって、閉会の言葉とさせていただきます。

07 〜たところで

〈言い換え〉
①〜た時点で／〜たときに
②③〜ても／〜でも

〈接続〉
［動詞（−た）］ところで

〈意味〉
①前の動作が一区切りした時点で次の動作もしくは変化があることを示す。
②「〜しても意味がない」という逆接（ぎゃくせつ）的な状況を示す。
③「〜しても大した程度にはならない」という状況を示す。

〈注意点〉
①②③は接続の形が全部同じなので意味の見分けが難しい。（※本文では②の意味で使用している）
①は、ある一時点を指す節に後続する。「〜た時点で」に言い換えられる（※②③の意味では「〜た時点で」に言い換えられない）。
②は、行動の意義を否定する文章が後続する。
③は、「程度の少なさ」を表現する文章が後続する。
②③の言い換えは、同じ「〜ても（でも）」なので後続する節の内容で判断する。

〈例文〉
①祖父はみんなが食べ終わったところで、昔のことを話し始めた。　（→祖父はみんなが食べ終わった時点で、昔のことを話し始めた。）
①彼は失敗したところで、すぐに上司に報告した。　（→彼は失敗した時点で、すぐに上司に報告した。）
②いくら勉強したところで、君は志望大学には受からないだろう。
②犯人が謝ったところで、事故で亡くなった方々の命は戻ってくるわけではない。
③一生懸命働いたところで、もらえる給料はわずかなものだ。
③彼が多少失敗したところで、大きな問題にはならない。

言語知識に関する設問

1. 本文での読み方に注意しながら、次の日本語を音読しなさい。

   ❶ 編纂　❷ 選択肢　❸ 吟味　❹ 苦慮　❺ 他人事
   ❻ 滅多　❼ 頻繁　❽ 劣勢　❾ 伴う　❿ 汚名

2. 次の❶〜❻の下線部に当てはまるものを枠内の言葉から選び、適当な形にして書き入れなさい。（1語、1回だけ使います。）

   | 集める | 挙げる | 至る | 受け入れる | 取り戻す | 伸びる |

   ❶ 健康にいいという理由で、近年、緑茶が注目を_____いる。
   ❷ A社との契約は、合意に_____までに2年を要した。
   ❸ AIを活用した製品について、1つ例を_____みましょう。
   ❹ 子供の命を守るため、犯人の提示した条件を_____ことにした。
   ❺ エコブームの影響か、自転車の売り上げが_____いる。
   ❻ 一度失った信頼を_____のは難しい。

3. 本文では、「後を絶たない」と「習い性」の間違った使い方が例として挙げられている。筆者が説明した間違いの理由を理解した上で、正しい例文を一つずつ作りなさい。

内容理解

1. TVや書籍で「間違った日本語／正しい日本語」に関する話題が尽きないのはなぜですか。

2. レストランで「ハンバーグセット」を頼む際などに、「こちらハンバーグセットになります」と言いながら店員が運んでくることがよくあるが、この「〜になります」は、なぜ意味不明なのか？　正しくないものをa〜dの中から選びなさい。

   a. ハンバーグセットを運んできた後に客に渡すため、「〜になりました」が適切だから。
   b. 何かが変化するわけではないのに変化を表す「〜になります」を使うのはおかしいから。
   c. ハンバーグセットを運び、客に提供するのには意外性はないから。
   d. ハンバーグセット以外の選択肢を検討する必要もない場面だから。

3. 「トラブルが後を絶たず、対応に苦慮している」は正しく、「うれしいことに、新製品への注文が後を絶たない」は間違いだというのはなぜですか。

4. 「間違った日本語」として頻繁に取り上げられる表現の中にも、よくよく考えてみれば間違いとは言えないものがある。本文で紹介されている具体的な事例を挙げ、それがどうして間違いとは言えないのか、説明しなさい。

5. 筆者は、言葉の正しさをめぐる議論がおもしろい理由について、どのように考えているか、簡潔に述べなさい。

発展活動

1. よくある言葉遣いの間違いに加え、いわゆる若者言葉や流行語なども「問題」があるとされることがあるが、日本語の若者言葉や流行語について、本文で紹介されていない他の例を調べてみよう。どのような意味を持ち、どのようなおもしろさがあるか考え、発表しよう。

2. 日本語の「正しさ」は何を基準として決められるべきだろうか。考えを話し合ってみよう。

3. 言葉の「正しさ」を判別すること、「正しい」言葉を使うことに意義があるだろうか。話し合ってみよう。

コラム　おかしな若者言葉、おかしなビジネス会話

《批判の多い「若者言葉」》

　いつの時代にも、またどこの国でも同じことが起きているのだと思いますが、若者の間で生まれる新しい言葉というのは、大人たちからある種の非難を浴びるものです。まったく新しい言葉であれば議論にもならないのかもしれませんが、従来の日本語を歪(ゆが)めたような表現には違和感(いわかん)を覚える人が多いようで、以下の３つは『問題な日本語』（北原保雄, 2004）にも取り上げられています。

「微妙」

　微妙というのはもともと、「何とも言えない味わい深さや美しさがあること」を意味したり、「差異(さい)がとても小さく、判断や区別が難しいこと」を意味したりする言葉ですが、最近の若者言葉では「否定的な評価」を表すことが多くなっています。

　たとえば、「昨日の映画どうだった？」と聞かれて「うーん、微妙だったなあ」と答えるとします。このとき、「よかったとも悪かったとも言い難(がた)い」という意味で「微妙」と言ったのであれば、従来通りの使われ方なのですが、今の若者言葉では「あまりよくなかった」ことを意味している場合が多くなっており、そうした使い方に違和感を覚える大人も多いようです。

　特に、人物の評価について「微妙」という言葉が使われる場合は否定的な評価を意味することが多く、たとえば、「今度うちの部署(ぶしょ)に入った新人、微妙なんだよねえ」と言えば、要するに「使えない奴[01]だ」という意味になります。

「普通に」

　「普通」というのはもともと「一般的」という意味で、「彼は普通のクルマに乗っている」「こんな色の服は、普通は着ない」といった使い方をするわけですが、最近の若者言葉の中では「普通に」という副詞の形でさまざまな場面に登場します。

　たとえば、「あの店のラーメンどうだった？」と聞かれて「普通にうまかった」と言うとき、この「普通に」は「（まずいと思ったけど）意外に」を意味することもあれば、「予想通り」を意味することもあります。「意外に」と「予想通り」では正反対の意味ですが、そこは文脈[02]から判断するしかありません。

　また、待ち合わせ[03]に遅刻した人が「何やってたんだ！」と問われて「普通に寝てました」と言えば、この「普通に」は「何事もなかったかのように」というぐらいの意味です。テストでよい点数をとって「普通にうれしいわ」と言うと、この「普通に」は、「当然」を意味したり「本当に」「とても」を意味したりします。

「わたし的には」

　「～的には」という表現は、たとえば「理論的には可能」といった使い方をしますが、最近の若者言葉では人物を表す言葉の後に付けて、「わたし的には」「山田さん的には」「お前的には」といった使い方をすることが頻繁にあります。この場合の「～的には」は、「～としては」「～にとっては」を意味しています。たとえば、「スケジュールが１週間延びても、わたし的には問題はない」とか、「昨日のサッカーの試合、山田さん的にはおもしろかったですか？」といった使い方をします。

《ビジネスでよく用いられる「おかしな日本語」》

ビジネスの現場で頻繁に使われる言葉の中にも、よくよく考えるとおかしな表現がたくさんあります。私の個人的な経験から例を挙げてみましょう。これらの表現は、私はなるべく使わないようにしていますが、実際のところはかなり広く使われているものです。

「お休みをいただいております」

これは『問題な日本語』でも取り上げられているものです。たとえば、自分と同じ部署の村田さんが夏休みで不在のときに、取引先[04]から村田さん宛[05]の電話がかかってきたとして、「申し訳ありませんが、ただいま村田はお休みをいただいておりまして、来週まで不在なのですが……」と先方[06]に伝えたとします。自分たちの休みに「お」を付けるのは相手に対して失礼なので、「休暇をいただいております」という場合も多いでしょう。

しかし、考えてみると、別に取引先から休暇の許しをもらったわけではないのだから、「いただいております」というのはおかしいという意見があるようです。たしかに、社長から休暇を許されたのであれば「いただく」と言ってもよさそうですが、取引先との会話では変な表現かもしれません。

「貴社」と「御社」

話し相手の会社を指す言葉としては、書き言葉であれば「貴社」、話し言葉であれば「御社」と言うのが一般的なルールです。たとえば、Eメール等では「貴社の新製品について」と書き、電話では「明日、御社にうかがいます」と言うわけです。

ところが、最近は書き言葉の中でも「御社」が使われるケースが増えているように思います。とくにEメールでは「御社」のほうが好んで用いられるきらいがあります[文01]。しかし、あくまでルールとしては、書き言葉では「貴社」というのが原則とされているので注意が必要です。手紙などではやはり「貴社」とするのが妥当でしょう。

私は話し言葉の「御社」というのがあまり好きではないので、相手の会社名が○○株式会社であれば「○○さん」「○○様」のように「社名＋敬称」という組み合わせで呼ぶことも多くあります。この「○○さん（様）」という言い方も、話し言葉やEメールなどではごく一般的に用いられるものです。

「お世話になっております」「お世話になります」

日本のビジネスパーソン同士の挨拶の中では、やたらと[07]「お世話になっております」が使われます。たとえばEメールの書き出しは、

　　株式会社○○
　　△△様

　　大変お世話になっております。
　　●●（社名）の▲▲（自分の名前）です。

のようになるのが一般的です。もちろん、すでに取引関係があることを前提として「お世話になっております」と言っているわけですが、かかってきた電話に出る場合などは、過去に取引がある

かないかなど関係なく、相手が名乗り[08]終わったら反射的に「お世話になっております」と言ってしまう人もたくさんいます。まだお世話になっていない相手に言うのはおかしいのですが、もはや[09]挨拶として定着して[10]しまっています。
　また、「お世話になります」という言い方もEメールや電話でよく使われています。たとえば、ある会社と契約を締結し、これから取引が始まるという場面であれば、「お世話になります」という未来形の挨拶もあり得るとは思います。しかし、すでに常日頃[11]お世話になっている会社に対しても、メールや電話や口頭で「お世話になります」と言ってしまう人が多いのです。おかしな表現だと思いますが、すでにかなり浸透してしまっています。

「部長様」「各位殿（様）」

　役職[12]名と敬称の使い方にははっきりしたルールがあり、たとえば、営業部の中井部長という人へメールを送るのであれば、「営業部長　中井様」や「営業部　中井部長」という書き方は正しいですが、「中井部長様」のように役職名と敬称を重ねて書くのは間違いです。ところが、「中井部長」とだけ書くと失礼であると感じられるからか、「中井部長様」といった表現は頻繁に見受けられます[13]。口頭で呼ぶ場合は「中井部長」と言えば十分に敬意がこもって[14]感じられるからか、「部長様」という表現を耳にすることはあまりありませんが、Eメールなどの書き言葉だと「様」を付けたくなってしまう人が多いようです。不思議な現象です。
　また、「皆さま」を意味する「各位」という言葉も、それ自体が敬称なので「様」などを付ける必要はないのですが、Eメールの書き出しなどで「関係各位様」「各位殿」のように二重の敬称を用いてしまっているのを見かける[15]ことがあります。これは明らかに間違いなので、注意が必要な表現です。

（文＝川端祐一郎）

コラム語彙 コラム文法

01 奴 [やつ]
アクセント — 1
品　詞 — 名詞

同輩（どうはい）、もしくは目下の人を指す言葉を乱暴にしたもの。通例、見下す意味で使われるが、暗（あん）に親しみを込めて言う場合もある。
〈例文〉
・奴の言うことなど信じられるわけがない。

02 文脈 [ぶんみゃく]
アクセント — 0
品　詞 — 名詞

文章と文章の間、もしくは語句と語句の間にある、意味の論理的なつながり。
〈例文〉
・文脈を読み間違えると言葉の意味を誤解してしまう。

03 待ち合わせ [まちあわせ]
アクセント — 0
品　詞 — 名詞

待ち合わせること。場所や時間を前もって決めてから会うこと。
〈例文〉
・友人との待ち合わせで時間を正午に指定した。

04 取引先 [とりひきさき]
アクセント — 0
品　詞 — 名詞

売買行為など、仕事上の営利（えいり）関係がある相手。
〈例文〉
・営業担当者は新しい取引先を開拓するのが仕事です。

05 宛 [あて]
アクセント — 0
品　詞 — 接尾語

何かを送る際に、誰にもしくはどの団体に送ったのかを示す語。
〈例文〉
・申込書を私宛か、もしくは事務所宛にして送ってください。

06 先方 [せんぽう]
アクセント — 0
品　詞 — 名詞

相手側を指す意味のあらたまった言葉。
〈例文〉
・先方の意見を聞いて商品を開発する。

07 やたら
アクセント — 0
品　詞 — ナ形容詞（副詞）

意味もなく頻繁にすること。むやみ。
〈例文〉
・彼はやたらにお金の話をするので、周囲から嫌われている。

08 名乗る [なのる]
アクセント — 2
品　詞 — 動詞

自身の名前・肩書（かたがき）などを言うこと。
〈例文〉
・彼は仕事中は本名とは別の名前を名乗っている。

09 もはや（最早）
アクセント — 1
品　詞 — 副詞

どうにかできるタイミングは過ぎている状態。すでに。今となっては。
〈例文〉
・もはや彼が犯人であることは疑いようもない事実になっていた。

10 定着する [ていちゃくする]
アクセント — 0
品　詞 — 動詞

慣例化することで一般のものとして浸透（しんとう）し、なじむこと。
〈例文〉
・若者言葉のいくつかはいずれ定着して日本語の一部として認められるだろう。

11 常日頃 [つねひごろ]
アクセント — 1
品　詞 — 副詞

ほぼ毎日のように続いていること。いつも。恒常的（こうじょうてき）に。
〈例文〉
・彼女は常日頃から笑顔を絶やさない人だ。

12 役職 [やくしょく]
アクセント — 0
品　詞 — 名詞

ある組織や団体の中で任命された仕事上の地位のこと。
※なお、会社の中で役職のないものを俗に「平社員」と呼ぶ。
〈例文〉
・彼の役職は営業部長です。

13 見受ける [みうける]
アクセント — 0 (3)
品　詞 — 動詞

①意図しないで見る。目に入る。見かける。
②見たものに対して印象を持ったり判断をしたりすること。
〈例文〉
①先日開催されたパーティでは多くの著名人の姿が見受けられた。
②私には彼を悪人だとは見受けられなかった。

14 ⭐ こもる（籠もる）

アクセント ― 2
品　　詞 ― 動詞

気持ちや感情が満ちていること。

〈例文〉
・子どものために母が作る愛情のこもった手料理。

15 ⭐ 見かける（見掛ける）[みかける]

アクセント ― 0 (3)
品　　詞 ― 動詞

意図しないで自然に見ること。見受ける。目にとまる。
※「見受ける」の②の意味が「見かける」にはない。また、見かけるのほうが日常会話ではより一般的に使われる。

〈例文〉
・街中で友人の姿を見かけた。

コラム語彙 **コラム文法**

01 〜きらいがある

〈言い換え〉
　〜ところがある

〈接続〉
　[名詞] のきらいがある
　[動詞（ーる）] きらいがある

〈意味〉
　「〜する傾向がある」「〜しやすい」という意味を表す。

〈注意点〉
　通例、よくない事柄の場合に用いる文語的表現。「嫌い」の意味の一部だが、漢字表記はしない。

〈例文〉
・ 彼女は優柔不断のきらいがある。
・ 彼は食事のときに食べすぎてしまうきらいがある。
・ 彼は社交的だが、時としては図々しくなるきらいがある。

第2課

言葉を血肉化する
「暗誦」の文化を取り戻すために

第2課 言葉を血肉化する「暗誦」の文化を取り戻すために

レビュー書籍 ▶▶▶ 齋藤孝（著）
『声に出して読みたい日本語』〈シリーズ〉
（2001-2004年、草思社）

思考のストレッチ

1. 言葉の学習に音読が効果的であるとする意見と、そうではないとする意見があるが、どのように考えるか。自身の学習法と音読との関係を例に挙げ、考えてみよう。
2. 同じように、言葉の学習に暗誦が効果的であるとする意見と、そうではないとする意見があるが、どのように考えるか。自身の学習法と暗誦との関係を例に挙げ、考えてみよう。
3. 小学校や中学校で古典文学作品を学ぶ際、音読したり暗誦したりした経験があると思う。古典文学作品を音読したり暗誦したりする意味はあると思うか。理由と併せて考えてみよう。

　齋藤孝[1]は日本の教育学者で、最近も「勉強」に関するさまざまな著作を発表している人気学者の一人だが、2001年に出版された『声に出して読みたい日本語』（草思社）の売れ行きはものすごく[01]、未だに齋藤孝といえばこの本の著者として記憶されていると言っていいほどである。

朗読と暗誦のすすめ

5 　『声に出して読みたい日本語』は、表題[02]のとおり、日本語の音読（朗読）、そして暗誦をテーマにした本である。齋藤が文学作品などから選んだ日本語の名文が多数収められており、その言葉遣いや音律の美しさを味わいながら、とにかくはっきりと声を出して読み上げる[03]こと、そして、できれば覚えて暗誦することが勧められている。

10 　齋藤は教育学者であり、『声に出して読みたい日本語』も基本的には子どもたちの教育を主題とするものである。教育の現場で文章を「暗誦」することが軽んじられるようになってしまったという問題意識から書かれたもので、齋藤は次のように指摘している。

　　いま、暗誦文化は絶滅の危機に瀕して[04]いる。かつては、暗誦文化は隆盛[05]を誇って[06]いた。
15 　　つい数十年前まででも、暗誦している自分の好きな漢詩を大きな声で朗誦したり、芝居の名ゼリフをふだんの生活のなかで口にしたりということは、とりたてて[07]珍しいことではなかった。
　　しかし、現代の日本では、詩や名文を暗誦したり朗誦したりすることが、当たり前ではなくなってきた。

---

❶ **齋藤孝**
（さいとう・たかし）
教育学者。明治（めいじ）大学文学部教授。専門は教育学、身体論、コミュニケーション論。本文で紹介されたもの以外にも著書多数。教養主義を持論（じろん）とし、古典の名作を自身の著書にも多く引用している。

齋藤は、学校教育から「文章を暗誦する」という授業がどんどん減っていること、そしてその結果として、大人たちが折に触れて[08]口ずさむ[09]ように名文を引用するということができなくなってしまっている現状を嘆いている。実際、私ぐらいの世代（80年代から90年代に小・中・高校に通った世代）では、国語の授業では文章を覚えるというよりも、意味を「解釈」することに時間が割かれていたように思う。このような「意味を解釈する」ことを主目的とした授業ではどうしても簡単な文章が選ばれがちで、国語教育のレベルが下がってしまうため、意味がわからなくてもいいからとにかく優れた文章をたくさん読み、覚えることのほうが大事であると齋藤は言う。

　たしかに昔の人の話を聞くと、学校ではとにかくたくさんの古典的な文章を暗記したらしい。ところが戦後、とくに高度成長が終わって以降の日本では、ひたすら[10]知識を増やすだけの「詰め込み型❷」の教育は古臭い[11]ものとして批判され、自分で考える力や自由な発想を育てることが大切であるという風潮が強かったため、「とにかく覚える」という暗誦は忌避されて[12]きた。

　しかし、齋藤はそうした風潮に異を唱えて[13]おり、とにかく小さいうちから、たとえ意味がわかっていなくても、美しい日本語の文章を声に出して読み、そして暗誦することでしか、豊かな言語感覚を身につけることはできないのだと主張している。私自身は勉強熱心なほうではなかったため、あれこれ覚えているわけではないのだが、たしかに文章の暗記が国語の表現能力に直結するという感覚はとてもよくわかる。私が聞いたことがある範囲では、欧米やアジアの小学校や中学校でも、古典的な詩などを暗誦する教育は広く行われているようである。

日本語の暗誦

　齋藤が音読すべき、暗誦すべき日本語として紹介している文章は実に多彩である。和歌もあれば童謡もあり、物語の冒頭[14]もあれば早口言葉や言葉遊びもある。

　齋藤は暗誦文化が死に絶えつつあることを嘆いているわけだが、私たちの世代でも、小学校や中学校で暗記していて、いまでも不完全ながら思い出すことのできるものが『声に出して読みたい日本語』の中にはいくつも入っている。

　たとえば、『平家物語』❸という約800年前の歴史物語の、

　　祇園精舎の鐘の声、諸行無常の響きあり。娑羅双樹の花の色、盛者必衰の理をあらはす。
　　（以下省略）
　　（意味：祇園精舎の鐘の音には、この世のあらゆるものが絶えず変化し続けるという響きがある。娑羅双樹の花の色は、栄える者もいつか必ず衰えるものであるという道理をあらわしている。）

で始まる冒頭文は、国語の授業で暗誦させられる古典文学の定番中の定番で、たいていの日本人が最初の数行ぐらいは大人になっても口ずさむことができるものだ。

　また、

---

❷ 詰め込み型
（つめこみがた）

教育方法の形態の一つ。多くの知識をまず大量に暗記する（詰め込む）ことによって知識量の増大を図る。反面、入学試験のためだけの暗記が重要になってしまい、試験後にはすべて忘れてしまうなどという問題も発生している。

❸『平家物語』
（へいけものがたり）

鎌倉（かまくら）時代（西暦1185～1333年）に成立したと言われている。作者不詳（ふしょう）。当時の武家（ぶけ）のリーダーだった平家（へいけ）の栄華（えいが）と没落を描いた軍記（ぐんき）物語。本文で引用された冒頭文「祇園精舎（ぎおんしょうじゃ）」はたびたび日本の学校で教科書に登場している。

　　　　君がため　春の野に出でて　若菜摘む　わが衣手に　ゆきはふりつつ
　　　　（意味：あなたのためにと思って、春の野原で若菜を摘んでいると、袖に雪が降ってきたよ。）

　　　　いにしへの　奈良の都の　八重櫻　けふ九重に　匂ひぬるかな
　　　　（意味：昔の奈良の都の八重桜が、今日は京都の宮中で美しく咲き誇っている。）

など100首の和歌を収めた『**小倉百人一首**』❹は、**カルタ**❺取りの題材になっていることもあって、歌集としては最も親しまれているものである。私も、中学校の冬休みの宿題で暗記させられた覚えがある。
　こうした古典に限らず、比較的新しい文章でも、たとえば、

　　　　雨にもまけず　風にもまけず
　　　　雪にも夏の暑さにもまけぬ　丈夫なからだをもち
　　　　慾はなく　決して瞋らず　いつもしずかにわらっている
　　　　（以下略）

で始まる**宮沢賢治**❻の有名な詩『雨ニモマケズ』は、誰もが一度は覚えたはずである。
　この他、『**枕草子**』❼『**徒然草**』❽『**古今和歌集**』❾『**土佐日記**』❿『**源氏物語**』⓫などなど、有名な古典文学作品の冒頭文は、大学入試などで出題されるので高校3年までに**ひと通り**[15]覚えるものである。ただし、**諳んじる**[16]ほどに覚えるというよりは、その文章を見たときに作品名を思い出せればよいという程度であるのが普通だ。
　「丸暗記しても、実際に内容を理解しないと意味がない」という意見もあるだろう。しかし少なくとも、小学校や中学校の段階では覚えることに専念してもよいのではないかと思われる。齋藤も言っていることだが、言葉というのは一種の「型」であり、「型」をある程度たくさん知るまでは、文章など書け**たものではない**[文01]。私がこうして書いている文章も、私が自分で考えた言葉ではなく、さかのぼれば他の日本人の言葉を模倣して身につけた「型」に従って書いているわけである。暗誦は確実に、この「型」の幅を広げてくれるのだ。

---

❹『小倉百人一首』
（おぐらひゃくにんいっしゅ）
選者（せんじゃ）は藤原定家（ふじわらのさだいえ）。京都・小倉山（おぐらやま）の山荘（さんそう）で選んだことからこの名で呼ばれている。百人の歌人（かじん）の歌を一首（しゅ）ずつ（短歌は一つを一首と数える）集めた和歌集（わかしゅう）のこと。現在の日本では、百人一首といえば小倉百人一首を指す。別名「歌がるた」。

❺カルタ
（かるた）
絵や文字の書いてある長方の札を使ってする遊びを総称（そうしょう）した言葉。ルールは使う札によってさまざまある。前述の『小倉百人一首（おぐらひゃくにんいっしゅ）』は和歌集（わかしゅう）としてではなく、この「カルタ」になったことによって多くの人に親しまれるようになった。

❻宮沢賢治
（みやざわ・けんじ）
日本の詩人、童話作家。著書に「銀河（ぎんが）鉄道の夜」「注文の多い料理店」など。

❼『枕草子』
（まくらのそうし）
作者は清少納言（せいしょうなごん）。平安（へいあん）時代中期（10世紀ごろ）の作品。日本三大随筆の一つ。

❽『徒然草』
（つれづれぐさ）
作者は吉田兼好（よしだ・けんこう）。鎌倉（かまくら）時代末期に書かれたといわれているが正確にはわかっていない。日本三大随筆の一つ。

❾『古今和歌集』
（こきんわかしゅう）
平安（へいあん）時代初期（西暦900年ごろ）に編集された日本で最初の勅撰和歌集（ちょくせんわかしゅう）（天皇が命令して編集させた和歌集）。

❿『土佐日記』
（とさにっき）
作者は紀貫之（きのつらゆき）。西暦935年ごろに成立したといわれている日記文学。

⓫『源氏物語』
（げんじものがたり）
作者は紫式部（むらさきしきぶ）。日本最古の長編小説。平安（へいあん）時代中期に成立。なお、紫式部と清少納言（せいしょうなごん）は同時期に活躍した人物である。

言葉と身体

　齋藤が「朗読」や「暗誦」を重んじる [17] のは、単に国語教育の観点からそれが有効だからというだけではない。齋藤はもともと「身体」をめぐる文化や教育を研究しており、『声に出して読みたい日本語』の前にも『身体感覚を取り戻す』（2000年、日本放送出版協会）という著書を書いていた。

　日常生活における身体の使い方や身体感覚には、それぞれの国ごとに、歴史を通じて培われた文化が宿っているというのが齋藤の持論である。たとえば、「正座」という座り方を欧米人はけっしてしないだろう。

　齋藤は日本の身体文化を「腰・ハラ文化」と名付けている。日本人は昔から、腰や腹に意識の中心を置き、この中心にずっしりと力が入っていることがすべての基礎であると考えてきた。たしかに、齋藤も挙げているように日本語の慣用表現の中には、「腰を据える」「腰抜け」「腰くだけ」「および腰」「逃げ腰」「弱腰」「腹を決める」「腹をくくる」「腹が据わる」「腹を探る」「腹を割る」「腹の虫」「肝に銘じる」「腑抜け」「腑に落ちる」（「肝」「腑」は内臓、つまり腹のこと）など、腰や腹を譬えにして人の心や精神を言い表す言葉が日常的にもたくさん使われている。いずれも、腰や腹こそが身体の中心であると同時に精神の中心でもあって、腰や腹が力強く安定していなければ、確かな決意や理解は得られないという伝統的な日本人の考え方を表すものである。

　これらは単なる比喩ではなく、実際に日本人は生活の中で、腰や腹を中心にした立ち方や歩き方、呼吸のしかたなどを習慣づけてきたのだ。帯を巻いて腰を引き締め、腹に力を込めて肩の力を抜き、足はしっかりと地面をつかみ、息は深く長く吐く。こうすることで、リラックスしながらも [文02] 集中した精神、そして柔軟でありながらも力強い振る舞いを身につけてきたのである。

　それが日本人の文化としての身体感覚であり、戦前・戦中世代には広く共有されていた。しかし戦後世代である我々はそれらを不当に [18] 軽んじてきたために、このままでは日本人が心身ともに不健全な状態に陥らずにはすまない [文03] と齋藤は嘆いている。そして、この身体感覚を取り戻す方法の一つが、腹を据え、しっかりと息を吐きながら文章を「朗読」することだと言うのである。齋藤によると声の出し方にもいろいろあり、トーンやリズムによって同じ言葉でもさまざまに異なる情感を帯びる [19] ことができ、そうしたトレーニングを積むことが、己の身体を知ることにもつながる。そして、そのときに朗読される文章は、当然、最も良質な「名文」であることが望ましいというわけである。

　齋藤が言いたいのは、単に「日本語をもっとよく知りましょう」ということではなく、美しい日本語の朗読を通じて身体を知り、精神を知る必要があるということである。そして、実際に「そうまで言うなら朗読に挑戦してみよう」と多くの人に思わせたからこそ、『声に出して読みたい日本語』は歴史に残るベストセラーになったのだろう。

（文＝川端祐一郎）

本文語彙　本文文法

01 ものすごい
アクセント — 4
品　詞 — イ形容詞

程度が激しい様。「すごい」を強調した言葉。
〈例文〉
・彼はものすごい勢いで目の前の仕事を片付けていった。

02 表題[ひょうだい]
アクセント — 0
品　詞 — 名詞

表紙に書かれている本の名前。題名。
〈例文〉
・出版する本の表題がまだ決まっていない。

03 読み上げる[よみあげる]
アクセント — 4 (0)
品　詞 — 動詞

声を出して読むこと。
〈例文〉
・先生がホームルームの時間に、昨年転校した同級生からの手紙を読み上げた。

04 瀕する[ひんする]
アクセント — 3
品　詞 — 動詞

よくない事態がこれから起ころうとしていること。
※「危機」「死」「絶滅」「飢餓（きが）」などと使われることが多い。
〈例文〉
・この会社は倒産の危機に瀕している。

05 隆盛[りゅうせい]
アクセント — 0
品　詞 — 名詞

勢いがあり栄えていること。
※「極める」「誇る」と使われることが多い。
〈例文〉
・19世紀にはイギリスが隆盛を極めていた。

06 誇る[ほこる]
アクセント — 2
品　詞 — 動詞

自慢にする。あることに自信を持つ。誇示（こじ）すべき価値ある状態にある。
〈例文〉
・彼は日本で有数の腕を誇る名医です。

07 とりたてて（取り立てて）
アクセント — 0
品　詞 — 副詞

特に強調して。特別強く。
※通例、「とりたてて～ない」というように否定の表現と一緒に使われる。
〈例文〉
・私はとりたてて長生きしたいとは考えていない。

08 折に触れて[おりにふれて]
アクセント — —
品　詞 — 慣用表現

機会があるごとに。
〈例文〉
・父は折に触れて勉強の大切さについて説教する。

09 口ずさむ[くちずさむ]
アクセント — 4
品　詞 — 動詞

歌や詩を、思い浮かんだまま、あまり大きくない声で言ったり歌ったりすること。
〈例文〉
・父は若い頃に流行った曲を時々口ずさんでいる。

10 ひたすら
アクセント — 0
品　詞 — 副詞

～に集中して。他のことには目を向けないでする様子。
〈例文〉
・彼は酔うとひたすらしゃべり続ける。

11 古臭い[ふるくさい]
アクセント — 4
品　詞 — イ形容詞

昔から進展していないもの。見るからに古い感じがするような様。
※「考え方」「価値観」「体制」などに対して、ネガティブな意味で使われることが多い。
〈例文〉
・「汗水たらして長い時間働くことこそが尊（とうと）い」というような古くさい考え方では、スピードとアイディア、高品質が求められる国際競争社会では生き残っていけないだろう。

12 忌避する[きひする]
アクセント — 1
品　詞 — 動詞

本人にとって不利、もしくは好ましくないと思っている出来事や物、人を避けること。
〈例文〉
・誤解を招くような過激な言葉は公的な場では忌避される。

13 異を唱える[いをとなえる]
アクセント — —
品　詞 — 慣用表現

反対すること。もしくは別の意見を述べること。
〈例文〉
・私は友人の意見に異を唱えた。

14 冒頭 [ぼうとう]
アクセント — 0
品　詞 — 名詞

文章や物語、あるいは物事の初めの部分。
〈例文〉
・この小説の冒頭は主人公の回想（かいそう）シーンで始まっている。

15 ひと通り [ひととおり]
アクセント — 0
品　詞 — 副詞

大まかに〜する。全体に対して粗くすること。
〈例文〉
・新人に仕事内容をひと通り説明した。

16 諳んじる [そらんじる]
アクセント — 4
品　詞 — 動詞

歌や詩、文などを覚えて何も見ないで言うこと。暗記する。
〈例文〉
・その詩人の詩なら全部諳んじることができます。

17 重んじる [おもんじる]
アクセント — 4 (0)
品　詞 — 動詞

大事にする。敬意を払う。尊ぶ。
〈例文〉
・武道（ぶどう）は技術よりもその心を重んじる。

18 不当 [ふとう]
アクセント — 0
品　詞 — ナ形容詞

道理（どうり）に合わず適当でないこと。
〈例文〉
・会社から不当な処分を受け、彼は裁判を起こした。

19 帯びる [おびる]
アクセント — 2
品　詞 — 動詞

物や人が、ある性質や状態を身につけること。
〈例文〉
・彼女は哀愁（あいしゅう）を帯びた瞳で昔のことを思い出していた。

本文語彙　本文文法

01 〜たものではない / 〜たものでもない

〈言い換え〉
〜たもんじゃない

〈接続〉
[動詞（ーた）] ものではない／ものでもない

〈意味〉
① 〜たものではない：可能動詞を受けて、それを否定の形にすることで、「不可能だ」という意味合いを特に強調するのに用いる。
② 〜たものではない／〜たものでもない：「あるものの価値を否定する意味」を含んだ表現に接続し、逆接（ぎゃくせつ）的に「そこまで悪くはない」という意味を表す。

〈注意点〉
通例では話し言葉に用いられる。「〜たもんじゃない」はくだけた表現である。
①は否定的な評価を表す事柄に用いる。

〈例文〉
① この干物は塩辛くてとても食べられたものではない。
① 将来はイラストと写真を組み合わせた作品をつくる芸術家になりたいが、今はイラストも写真もまだまだ勉強中で、見せられたものではない。
① このお菓子は人工的な味がしますし、何日経っても腐りません。何が入っているか、わかったものではありません。
② 東日本大震災（ひがしにほんだいしんさい）では、たくさんの人々が甚大（じんだい）な被害を受けたが、人々が復興に向けて助け合う姿を見て、世の中まだまだ捨てたものではないと思った。
② 欲望を持つのは悪いことではないが、さして褒められたものでもない。

02 〜ながら（も）/ 〜ながらに

〈言い換え〉
〜つつも

〈接続〉
[名詞 / ナ形 / イ形（ーい）/ 動詞（ーます）] ながら（も）/ ながらに

〈意味〉
相互に矛盾などがあり、同時に成立することが難しいと思われる事柄が、成立している際に用いる。

〈注意点〉
言い換えの「つつも」は動詞（連用形）の場合でしか言い換えることができない。

〈例文〉
・ このパソコンは安価（あんか）ながら高性能である。
・ この仕事は辛いながら、やりがいがあるのでよい。
・ 彼は笑いながらも、どこか悲しそうな眼をしていた。
・ 何もかも知っていながら、教えてくれない。
・ 故郷から遠くに住みながらも、家族を思う気持ちに変わりはなかった。

03 〜ずにはすまない / 〜ないではすまない

〈言い換え〉
〜ないわけにはいかない

〈接続〉
[動詞（ーない）] ずにはすまない /[動詞（ーない）] ではすまない

〈意味〉
その行為をしないでは終わらないという状況を示す。

〈注意点〉
ともに硬い表現で、通例（つうれい）マイナスの状況を表すのに用いられる。「〜ないわけにはいかない / 〜しないではすまされない」のほうが口語的である。

〈例文〉
・ 彼を怒らせてしまったら、仕事の邪魔をされずにはすまないだろうね。
・ 彼を怒らせてしまったら、仕事の邪魔をされないではすまないだろうね。
・ わざとではないにしても壊してしまったのだから、弁償せずにはすまないでしょう。
・ わざとではないにしても壊してしまったのだから、弁償しないではすまないでしょう。

▎言語知識に関する設問 ▎

1. 本文での読み方に注意しながら、次の日本語を音読しなさい。

   ❶ 遡る　　❷ 培う　　❸ 宿る　　❹ 忌避　　❺ 割く
   ❻ 瀕する　❼ 軽んじる　❽ 帯びる　❾ 嘆く　❿ 収める

2. 下線部に入れる語として最も適当なものをa～dの中から選びなさい。

   ❶ 彼は専門家ではないが、日本の有名な作品は＿＿＿＿読んでいる。
   　a. ひと回り　　b. ひと向き　　c. ひと押し　　d. ひと通り

   ❷ 昼はいつもそこのラーメン屋さんで、＿＿＿＿と具が載ったチャーシュー麺を食べる。
   　a. じっくり　　b. ずっしり　　c. ぞっくり　　d. ばっちり

   ❸ 来年でもう35歳になるというのに、彼は結婚どころか、彼女をつくろうとすら考えず、＿＿＿＿研究に熱中している。
   　a. かたわら　　b. ひたむき　　c. ひたすら　　d. かたむき

   ❹ このお忙しい＿＿＿＿にわざわざお越しくださり、心より感謝申し上げます。
   　a. 度　　b. 帯　　c. 折　　d. 様

3. 次の下線部に当てはまる言葉を本文から抜き出して書き入れなさい。

   実際に日本人は生活の中で、腰や腹を中心にした立ち方や歩き方、呼吸のし方などを❶＿＿＿＿きたのだ。帯を巻いて腰を❷＿＿＿＿、腹に❸＿＿＿＿肩の❹＿＿＿＿、足は❺＿＿＿＿と地面を❻＿＿＿＿、息は❼＿＿＿＿吐く。こうすることで、❽＿＿＿＿ながらも集中した精神、そして❾＿＿＿＿でありながらも❿＿＿＿振る舞いを身につけてきたのである。

▎内容理解 ▎

1. 齋藤孝は、学校教育から「文章を暗誦する」という授業がどんどん減っていること、そして、その結果として、大人たちが折に触れて口ずさむように名文を引用するということができなくなってしまっている現状を嘆いているが、なぜこのような状況になったのだろうか。高度経済成長後の日本の学校教育の風潮をもとに説明しなさい。

2. 現在の国語教育で、簡単な文章が選ばれがちな理由は何か。正しいものをa～dの中から選びなさい。

   a. 優れた文章をたくさん読み、覚えることのほうが大事であるから。
   b. 優れた文章をたくさん読み、覚えることを優先したいから。
   c. 「意味を解釈する」ことが目的である授業では、どうしても簡単な文章が選ばれることが多いから。
   d. 「意味を解釈する」ことが目的である授業では、どうしても簡単な文章が選ばれることが少ないから。

3. なぜ、国語教育の観点から、暗誦は重要であると考えられるのだろうか。以下の下線部に共通する語を書き入れて、文章を完成させなさい。

   人が文章を書いたり、話したりする場合、100％自らが考案した言葉だけで行うわけではなく、むしろ、他の人や、過去の人々の言葉を模倣して身につけた「＿＿＿＿」に従って行っている。つまり、言葉には一種の「＿＿＿＿」という側面があり、その「＿＿＿＿」を知っているかどうかが、表現力に密接な関わりを持っている。暗誦は確実に、この「＿＿＿＿」の幅を広げてくれるものであるため、重要であると考えられるから。

第2課　27

4. 齋藤孝は日本の身体文化を「腰・ハラ文化」と名付けており、日本語の慣用表現の中には、「腰を据える」「腰抜け」「腰くだけ」「および腰」「逃げ腰」「弱腰」「腹を決める」「腹をくくる」「腹が据わる」「腹を探る」「腹を割る」「腹の虫」「肝に銘じる」「腑抜け」「腑に落ちる」など、腰や腹をたとえにして人の心や精神を言い表す言葉が多いと指摘している。例に挙げた言葉の中から三つ選び、意味を説明し、例文を書きなさい。

5. 朗読と暗誦に関する本文の主張として、正しくないものを a～d の中から選びなさい。

    a. 朗読や暗誦は、何よりも純粋に日本語そのものをよく知るためのものであり、古い世代の身体感覚よりも、日本語自体の理解をまずは優先させるべきである。
    b. 戦後世代が失いつつある、腹に身体と精神の中心を見いだす伝統的な日本人の考え方を取り戻すために、朗読をし、身体と精神を理解すべきである。
    c. 名文の朗読を通して、日本文化としての身体感覚を取り戻し、心身ともに健全な状態を取り戻すべきである。
    d. かつて日本人が持っていた腰や腹こそが身体の中心であると同時に精神の中心でもあって、腰や腹が力強く安定していなければ、確かな決意や理解は得られないという「腰・ハラ文化」を失ってはならない。

▌発展活動▐

1. 「腰を据える」「腰抜け」「腰くだけ」など、本文で紹介されているもの以外に、腰や腹、あるいは、他の身体部位を用いて人の心情や様子を言い表す言葉がないか探し、意味と例文を紹介し合おう。

2. 自分の母語にも、腰や腹をたとえにして人の心や精神を言い表す言葉はあるか、探してみよう。

3. 本文で紹介されている日本の名文を実際に朗読し、日本文化としての身体感覚を知り、精神を理解する活動に挑戦してみよう。

コラム 「腹で考える」ということ

　齋藤孝の「身体感覚」に関する説明を読んでいて、齋藤の著作のようなベストセラーにはほど遠いマイナーな書籍なのですが、崎谷博征❶（脳神経外科医）が書いた『グズな大脳思考　デキる内臓思考』（2006年、明日香出版社）という本を思い出しました。一言で趣旨[01]を要約すれば、「頭で考えるとうまくいかない。内臓で考え、内臓の声を聴け」というものです。

　一応これは現役の医者が書いている本で、本文中でも系統発生学・形態学がどうのこうのと科学っぽいことが書いてあるのですが、読んだ印象は科学的というよりも神秘的です。読者によっては「**トンデモ本**」❷に思えなくもない[文01]かもしれません。ちなみに「トンデモ」というのは「とんでもない」から来ている言葉で、「東日本大震災はアメリカの地震兵器によるものだ」だの「2030年に地球は滅びる」だの[文02]、冷静に考えてあり得そうにない話をまじめに信じているような人を揶揄するときに使う言葉です。日本には、さまざまな分野の学説、俗説を「トンデモ」であるとして批判を続ける「と学会」という組織もあります。

　しかし、『グズな大脳思考　デキる内臓思考』が科学的にトンデモなのかどうなのかは置いておくとして、そこで語られている実践的なメッセージは非常に示唆に富む[02]もので、実際に役に立つのです。

　人間が深くものを考えるときには、意識の中心を頭に置いていてはいけない。むしろ[03]、齋藤が言うように「腹」や「腰」が人間の身体の中心であり、精神の中心でもあるということを思い出して、自分自身の腹の中を探るように考えると、非常にリラックスしたまま集中することができ、感覚も鋭敏になってきます。特にその場合重要なのが、これも齋藤も強調しているように、呼吸法で、「丹田」という部位（ヘソの下）を意識しながら「腹式呼吸」で深くゆっくりと息を吐くのが基本です。

　崎谷は、脳の大脳新皮質が行う論理的思考では、重要なことは考えられないと言います。むしろ人間が生きていく上で本当に大事なことは「腹」で考え、「内臓」の声を聴いてみるのが一番なのであり、偉大な人物は皆そうしていると主張します。

　怪しいでしょうか？　たぶん、感覚がつかめない人にとっては、とても怪しい話に聞こえるだろうと思います。頭で考えるな？　腹で考えろ？　内臓の声を聴け？　そんなバカな、と。しかし、これはサラリーマンの事務仕事にすら[04]言えることなのですが、「頭」を中心にして考えてばかりいると、せせこましい「論理」の虜になってしまったり、視野が狭くなってしまったりすることが往々にしてあります。

　大まかに言えば、論理的に考えるときは「頭」（大脳）で考え、直観が求められるときには「腹」（内臓）で考えるのが適していると言えるでしょう。単純作業を繰り返すようなときや、細かい論理のつながりを理解するだけのときであれば、「頭」だけを使っていても問題ないのですが、物事の全体像を把握したり、柔軟に視点を変えることや新しいアイディアを出したりすることが求められる場合には、「腹」を中心にして直観の力を引き出して考えることが重要なのです。

---

❶ **崎谷博征**
（さきたに・ひろゆき）
1968年奈良（なら）県生まれ。脳神経外科医。主な出版物に『患者見殺し・医療改革のペテン』。2006年に、崎谷（さきたに）研究所設立。

❷ **「トンデモ本」**
（とんでもぼん）
疑似科学を本当の科学であると主張していたり、超自然現象的なことを本気で主張している本、もしくは、でたらめな内容が書かれた本の意味でも使われる。ただし、笑えたり楽しめるものに限定しているので、倫理的に問題のあるものや非人道的な内容が記されたものなどは「トンデモ本」とは認められない。

第2課　29

また、おそらくスポーツでもこれは同じで、身体のバランスをうまく保つにはヘソや腰を意識しなければならないというのはいろいろな分野で言われていることです。そして、そういうバランスは、いわゆる「コツ05」というものに密接に結びついて06います。
　たとえば、私はマラソンを走ることがありますが、腕を振り、脚を動かして走っているからといって、腕や脚に意識を集中していると絶対に効率的なフォーム07で走ることはできません。日本で最も著名なランニングコーチの一人である金哲彦氏も、著書やテレビ番組の中でしきりに「腰」で走ることの重要性を説いています。腰を意識するとともに、身体の中心部をなす背筋や腹筋をうまく活用して走るわけです。けっして、脚の筋力だけで走ろうとはしないのです。

　内臓思考に関する崎谷氏の「科学的」な解説は、次のようなものです。我々の遠い祖先である原始生命体は、もともと手や脚や目や耳の機能を持っていたのではなく、最初は生命活動に必要な栄養分を体内に取り入れるための「消化器官」が身体のほぼすべてであった。その後、さらなる繁栄を求めて、動物は脳や神経や手足など、さまざまな機能を手にしてきたわけですが、すべての始まりは大腸をはじめとする消化器官なのであり、その他の部位は消化器官を守り、助け、より多くの栄養素を獲得するために存在しているにすぎない。だから、我々の最も重要な感性や知性は消化器官、つまり内臓に秘められている。それが崎谷氏の支持する学説です。
　私は生物学や医学をほとんど知らないので、これが正しいのか正しくないのかはわかりません。初めに言ったように「トンデモ」学説の一種なのかもしれません。しかし、そんな説明の怪しさ（？）を超えて、「腹で考えろ」「内臓の声を聴け」というメッセージには実践的な説得力があるのです。

　齋藤も『身体感覚を取り戻す』の中で、丹田呼吸法などの身体感覚に関する話は、現代ではどうしても「神秘主義的」なものだと受け取られがちであると言っています。「肛門と性器とヘソを結ぶ三角形の中心が自分の中心である」とか、「そこに『気』を沈める」とかいう表現が、感覚的につかめない人には神秘主義的で怪しい教義に聞こえるというわけです。
　しかし、一度感覚がつかめてしまうと、そうした表現がなるほど的を射た08表現であるように思えるものです。神秘的だと怪しまずに、ひとまず09騙されたと思って「内臓で考える」を試してみることが大事なのではないでしょうか。

（文＝川端祐一郎）

コラム語彙

01 趣旨 [しゅし]
アクセント— 1（しゅ）
品　詞— 名詞

文章や書物で伝えたい内容の主な方向性。
〈例文〉
・話をするときは趣旨を明確にしないと伝わりにくい。

02 示唆に富む [しさにとむ]
アクセント— —
品　詞— 慣用表現

暗（あん）に教えられることが多くあること。
〈例文〉
・古人の言葉を集めたこの本は大変示唆に富んでいる。

03 むしろ
アクセント— 1
品　詞— 副詞

二つの文を比較して、前の文よりも後の文のほうが適切だという意を表す。
〈例文〉
・彼は自分を慎重な人だと言うが、むしろ彼は臆病な人だと私は思う。

04 すら
アクセント— —
品　詞— 副助詞

あまり関係のないところにまで及んでいる様。逆説（ぎゃくせつ）的に、そのくらいにまで程度が強いと強調するための語として使用する。〜でさえも。
〈例文〉
・地球が回っているということは、現在では子どもですら知っている常識であるが、約400年前には、そうした説を唱えるだけで有罪（ゆうざい）とされたケースもあった。

05 コツ [こつ]
アクセント— 0
品　詞— 名詞

何かをするときにより正確に、また、手際よくするために必要な要領。
〈例文〉
・おいしく料理するためのコツをつかむ。

06 結びつく [むすびつく]
アクセント— 4
品　詞— 動詞

あるものとあるものとの関係が深いこと。
〈例文〉
・彼の活躍がチームの勝利に結びついた。

07 フォーム
アクセント— 1（フォ）
品　詞— 名詞

スポーツをしているときの姿勢の型。
〈例文〉
・あのピッチャーは投球（とうきゅう）フォームが安定しているのでコントロールがいい。

08 的を射る [まとをいる]
アクセント— —
品　詞— 慣用表現

文章や発言が論理の要点をつかんでいること。正鵠（せいこく）を射（い）る。
〈例文〉
・彼の指摘は的を射たものである。

09 ひとまず
アクセント— 2
品　詞— 副詞

何かをする前に別の何かを（優先度を上げて）すること。とりあえず。
〈例文〉
・疲れたので、次の仕事をする前にひとまず食事をしよう。

コラム語彙 コラム文法

01 ～なくもない

〈言い換え〉
　～ないこともない / ～ないでもない / ～なくはない
〈接続〉
　①［イ形（～~~い~~）］くなくもない
　　［動詞（～~~ない~~）］なくもない
　②［動詞（～~~ない~~）］なくもない
　③［名詞］がなくもない
〈意味〉
　①「状況として成立する可能性、あるいは、ある行為をする可能性が完全には否定できない」という意味を表す。
　②「はっきりとではないが、感じられる」という意味を表す。
　③「ある心情や感情、意思が少しはある」という意味を表す。
〈注意点〉
　① イ形容詞、もしくは動詞を前に置く。
　② 知覚（ちかく）動詞や感覚動詞を前に置く。
　③ 通例、心情や感情、意志を表す名詞を前に置く。
〈例文〉
　① あなたの願いはかなわなくもない、と思う。
　① よく考えてみれば、彼女の志はすばらしくなくもない。
　② 彼が怒った理由もわからなくもない。
　② 弟は自分の将来について考えなくもないが、特に何もしていない。
　③ 彼と親しくなりたい気持ちがなくもない。
　③ 息子の独立は寂しいが、一方でうれしさがなくもない。

02 AだのBだの

〈言い換え〉
　～とか～とか / ～やら～やら
〈接続〉
　［名詞1］だの［名詞2］だの
〈意味〉
　多くのあるものの中から、二つから三つの例を挙げる際に用いる。
〈注意点〉
　それ以外にも該当するものがあることを示している。現在では通例（つうれい）、否定的なニュアンスで用いられる。
〈例文〉
・小学校に入学する子どものために、机だのランドセルだの買ってやらなければならない。
・女子高生たちは恋だの愛だのと騒いでいる。
・勉強しろだの塾へ行けだのと親にしつこく言われて気が滅入（めい）った。

ユニット2
日本人と地震

第3課
「地震と原発、そしてインターネット」では、小田浩章の『原発のウソ』、中川恵一の『放射線医が語る被ばくと発がんの真実』、藤沢数希の『「反原発」の不都合な真実』といった書籍を取り上げ、2011年3月の震災後日本で議論が高まっている原子力発電の是非について考えるとともに、震災後の混沌とした日本社会で、インターネットによる情報収集がいかに力を発揮したかに触れます。

第3課

地震と原発、
そしてインターネット

第3課　地震と原発、そしてインターネット

レビュー書籍 ▶▶▶　小出浩章（著）
『原発のウソ』
（2011年、扶桑社）

中川恵一（著）
『放射線医が語る被ばくと発がんの真実』
（2012年、KKベストセラーズ）

藤沢数希（著）
『「反原発」の不都合な真実』
（2012年、新潮社）

東浩紀・津田大介ほか（著）
『思想地図β vol.2』
（2011年、コンテクチュアズ）

思考のストレッチ

1. 日本は地震大国と呼ばれ、大小の地震が各地で頻発しているが、特に大きかった地震にはどのようなものがあるのだろうか。地震の名称や起こった日、被害の大きさについて知っていることを話してみよう。
2. 2011年3月に日本で起きた東日本大震災について、どのような報道があり、また、その報道によって不安に思ったり危険を感じたりすることはあったか話してみよう。
3. 震災について、TVや新聞などの従来のマスメディアと、SNSやブログ、ネットニュースといったインターネットのコンテンツとでは、得られる情報にどのような違いがあるだろうか、考えてみよう。

日本は地震大国

　2011年3月、東北地方を中心に巨大な地震が東日本を襲い[01]、津波の甚大な被害により約2万人が犠牲になりました。
　日本はもともと「地震大国」と呼ばれ、国土面積では世界の0.25%を占めるにすぎない狭い国でありながら、世界で発生するマグニチュード❶6以上の地震の約20%が日本で発生していると言われているほどです。数万人規模の死者が出る大震災も、歴史を通じて何度も経験しています。明治以降で最大の地震

---

❶ **マグニチュード**
（まぐにちゅーど）
「英：magnitude」。地震が起こったときのエネルギーを表したもの。マグニチュードの値が2増えるごとにエネルギーは1,000倍になる。

は、約10万人の犠牲者を出した、1923年の**関東大震災❷**です。専門家によっては、戦後50年間、つまり1995年の**阪神・淡路大震災❸**が起きるまで、大きな地震が発生することなく順調に経済発展を続けることができたのは、単に運がよかっただけであり、日本は基本的にいつ大地震で都市が崩壊してもおかしくないのだと考える人もいます。

　地震によって、被害もさまざまです。関東大震災における犠牲者のほとんどは、地震後の火災により死亡した人たちです。それが阪神・淡路大震災では建物の倒壊等による圧死がほとんどであり、そして今回の東日本大震災では、地震直後の津波による水死がほとんどでした。また、今回の震災は、直接の死者こそ出ていないものの、福島第一原子力発電所の事故による放射能汚染が問題化した点で、過去の震災とは大きく異なります。

　東日本大震災は、戦後の日本では最悪の事態となった大災害で、震災が国民の心理に与えた影響はすさまじく、2011年はその他のさまざまな社会問題の存在感がかき消されて 02 しまった年とも言えるかもしれません。しかし不思議なことに、書籍に関して言うと、今回の震災をめぐって書かれたものの中でベストセラーになるような目立ったものはあまりありませんでした。あるとすれば、原発問題を扱った書籍ぐらいです。もちろん原発問題そのものは重要なテーマであり、震災とも切り離す 03 ことができません。しかし、防災や復興という観点から、原発以外にも論じなければならない問題がたくさんあるにもかかわらず、3月の震災以降、ひたすら原発問題にばかりフォーカスして 04 きたのが日本のメディアの現実です。

続く原発論争

　今回の地震・津波の影響により、福島第一原子力発電所で事故が発生しました。原子炉のコントロールが困難な状態になり、放射性物質が外部へ放出されたのです。放射性物質は東京をはじめとする他地域にも到達し、原発から20km圏内 05 の地域では住民に避難指示が出される非常事態となりました。また、事故以降、東京電力管内 06 での電力の供給量が大きく減少したことから、首都圏を中心に「節電」が行われ、各企業は照明の使用を控えたり 07、駅のエスカレーターをストップさせたり、工場を休止したりするなどの対応を余儀なくされました[文01]。また、地域ごとに時間を決めて電力供給がストップされる「**計画停電❹**」も実施されました。日本の都市では停電というのは非常に稀で、しかもこんな広範囲で行われるなど予想だに[文02]されない事態でした。私も関東地方に11年間住んでいて初めての経験でした。

　事故が起きてからというもの[文03]、日本では毎日のようにメディア上で原子力発電の是非をめぐる論争が行われており、まったく決着しそうにありません。特に原発廃止を求める勢力の声が大きく、東京では今（2012年8月現在）も頻繁に**デモ❺**が行われています。2011年5月には、**菅直人❻**首相（当時）の要請

---

❷ 関東大震災
（かんとうだいしんさい）
1923年9月1日に日本で起こった大震災。関東とあるが実際には関東地方以外でも被害が出ている。マグニチュード7.9。被災者人数は190万名に及んだ。

❸ 阪神・淡路大震災
（はんしん・あわじだいしんさい）
1995年1月17日に発生した兵庫（ひょうご）県南部地震を起因とした大震災。被害の多くは兵庫県に集中している。日本の公式記録では最大の地震規模を表す『震度7』が初めて適用された。

❹ 計画停電
（けいかくていでん）
電力会社が計画に基づいて行う停電。東日本大震災の影響で十分な電力供給量が確保できないと判断されて行われた。

❺ デモ
（でも）
特定の意思・主張を持った人々が集まり、集団でそれら意思や主張を他に示す行為。示威（じい）行為。英語の「demonstration」の略。

❻ 菅直人
（かん・なおと）
日本の第94代内閣総理大臣。在任時期は2010年6月8日～2011年9月2日。

第3課　37

により、静岡県の**浜岡原発**[7]が停止されました。また、**ソフトバンク**[8]の孫正義社長が「**自然エネルギー財団**[9]」を設立するなど、脱原発のための、いわゆる再生可能エネルギー（地熱発電や太陽光発電）の利用を推進する動きもあります。

　震災から3カ月が経過した2011年6月には、京都大学の原子力研究者である小出浩章の『原発のウソ』という本が出版されてベストセラーになりました。小出は基本的に、原発のような危険な施設は廃止していくべきだという立場です。今回の福島第一原発のように、事故が起きれば放射性物質が飛散するリスクが存在しますし、原子力発電に伴って排出される放射性廃棄物の合理的な処理方法が未だ見つかっていません。また、低レベル放射性廃棄物については約300年、高レベル放射性廃棄物に至っては[文04]約100万年もの間、地中に埋めて管理し続けなければならないと言われています。しかも、日本は世界でも最も地震の多い国の一つで、そもそも[08]原子力発電には適していないため、地熱発電などの新エネルギーの利用を促進しつつ、当面は石油等の化石燃料をうまく利用していくしかないと主張しています。

　一方、震災から9カ月を過ぎた2012年1月に、東大病院で放射線医療に携わる中川恵一氏が出版した『放射線医が語る被ばく[09]と発がんの真実』という本は、少なくとも今回の事故では、放射線に関して恐れるほどの影響はないという立場から書かれたものです。中川は震災の直後から、**ツイッター**[10]等を通じて、放射線の被害を過剰に恐れるべきではないと語り続けていました。中川が強調しているのは、放射線の被害というのは通常イメージされているほど深刻なものではなく、今回福島の原発から放出されたぐらいの放射能では、人体に危険な影響を与えることはないということです。むしろ、放射能を過剰に恐れて強制退去等の措置をとることからくるストレスのほうが、遥かに健康や寿命に与えるリスクが大きく、**チェルノブイリ**[11]の原発事故に関しても同様の調査結果が報告されているそうです。

　2012年2月には、物理学関係の元研究員で現在は金融業に携わっている藤沢数希が、『「反原発」の不都合な真実』という本を出版し、原発の危険性がマスメディア等で過大評価され、必要以上に恐怖心が煽り立てられて[10]いると主張しました。藤沢によると、原発のリスク評価については世界中でさまざまな研究が行われており、死者を出す確率という意味では、原子力よりも火力発電や水力発電のほうが遥かに危険であることが幾度も指摘されているそうです。火力発電は、プラント[11]での事故も発生するほか、大気汚染による健康被害で毎年数十万人の死者（WHOの推計）を出しており、水力発電はダムの決壊によりたびたび深刻な被害をもたらして[12]います。一方、原発に関してはチェルノブイリで数十名の死者が出たほか、日本でも1999年に茨城県の核燃料加工施設で2名が死亡する事故がありましたが、火力や水力に比べれば圧倒的に死者数が少なく、もちろん今回の福島でも死者は（2012年8月現在で）まったく出ていません。また、日本では年間5,000人程度が自動車事故で死亡していますし、タバコに至っては毎年20万人程度の死者が出ていると言われています。それらに比べれば原発のリスクなどは取るに足らな

---

❼ 浜岡原発
（はまおかげんぱつ）

日本の原子力発電所の一つ。2011年5月9日、安全性への不安を理由に発電設備の一部を停止した。

❽ ソフトバンク
（そふとばんく）

英語表記「softbank」。日本のIT企業である。中核（ちゅうかく）事業は移動体通信事業。その他の事業もインフラ事業、インターネット・カルチャー事業から来ている。日本の大企業としては珍しいトップダウン型経営に特徴がある。創業者は孫正義（そん・まさよし）。現在も代表取締役（とりしまりやく）社長を務めている。

❾ 自然エネルギー財団
（しぜんえねるぎーざいだん）

自然エネルギーを基盤とする社会の構築・普及・認知向上のための広報活動と支援を目的とした公益財団法人（こうえきざいだんほうじん）。

❿ ツイッター
（ついったー）

英語表記「twitter」。140文字以内の「ツイート（tweet）」と称される短文を投稿できる情報サービス。tweetは「さえずり・興奮」や「無駄話」の意味。日本では「つぶやき」と意訳されている。

⓫ チェルノブイリ
（ちぇるのぶいり）

ウクライナ北部の都市。ここで起こった原発（げんぱつ）事故は、後に決められた国際原子力事象（じしょう）評価尺度（しゃくど）（INES）において最悪のレベル7に分類された。

い[13]ほど小さなものであるというわけです。

　もちろん、原子力発電にさまざまな危険が伴うことは確かであり、核廃棄物の処理という超長期にわたる課題も残されている以上、単純に原子力の利用を推進していればいいというものではないでしょう。しかし、他の技術を用いたとしても別のリスクが発生しますし、今のところは原発のほうがリスクが低いという研究結果も存在している以上、ただ「原発反対」と言っていれば済む話ではなさそうです。

webメディアの台頭

　1923年の関東大震災の際、首都圏の国民がパニックになる中で、「朝鮮人が井戸に毒を投げ入れた」「朝鮮人が暴動を起こそうとしている」などのデマ[14]が飛び交い[15]、「自警団[12]」を結成して武装した日本人が多くの在日朝鮮人[13]に危害を加え、殺害したと言われています。今回の震災においても多数の「デマ」や「誤報」が流布されました。もちろん、関東大震災のような痛ましい[16]事件にまでは発展していませんが、Eメールやツイッターをはじめとするソーシャルメディアが普及していたため、デマは急激な勢いで拡散していきました。

　一方、インターネットは今回の震災で、有用な情報を素早く[17]伝えるための道具としても大きな役割を果たしました。被災地では、携帯電話の通話はできなくてもEメールやインターネットなら利用できたという地域や、テレビが観られなくても、電源とパソコンはあってインターネットに接続できたというケースがあったようです。また被災地以外の地域、たとえば首都圏においても、福島の原発事故等の影響が、実際のところどの程度あるのかを一般市民が知るためのツールとしても、インターネットは主役を演じました。

　新聞やテレビなどの既存のメディアに対しては、十分な役割を果たしていないと批判の声を上げている人もいます。ジャーナリストの烏賀陽弘道[14]は、震災直後にweb上のニュースサイトで「頼れるどころか、もはや[18]『有害』な日本の震災報道」という記事を書いて、震災直後の日本のマスメディアの報道が、インターネットの情報に比べて非常に質が低く、しかも海外メディアの報道にすら内容が劣っており、まったく役に立たないと憤っていました。その他にも、既存メディアはもう用済みであると言わんばかり[文05]の論説が震災以後各所で繰り返されています。

　ジャーナリストの津田大介[15]は、『思想地図β』という雑誌上で、「テレビや新聞の報道では、ひとつの事象が起きたとき1〜2人の専門家に話を聞くことで記事の信憑性[19]を上げるという手法が取られるが、ソーシャルメディア[16]は、ひとつの事象に対して100人単位の専門家がコメントを寄せているようなものだ。今回の場合、特に原発事故については、事故の評価や放射線の影響をめぐって専門家たちがソーシャルメディア上で激しく意見を戦わせた」と指摘しました。私も実際に、震災直後の情報収集には、もっぱら[20]ツイッターやブログなどweb上のメディアを活用していました。さまざまな見解を読み比べることが可能ですし、情報の流れもとても速いからです。当時、新聞やテレビしか観ていない人と、インターネットを

---

⑫ 自警団
（じけいだん）

非常時に、自らを守るために組織される民間警備団体。治安の維持を目的としている。公的権限はないため本来は暴力は禁じられている。

⑬ 在日朝鮮人
（ざいにちちょうせんじん）

日本に住んでいる韓国・朝鮮籍外国人のこと。場合によって、そのうちの特別永住者を指すなど範囲が変わることがある。日本に帰化（きか）した場合はこの中に含まれないが、混同されることもしばしばある。

⑭ 烏賀陽弘道
（うがや・ひろみち）

日本のジャーナリスト、ライター、音楽評論家。

⑮ 津田大介
（つだ・だいすけ）

日本のジャーナリスト。インターネットユーザー協会を設立、運営している。

⑯ ソーシャルメディア
（そーしゃるめでぃあ）

「英：social media」。インターネットを前提とした技術を用いたコミュニティサービス。多数の人々や組織が所属、参加し、双方向的な会話が可能。

活用して情報を収集した人とでは、大きな情報格差があったという実感が確かにあります。「ないよりもあるだけましだ[文06]」程度の情報では、詳しい情報を必要とする人々の役には立ちません。新聞をはじめとする旧来型のメディアというのは、その存在意義が少しずつ疑わしく[21]なってきているのかもしれません。

　しかし、今回の震災をきっかけにして、メディアの果たすべき役割について幅広い議論が起きており、そのこと自体は歓迎すべき傾向です。将来の災害に備えるにあたって[文07]、「津波被害や原発事故にどう対処するか」といったフィジカルな[22]問題を考える上でも、「情報をいかに正確に、素早く伝えるか」というヴァーチャルな[23]テーマが非常に重要になってきています。震災は悲惨な出来事ですが、それをきっかけにしてこうした議論が少しでも進展し、社会全体が知恵を得ることができるのであれば、少しは救いになるかもしれません。

　日本は歴史的に、何度も大震災に見舞われて[24]おり、今後も大きな地震被害が何十年か置きに発生することは間違いないと言われています。もちろん我々は、過去の地震からたくさんのことを学びました。東北地方のある小さな村では、過去の大地震と津波の経験から、先祖が建てた石碑に「この位置よりも低い場所に家を建てるな」と書き残されており、実際にそれよりも高い位置にすべての家を建てていたおかげで、被害を避けられたそうです。しかし、社会が複雑化してくれば地震の被害のあり方も大きく変化するため、歴史的教訓だけでは万全ではありません。あくまでも現代社会の文脈の中で、防災のあり方について考え続けるよりほかない[文08]わけです。東京を中心とする関東地方も、今後数十年の間に、直下型[17]の大地震に襲われる可能性が高いと専門家は警告しています。我々日本人は、震災の犠牲者にただ哀悼の意を表するだけではなく、そこから可能な限り多くの知恵を学び、来るべき次の大地震に備えなければならないのです。

（文＝川端祐一郎）

---

❶ 直下型
（ちょっかがた）

震源の浅い地震。人の住む土地の真下で発生する地震のため、同程度の規模の地震であれば被害が大きくなる。

本文語彙 **本文文法**

01 襲う［おそう］
アクセント ― 0
品　　詞 ― 動詞

①不意に危害を加えること、攻めかかること。
②風雨や地震など、自然現象が被害を及ぼす。
〈例文〉
① 銀行が強盗に襲われた。
② 河が洪水を起こして、畑を襲い、大きな被害を出した。

02 かき消す（掻き消す）［かきけす］
アクセント ― 3 (0)
品　　詞 ― 動詞

すべて消す。無くす。消し去る。
〈例文〉
・ 会社の倒産とともに、彼の夢もかき消えた。
・ 過去の失敗をかき消すことはできない。

03 切り離す［きりはなす］
アクセント ― 4 (0)
品　　詞 ― 動詞

関係のある物事を別々のものとする。
〈例文〉
・ 親子のきずなを切り離すことはできない。
・ 理想と現実を切り離して考える。

04 フォーカスする
アクセント ― 1 (フォ)
品　　詞 ― 動詞

特に注目し、取り上げること。
※ 英語の「focus」に由来し、「焦点」「集中」などの意味を持つ。
〈例文〉
・ 被災（ひさい）者の心の支援にもフォーカスした議論が必要である。

05 圏内［けんない］
アクセント ― 1
品　　詞 ― 名詞

定められた範囲の内側。以内。四方。
※ 圏は物理的な範囲以外にも、「英語圏＝英語を日常語として使っている範囲」など、何かをするのに可能な範囲を示す意味を持つこともある。
〈例文〉
・ 彼の成績なら志望した大学も合格の圏内だ。

06 管内［かんない］
アクセント ― 1
品　　詞 ― 名詞

(ある機関や部署が) 受け持っている区域。管下（かんか）。
※ 本文中では「東京電力」が電力供給の担当をしている区域を指す。
〈例文〉
・ 警察が管内のパトロールを強化する。

07 控える［ひかえる］
アクセント ― 3 (2)
品　　詞 ― 動詞

あることに気を遣い自分の行動などを抑えること。節約。
・ お酒を飲んだ後の入浴は控えたほうがいい。
※「控えてください」などの形で弱い禁止を示すこともある。
・ 体重を気にして食事の量を控える。

08 そもそも
アクセント ― 1
品　　詞 ― 接続詞

ある事柄を改めて説き起こすときに使う言葉。だいたい。いったい。
※ 物事のもとから考える、という意味の「そも」を重ねた言葉。転（てん）じて、名詞として「最初から。もともと。どだい」という意味を持つ。
〈例文〉
・ 君は今回の失敗を嘆いてばかりいるが、そもそも実験に失敗はつきものだ、いつか成功すればいいじゃないか。

09 被ばく（被曝）［ひばく］
アクセント ― 0
品　　詞 ― 名詞

人体が直接放射線（ほうしゃせん）にさらされること。
※ 体の外から被ばくしたものを「外部被ばく」、食品などを介して体内に入ったもので被ばくしたものを「内部被ばく」という。
※『曝』は常用外の漢字なので一般的には「被ばく」と書かれることが多い。対して原子爆弾などで放射線の被害を受けることは「被爆」と書くので区別が必要。
〈例文〉
・ 人間はX線撮影や太陽光でも被ばくしている。

10 煽り立てる［あおりたてる］
アクセント ― 5
品　　詞 ― 動詞

(特定の行動をさせることを目的として) 不安や興奮、恐怖など、感じていることをさらに強くすること。扇動（せんどう）。
〈例文〉
・ 映画では音楽や効果音が観客の興奮を煽り立てるのに使われている。
・ CMでは購買欲を煽り立てるために大げさに紹介していることが多い。
・ 色恋沙汰（いろこいざた）は他人が煽り立てると、ろくなことにならない。

11 プラント
アクセント ― 0
品　　詞 ― 名詞

ものを作るために必要な建物や機械等のすべてを合わせたものの総称（そうしょう）。生産設備一式。工場。
※ 英語の「plant」に由来し、「機械装置」「施設設備」などの意味を持つ。原義（げんぎ）では工場の意味もあるが、日本ではおおむね敷地や人員を含めた施設としての意味で用いられることが多い。
〈例文〉
・ 大規模な石油プラントを設立する。

12 もたらす
アクセント ― 3
品　詞 ― 動詞

ある物事が、何かを引き起こしたり、ある状態を実現させること。
〈例文〉
- 戦争は国民に多くの犠牲をもたらす。
- 経済の発展が人々に豊かな生活をもたらした。

13 取るに足らない［とるにたらない］
アクセント ― ―
品　詞 ― 慣用表現

取り上げて問題にするほどのことではない。気にするほどではない。
〈例文〉
- 会議は長時間続いたが、出たのは取るに足らない意見ばかりだった。
- 大きな問題の前では小さな問題など取るに足らない。

14 デマ
アクセント ― 1
品　詞 ― 名詞

不正確でいい加減なうわさ話。うその話。
※「デマゴギー」の略。ドイツ語の「Demagogie」のことで、「政治的な目的をもって流すうその情報」の意味を持つ。そこから転（てん）じて、今のような意味も持つようになった。
〈例文〉
- 災害の直後にはデマが流れやすい。
- インターネット上の情報はデマもあるので注意が必要だ。

15 飛び交う［とびかう］
アクセント ― 3
品　詞 ― 動詞

複数のものが入り乱れ、行き交（か）うこと。
〈例文〉
- 海の上をかもめが飛び交っていた。
- 事件直後にはさまざまな憶測が飛び交っていた。
※ 目に見えないもの（言葉やうわさなど）も、あるものとして表現している。

16 痛ましい［いたましい］
アクセント ― 4
品　詞 ― イ形容詞

目をそむけたくなる程にひどい状況であること。悲惨。凄惨（せいさん）。
※ 特にそのような状況を辛く思い、情報的な意味よりも感情的な意味を強く表す。
〈例文〉
- 彼女は交通事故で顔に痛ましい傷をつけた。
- 年老いた彼はすべてを失って痛ましい姿になっていた。

17 素早い［すばやい］
アクセント ― 3
品　詞 ― イ形容詞

行動が非常に速く行われる様。敏速（びんそく）。
〈例文〉
- 彼の素早い対応で事故の被害は最小限で済んだ。
- 獲物を狙うときの動物はとても素早く動く。

18 もはや（最早）
アクセント ― 1
品　詞 ― 副詞

過去と現在とでは状態が変わっていることを表す。今となっては。もう。既に。
〈例文〉
- 彼にはもはや昔のような権力はない。
- 問題はどんどんと大きくなり、もはや私たちで解決できる規模ではなくなっていた。

19 信憑性［しんぴょうせい］
アクセント ― 0
品　詞 ― 名詞

情報などに対し信用できる度合い。信頼性。
〈例文〉
- その話の信憑性はあまり高くない。
- うわさの信憑性を確かめる。

20 もっぱら（専ら）
アクセント ― 0 (1)
品　詞 ― 副詞

他のことはさしおいて、ある一つの物事を行うこと。ひたすら。
〈例文〉
- 彼は休日はもっぱら寝てばかりいる。
- 彼の仕事はもっぱら頭を下げることだ。

21 疑わしい［うたがわしい］
アクセント ― 5 (0)
品　詞 ― イ形容詞

不信（ふしん）に思う様子。信用できない。
〈例文〉
- 彼がその事件の犯人かは疑わしい。
- 疑わしい情報は信じないことにしている。

22 フィジカル
アクセント ― 1（フィ）
品　詞 ― ナ形容詞

物質などの形に関係を持つ様。物理的。
※ 英語の「physical」に由来し、「物理的」などの意味を持つ。
〈例文〉
- 物事をフィジカルな側面で検証（けんしょう）する。

23 ヴァーチャル
アクセント ― 1（ヴァ）
品　詞 ― ナ形容詞

物理的な物を伴わない様。仮想（かそう）的。
※ 英語の「virtual」に由来し、「実質上の」などの意味を持つ。
〈例文〉
- インターネット上ではヴァーチャルな世界が次々とつくられている。

24 見舞う［みまう］
アクセント ― 2 (0)
品　詞 ― 動詞

災難などが振りかかること。
※ 一般的には好ましくないことに使われる。受身で使われることが多い。
〈例文〉
- 旅では時に予想もしなかった事態に見舞われることがある。

本文語彙　本文文法

01　① 〜を余儀なくされる　② 〜を余儀なくさせる

〈接続〉
[名詞] を余儀なくされる / を余儀なくさせる

〈意味〉
① 行動を示す語句を前に置いて、「なんらかの要因によって、（人や物などが）するよりしかたのない状態・状況になる」という意味を表す。
② 前に置く語句は①と同様だが、「なんらかの要因が、（人や物などを）するよりしかたのない状態・状況にする」という意味を表す。
※「余儀ない」とは「他に選べる方法がなく、しかたのない状態」のこと。

〈注意点〉
①②ともに、その時点よりも状態・状況が悪くなる場合に用いられる。

〈例文〉
① 彼は新たなプロジェクトを立ち上げようとしたが、会社が倒産してしまい、断念（だんねん）を余儀なくされた。
② 震災（しんさい）で住まいが倒壊したため、避難を余儀なくされた。

02　〜だに

〈言い換え〉
① 〜さえ
② 〜だけでも

〈接続〉
① [名詞] だに
② [動詞（ーる）] だに

〈意味〉
①「〜さえしない」「まったく〜しない」という状況を示す。
②「〜するだけでも〜だ」というを状況を示す。

〈注意点〉
①は、「[名詞] だにしない」の形で用いられる。古い形式の文語的な表現で、「予想だに」「想像だに」「思うだに」「微動（びどう）だに」「一顧（いっこ）だに」「夢想（むそう）だに」といった慣用的な表現で用いられることがほとんどである。
②は、①とは異なり、後ろは肯定文になる。現在ではほとんど使われることのない表現であることに注意すること。

〈例文〉
① 事態は予想だにしない結末となった。
① 兵士はどのような危険が迫っても、微動だにせず王を守り続ける。
② 毎年、交通事故で数千人が死亡しているとは、考えるだに恐ろしい。
② 私は彼女を思うだに、幸せな気持ちになる。

03　〜てからというもの

〈接続〉
[動詞（ーて）] からというもの

〈意味〉
何かの出来事をきっかけとして大きな変化があったことを表す。

〈注意点〉
喜びや嘆き、驚きなどの話し手の感嘆（かんたん）を含んでいる。感情を含まずに継続的な出来事や繰り返される出来事を表したい場合には「〜以来」を用いる。

〈例文〉
・彼女は彼に会ってからというもの、別人のように明るくなった。　（※話し手は彼女が明るくなったことを喜んでいる、または驚いていることを表す。）
※彼女は彼に会って以来、別人のように明るくなった。　（※彼女が明るくなった事実だけを述べている。）

04　① 〜に至っては　② 〜に至ると　③ 〜に至っても

〈接続〉
① [名詞] に至っては
②③ [名詞 / 動詞] に至ると / に至っても

〈意味〉
①「Aに至っては」の形で「ある状態や範囲の中で、最も極端なAは」という意味を表す。
②「Aに至ると」の形で「Aという状況や状態に到達する」という意味を表す。
③「Aに至っても」の形で「Aという状況や状態になったにもかかわらず」という意味を表す。

〈注意点〉
① 通例（つうれい）、好ましくない状況に使われるが、物事の程度の激しさを表す場合には例外もある。
② 状況や状態の他に場所や時刻などにも使うことができる。この場合は「そこに行きつく」という意味合いも持つ。
③ 通例（つうれい）、「これ以上、状況や状態に変化は起こらない」あるいは「これ以上ないくらいに極端な状況や状態になっている」という場合に用いられる。

〈例文〉
① 私の一族は皆、短命だが、父に至っては 30 歳で死んでしまった。
① 私の一族は皆、長生きだが、祖父に至っては 110 歳まで生きた。
② 彼女はあてもなく世界を旅していたが、イタリアに至ると、その街並みの美しさにほれ込んで住み着いたのだった。
② 父は仕事で家にいない日のほうが多かったが、孫が誕生するに至ると、とたんに隠居（いんきょ）して家にいる日のほうが多くなってしまった。
③ 息子は借金を抱えて、生活に困る段階に至っても、賭け事をやめることができない。
③ 大叔父（おおじ）がその死の間際（まぎわ）に至っても、気にかけていたのは行方の知れない息子のことだった。

第3課　43

05 〜んばかりの 〈〜んばかりだ / 〜んばかりに〉

〈接続〉
[動詞（–ない）] んばかりの

〈意味〉
「今まさに〜しようとしてる様子」、または「〜しているのとほとんど変わらない様子」「まるで〜しようとしているような状態」という意味を表す。

〈注意点〉
実際には動作は行われておらず、「そのような雰囲気、または意味合いがある」といった範囲に留まることに注意。
また、「言わんばかりの態度」や「割れんばかりの拍手」のように決まった言い回しが多い。

〈例文〉
- 彼はほとんど返事もせずに、早く帰れと言わんばかりだった。
- 上野（うえの）の美術館はあふれんばかりの来場者で混雑していた。
- ピアニストの演奏が終わると、割れんばかりの拍手がわき起こった。

06 〜だけましだ

〈言い換え〉
〜からまだいい

〈接続〉
[ナ形（–な）/ イ形 / 動詞] だけましだ

〈意味〉
現在も状況的に望ましくはないが、さらに悪い状況を想定（そうてい）して、それに比べればいいという意味を表す。

〈注意点〉
通例（つうれい）、望ましくない状況を表す文や節を前に受けて用いられるが、前提として認識されている状況下では省略される場合も多い。

〈例文〉
- 不況の世の中では、仕事があるだけましだ。
- 今年の冬は寒いが、大雪が降っていないだけましだ。

07 〜にあたり

〈言い換え〉
〜に際して

〈接続〉
[名詞 / 動詞（–る）] にあたり

〈意味〉
「物事のある時点や場面に直に当たる」という意味を表す。

〈注意点〉
公的な場面で何かを述べる際や、書面（しょめん）を記す際に用いることが多い。日常会話ではあまり使わず、ややくだけた言い方をする際には「にあたって」を用いる。

〈例文〉
- 芥川（あくたがわ）賞の受賞者の選出（せんしゅつ）にあたり、昨日、選考委員会が開かれた。
- 今回の企画を実現するにあたりまして、皆様から多大なご支援を賜りましたことを感謝いたします。

08 〜よりほか（は）ない / 〜よりほか（は）いない

〈言い換え〉
〜ほか（は）ない / 〜しかない / 〜しかいない

〈接続〉
[動詞（–る）] よりほか（は）ない
[名詞] よりほか（は）いない

〈意味〉
他の方法がないという状況を表す。

〈注意点〉
やや硬い表現。口語では「〜しかない」「〜しかいない」を使用する場合が多い。

〈例文〉
- バスがなければ歩くよりほかはない。
- その場にいなかったのだから、何が起こったのか推測するよりほかはない。
- この文章を翻訳できるのは、あなたよりほかはいない。

▍言語知識に関する設問 ▍

1. 本文での読み方に注意しながら、次の日本語を音読しなさい。

① 崩壊　② 津波　③ 汚染　④ 供給　⑤ 信憑性
⑥ 劣る　⑦ 廃棄　⑧ 憤る　⑨ 稀　⑩ 復興

2. 似た意味を表す言葉を線で結び付けなさい。

　　【A グループ】　　　　　【B グループ】
① 出来事　・　　　　　・ パニック
② 混乱　　・　　　　　・ 事象
③ 停止　　・　　　　　・ コメント
④ 危険性　・　　　　　・ 見舞われる
⑤ 見解　　・　　　　　・ ストップ
⑥ 襲われる・　　　　　・ リスク

3. 下線部に入れる語として最も適当なものをa～dの中から選びなさい。

① あんな＿＿＿に騙されるなんて、どうかしてるよ。
　　a. ダム　　b. デモ　　c. デマ　　d. テロ

② 昨日、弟の進学の是非を＿＿＿家族会議を行った。
　　a. まわって　b. めぐって　c. よせて　d. もたらして

③ 外国人児童の教育に＿＿＿、早くも十年が経った。
　　a. あおりたてて　b. はたして　c. えんじて　d. たずさわって

▍内容理解 ▍

1. 東日本大震災の被害の特徴を、関東大震災や阪神・淡路大震災と比較しながら説明しなさい。

2. 本文中には原子力発電を避けるべきとする意見も紹介されている。理由として挙げられているものを3点に整理し、説明しなさい。

3. 本文中に書かれた震災とwebメディアとの関係について、正しいものには〇を、正しくないものには×を記しなさい。

① Eメールやツイッターをはじめとするソーシャルメディアが普及していたため、多数の「デマ」や「誤報」が流布された。
（　）

② 震災や、被害の状況について有用な情報を素早く伝えるための道具として、インターネットが大きな役割を果たした。
（　）

③ テレビや新聞の報道では、一つの事象が起きたとき一人か二人の専門家に話を聞くことで記事の信憑性を上げるという手法が取られるが、ソーシャルメディアは、一つの事象に対して100人単位の専門家がコメントを寄せているようなものだ。
（　）

④ インターネット上の情報の信憑性が問われる中で、新聞をはじめとする旧来型のメディアというのは、その存在意義が深まってきている。
（　）

第3課　45

4. 筆者が本文中で述べているものとして、正しくないものをa～dの中から選びなさい。
   a. 日本は地震大国であり、過去の教訓からたくさんのことを学んだが、現代社会の文脈の中で、防災のあり方について考え続けることもしなければならない。
   b. 震災後の情報収集としてツイッターやブログなどweb上のメディアが活躍したが、新聞やテレビも活発に報道をしていたため、インターネットを活用して情報を収集した人と、そうでない人とでは、大きな情報格差はなかった。
   c. 将来の災害に対しては、津波被害や原発事故への対処方法といった物理的な課題と、情報を正確に素早く伝えるといった仮想的な課題が両方とも重要である。
   d. 原子力発電にさまざまな危険が伴うことは確かであり、核廃棄物の処理という超長期にわたる課題も残されている。

▌発展活動▌

1. 福島第一原子力発電所事故以降、東京電力管内での電力の供給量が大きく減少したことから、首都圏を中心に「節電」が実施された。「節電」のためにどのような対策が取られたか調べ、三つ程度紹介してみよう。

2. 災害時に最新の情報が得られなかったり、誤報が流布したりした事例を挙げ、メディアの果たすべき役割について考えてみよう。

3. 本文で「自然エネルギー財団」が紹介されているが、現在、自然環境への影響や、事故のリスクの少ないエネルギー生産技術が注目されている。再生可能エネルギー（地熱発電や太陽光発電）にはどのような手法・技術があり、現在、どれくらい活用されているか調べてみよう。

コラム　災害時のデマと混乱

　日本の学校の歴史の授業では、1923年の「関東大震災」について学ぶ際、「震災のどさくさ[01]にまぎれて[02]朝鮮人が井戸へ毒を投げ込んだ」といったデマが東京中を飛び交い、これを真に受けた多数の日本人が武装して「自警団」を結成し、罪のない在日朝鮮人を多数殺害したという痛ましい事件があったことを教わります。1995年の阪神・淡路大震災の際にも、関東大震災ほどひどいものではありませんでしたが、災害の混乱と人々の不安とが相まって[文01]さまざまなデマが飛び交ったと言われています。このように非常事態における「口コミ❶」の危険性は繰り返し指摘されているし、歴史の教科書でも教わるのですが、そうした教育のかいもなく[文02]、今回の東日本大震災においても多数のデマが流布されました。しかも今回は、阪神・淡路大震災やそれ以前の災害時とは異なり、Eメールやツイッター等のツールが普及していた結果、デマの拡散は加速されました。

　たとえば、地震の当日、千葉県内にあるコスモ石油のガスタンクが爆発し、大きな火柱が上がったのを私も目にしましたが、その後「この事故で有毒物質が空へ噴き上げられ、数時間後に雨と一緒に降り注ぐので、肌に触れないように防護しなければならない」という話がツイッターやメール等で急速に広まりました。デマの拡散を受けて、コスモ石油が自社のホームページ上で、「火災で放出されたのは天然ガスであり、有毒性はない」との公式見解を発表するに至りましたが、その発表後ですら私の携帯電話に同じ内容のメールが知り合いから送られてきたのを覚えています。

　震災直後に、「関西電力に勤めている友人が、関東地方への送電が必要なため、関西地区での節電を呼びかけている」という話もメールやツイッターで広く拡散しましたが、これもデマでした。後に関西電力が、「そのようなメールを関西電力名義で流すことはあり得ない」と正式に否定するに至りました。

　他にも、たとえば民主党の仙谷由人元官房長官（当時）が、「震災によって政権批判の声が吹き飛んでしまい、菅直人首相（当時）はラッキーだ」という趣旨の発言をしたという情報が流布されましたが、これも仙谷を貶める目的のデマだったようです。また、悪意から出たデマではないように思われますが、「トルコが日本へ100億円の支援を決定した」とか、著名人が何億円もの寄付をしたといった誤った情報も出回って[03]いました。「ポケモン❷のクリエイターが亡くなった」「ハローキティのクリエイターが亡くなった」といった都市伝説めいた[文03]ウソも英語で海外向けに流されたようです。ハリウッド映画『インディペンデンス・デイ』❸に出てくる大統領演説の内容を書き換えたパロディー❹が、「日本へ救援に向かう米兵を鼓舞するために行ったオバマ大統領の演説」として広まったりもしました。

　著名人がデマを流したケースもあります。福島第一原発の事故直後、この原発に勤務していた東京電力❺の20代の職員2名が行方不明になっていましたが、この2名について、あるコラムニストがブログ上で「冷却装置を誤作動させたまま、郡山市内まで逃げていたという。そこで酒を呑んで騒いでいたところを

---

❶ 口コミ
（くちこみ）
人と人の間で口で伝えられる評判。うわさ。コミは「コミュニケーション」のこと。現在ではソーシャルメディアやブログで伝えられる情報も含まれることがある。

❷ ポケモン
（ぽけもん）
1996年に任天堂から発売されたゲームソフトシリーズ『ポケットモンスター』のこと。現在は株式会社ポケモンから発売されている。日本で人気を誇ったゲームで、アニメ化、マンガ化もしている。

❸ 『インデペンデンス・デイ』
（いんでぺんでんす・でい）
1996年にアメリカ合衆国で制作されたSF映画『Independence Day』。

❹ パロディー
（ぱろでぃー）
さまざまな芸術作品や文学作品などを風刺（ふうし）や批判する目的を持って模倣した作品、もしくはその手法のこと。英語の「parody」に由来。

❺ 東京電力
（とうきょうでんりょく）
日本の電力会社。関東一帯を事業地域として独占している。

第3課　47

目撃されてバレてしまった」と批判したのです。しかし後日、この2名の若い職員の遺体が原発の内部で発見されました。職務の遂行中に津波に飲み込まれて[04]亡くなっていたのです。

あまりにも多くのデマが流布されたため、**総務省**❻がインターネット関連サービス業界に対して、インターネット上の「流言飛語[05]」をきちんと管理するようにとの要請を出したほどです。

こうしたデマ情報を受け取った際、少しでも立ち止まってインターネットで情報源を検索するなどの確認を行えばよいものを[文04]、震災後の興奮の中では、多くの人が反射的に情報を家族や友人へ拡散してしまったのです。

ただ、ネット上で拡散したデマのほとんどが、同じくネット上で裏付け[06]情報を探せば、デマであることが簡単に判明するものであったことは幸いでした。ネット上ではデマが急速に広まる一方で、その真偽を検証する人たちも現れて、デマを否定し、正しい情報を発信していたからです。私も震災直後にはツイッター等を頻繁にチェックしていましたが、驚くような内容の情報が流れてきては、しばらくしてそれがデマであることを指摘する情報も流れてくるといった状態で、行ったり来たりを繰り返していたのを覚えています。

批評家の**荻上チキ**❼は、震災直後に出回っていたデマを収集し、正しい情報とともにまとめてネット上に掲載していました。これはデマに惑わされる[07]のを防ぐための参考として多くの人に閲覧され、後に荻上氏は『検証　東日本大震災の流言・デマ』（光文社新書）という書籍まで出版して、次のように指摘しています。

「私が強い実感として思うのは、歴史に学ぶということ、具体的には、『疑似的に騙されるという追体験をする』ことの重要さです。つまり、過去の流言やデマの事例を知っておく。流言やデマについて記した書籍を数多く読めば、時代や国が変わっても、流言やデマのパターンというのは、実はあまり変わっていないことがわかります。基本的なパターンを知っておくことで、『あれ？　これは以前、流言やデマの事例で似たようなことがあったような』という既視感[08]を抱きやすくしておくことは、かなりの程度、有効なのではないかと考えています。」

私も、今回の地震では何度もデマに騙されてしまいましたが、たしかに「いかにも[文05]デマでありそうなパターン」というのはある程度わかるようになったような気もします。今後はせめて、古典的なタイプのデマには騙されないよう、気をつけたいものです。

（文＝川端祐一郎）

---

❻ **総務省**
（そうむしょう）
日本の行政機関の一つ。各省の筆頭（ひっとう）に掲げられている。行政の基本的な制度の管理・運営をし、行政の効率的な実施の確保等を任務とする。

❼ **荻上チキ**
（おぎうえ・ちき）
日本の批評家。メディア論を専門としている。

コラム語彙 / コラム文法

01 どさくさ
アクセント — 0
品　詞 — 名詞

突然の出来事で混乱している状態。
〈例文〉
・事故の後のどさくさに巻き込まれる。

02 まぎれる（紛れる）
アクセント — 3
品　詞 — 動詞

他のものと見分けがつかない状況を利用する。乗（じょう）じて。
〈例文〉
・男は夜の闇にまぎれて泥棒をした。
・犯人は人波（ひとなみ）にまぎれて逃亡した。

03 出回る［でまわる］
アクセント — 0 (3)
品　詞 — 動詞

その物をよく見たり、耳にするようになる。
〈例文〉
・市場には旬（しゅん）の野菜が出回っている。
・偽ブランド品が大量に出回る。

04 飲み込む［のみこむ］
アクセント — 0 (3)
品　詞 — 動詞

自然現象が取り囲んだり中に引き込むこと。
※ 水や渦・嵐など、自然現象を生き物に例えている表現。
〈例文〉
・建物が砂嵐に飲み込まれた。

05 流言飛語［りゅうげんひご］
アクセント — 5
品　詞 — 四字熟語

世の中に広まった不正確なうわさ話。
〈例文〉
・災害の後には決まって流言飛語が流れるので注意が必要だ。

06 裏付け［うらづけ］
アクセント — 0
品　詞 — 名詞

物事の正確さを他の面から証明すること。
〈例文〉
・刑事事件では犯人である証拠の裏付けが必要になる。
・理論の正しさの裏付けを得るために実験を行う。

07 惑わす［まどわす］
アクセント — 3
品　詞 — 動詞

思考や判断などを混乱させる。
〈例文〉
・感情は時に人の判断を惑わす。
・多すぎる情報はかえって人を惑わす。

08 既視感［きしかん］
アクセント — 2
品　詞 — 名詞

実際には体験をしたことがないことを、どこかで体験したことのように感じること。
※ もとはドイツ語の「déjàvu」を訳した言葉（英語を経由したという説もある）。もとは心理学用語。
〈例文〉
・旅先で見た光景に既視感を覚える。

コラム語彙 コラム文法

01 AとB（と）が相まって / AがBと相まって

〈言い換え〉
～が合わさって

〈接続〉
[名詞1] と [名詞2] （と）が相まって
[名詞1] が [名詞2] と相まって

〈意味〉
二つの要素が合わさって、別の要素を生み出すこと。

〈注意点〉
二つの要素や性質が互いに作用し合うことを意味する文語的表現。三つ以上の場合には用いない。三つ以上の場合でも、「～が合わさって」は用いることができる。

〈例文〉
- 彼の想像力と彼女の表現力が相まって、彼らの作るアニメは非常におもしろいものになっている。
 （→ 彼の想像力と彼女の表現力が合わさって、彼らの作るアニメは非常におもしろいものになっている。）
- ✕ 車の性能に、彼の運転技術とチームの整備力が相まって、最高のF1チームになった。
 （→ 車の性能に、彼の運転技術とチームの整備力が合わさって、最高のF1チームになった。）

02 ～（の）かいもなく

〈接続〉
[動詞（-た）] かいもなく
[名詞] のかいもなく

〈意味〉
ある事柄について尽力したが、よい結果にならなかった状況を表す。

〈注意点〉
「かい」は漢字で「甲斐」と表記し、「行為による効果や報（むく）い、よい結果」や「行為をする意味や意義、価値」を表す。
「～したかいがある」は、「～したことに、意味や価値がある」ことを意味する。（例：「オリンピック優勝おめでとう。がんばったかいがあったね。」）

〈例文〉
- 昨日は、甲子園まで応援に行ったかいもなく阪神タイガースの惨敗（ざんぱい）だった。
- 父は手術したかいもなく、今朝亡くなった。

03 ～めく

〈接続〉
[名詞] めく

〈意味〉
「～のような傾向がある。～らしくなる。～ように感じられる」という意味を表す。

〈注意点〉
実際使用する場合は、通例（つうれい）、「～めいた」「～めいてきた」の形で用いられる。「[名詞1] めいた [名詞2]」の形で、「[名詞1] のような感じがする [名詞2]」という意味を表す場合もある。

〈例文〉
- 季節はだんだん秋めいてきた。
- なんとなく予感めいたものがあり、急いで家に帰ったら、着くと同時に雨が降り出した。
- その皮肉めいた話し方は直しなさい。

04 ～ものを

〈言い換え〉
～のに

〈接続〉
[節] ものを

〈意味〉
不満の意味を表す。「～のに」とほぼ同じ意味だが、「～のに」が話し言葉であるのに対し、「～ものを」は硬い表現であり、話し言葉では使われない。

〈例文〉
- 前々から準備していれば、締め切り直前になって慌てなかったものを。
- すぐに謝ればいいものを、プライドが高いために「ごめん」の一言が言えず、彼女とは仲違（なかたが）いしたままだ。

05　いかにも〜そうだ / いかにも〜らしい

〈言い換え〉
　①② なんとも
　③ ―

〈接続〉
　① いかにも［ナ形 / イ形（－い）/ 動詞（－ます）］そうだ
　② いかにも［名詞］らしい
　③ いかにも（そうだ）

〈意味〉
　①「とても〜であるかのように見える」という意味を表す。
　②「名詞の典型的な特徴や性質を表している」という意味。または、「〜に似合っている」「〜にふさわしい」という意味を表す。
　③「そうだ」「そのとおりだ」の意味を強調する。

〈注意点〉
　③は同意する場合に用いる。通例（つうれい）、ある程度以上の年齢の男性が用いる古めかしい話し言葉。若者や女性が用いると仰々（ぎょうぎょう）しく感じられるので、あまり用いない。

〈例文〉
　① この携帯はいろいろな機能が付いていて、いかにも便利そうだ。
　① 宣伝を見ると、あの映画はいかにもおもしろそうだ。
　① 雲が出て暗くなった。いかにも雨が降りそうだ。
　② 青空に大きな入道雲（にゅうどうぐも）。いかにも夏らしい空になっている。
　③ A：太田先生でいらっしゃいますか。
　　 B：いかにもそうだ。

ユニット3 日本人とビジネス

第4課

「2000年代後半のウェブ社会の変化を見通した『ウェブ進化論』」では、「Web2.0」という言葉を日本に広めた梅田望夫の『ウェブ進化論』を取り上げ、ブログやSNSの登場など、近年のインターネット世界における著しい変化について解説します。

第5課

「日本人が好きなピーター・ドラッカーの経営学を、女子高生が読み解く」では、近年のビジネス書では最大のヒットと言っていい岩崎夏海の『もし高校野球の女子マネージャーがドラッカーの『マネジメント』を読んだら』を紹介します。高校の野球部の運営に、ドラッカーの経営学を応用したらどうなるかを小説の形式で考えるというおもしろい試みです。

第4課

2000年代後半のウェブ社会の変化を見通した『ウェブ進化論』

第4課 2000年代後半のウェブ社会の変化を見通した『ウェブ進化論』

レビュー書籍 ▶▶▶ 梅田望夫（著）
『ウェブ進化論──本当の大変化はこれから始まる』
（2006年、筑摩書房）

思考のストレッチ

1. 現在、インターネットは広く普及しているが、ウェブサイトやサービスの中で特に皆さんの生活を便利にしたものは何か、例を挙げて、それが自分の生活をどのように変化させたかについて話してみよう。

2. あなたがインターネットを利用し始めた頃と現在とで、インターネット上のコンテンツや使い方にどのような変化があったか考えてみよう。

3. インターネットでさまざまな情報を集めたり発信したりできる時代になったが、どのような情報をインターネットで集めているか、また、どのような情報を発信しているか、例を挙げてみよう。

2000年代のネット社会を象徴するベストセラー

梅田望夫は、アメリカの**シリコンバレー**❶で経営コンサルティング会社を経営するかたわら[文01]、経営コンサルタントで、シリコンバレー文化やインターネット社会に関する数々の著作を発表している。

梅田が、ウェブ社会の変化を解説するために2006年に出版した『ウェブ進化論──本当の大変化はこれから始まる』という新書はたいへんなベストセラーとなった。日本に「Web2.0」（「ウェブにーてんれい」と読む）という言葉を広めるのに**一役買った**❷書籍として、本書は歴史に残るかもしれない。

『ウェブ進化論』には、2010年代を迎えた現在の時点から振り返る[01]と、すでに古くなってしまった情報も多く含まれているのだが、この本の中で梅田が紹介した概念の中には、今でもよく使われているものがいくつかあり、それらは21世紀のウェブ社会を語る上で欠かせない[02]キーワードである。

たとえば、「ロングテール」という現象がある。これは、本を売るための戦略を考えるとすると、従来の書店のようなビジネスモデルと、Amazonのようなネット企業のビジネスモデルは、まったく異なってくるという話である。

たとえば、縦軸に書籍の売り上げを取り、横軸上には売り上げの大きい順に作品タイトルを並べていくようなグラフを描くと想像してみる。最も売れるベストセラー本というのは1年に数十万冊から100万冊の売り上げになるが、そのような大ヒット作品というのはごく少数で、大半の書籍（特に人気が出ることもなく、出版されてから相当の年月が経過しているようなもの）はほとんど売り上げがないと考えてよい。Amazonには日本語書籍が500万点以上登録されているが、これをすべて横に並べてグラフを作成すると、ベストセラーランキングで上から10冊ぐらいのヒット作が恐竜の「頭」になり、その後に大ヒットはしないまでも[文02]堅実に売れる作品が恐竜の「胴体」に、そしてほとんど売れない本が延々と横に伸

---

❶ **シリコンバレー**
（しりこんばれー）
「Silicon Valley」（アメリカの地名）。

❷ **一役買う**
（ひとやくかう）
日本の慣用句。自ら進んで仕事や役割の一つを引き受けることを意味する。

びて恐竜の「しっぽ」を形づくるようなグラフになるだろう。従来の書店で商品を扱う場合は、場所にも客数にも限りがあるため、あまり順位が下位の書籍を並べていても意味がなく、なるべく恐竜の「頭」に当たるヒット作品で稼ぎたいと思うところである。しかし、インターネット販売であれば全国の顧客を相手にできるため、「しっぽ」部分に当たる**マニアック❸**な書籍にもある程度の売り上げを期待することができ、それらは何しろ500万点もあるわけだから、積み上げれば相当な規模になる。そして、Amazonなどのネット企業が、この「長大なしっぽ＝ロングテール」部分から大きな売り上げを上げているというのが、ロングテール論の指摘である。

「Web2.0」「ネットのあちら側」

「Web2.0」というのは、2000年代の半ばから後半にかけて広まりを見せた言葉で、日本でインターネットが話題になるときに頻繁に用いられていた。この言葉はアメリカでもさまざまな意味で用いられたようだが、大まかに言うと、サービス提供者からユーザーへという一方的な情報の流れしか存在しない段階を「Web1.0」と呼び、逆にユーザーが積極的な情報発信主体となる段階を「Web2.0」と呼んだものである。梅田はWeb2.0を、「ネット上の不特定多数の人々（や企業）を、受動的なサービス享受者ではなく能動的な表現者と認めて積極的に巻き込んでいくための技術やサービス開発姿勢」と定義している。

Web2.0的なサービスの例は非常にたくさんある。たとえば、日本にもユーザーの「レビュー」を集約した03サイトがいくつも存在しており、Amazonももちろんその一つであるが、たとえば私は飲み会や食事会を開くとき、行ったことのない店を選ぶ場合は必ず「**食べログ❹**」というサイトでユーザーのレビューを確認している。その店がたくさんの人に利用されている店なのかどうかや、高評価が付いている店なのかどうかを確認してから訪れることにしているわけだ。また、いわゆるSNSというのも、不特定多数の人々の参加によってサービス価値が高まっていく「Web 2.0」サービスの典型である。

また、梅田は『ウェブ進化論』の中で、「ネットのあちら側」という言葉を多用している。これは梅田が独自に使っている表現で、現在は「クラウド」と呼ばれることもあるが、インターネットの回線の向こう側にあるコンピュータ（要するにサービス提供者側のコンピュータ）での情報処理が、現代のウェブサービスの肝であるという話である。

ネットの「こちら側」というのはユーザーが保有している端末のことで、電子機器（PCや携帯電話）はもちろん、そこにインストールされたソフトウェアも「こちら側」に属する。たとえば、MicrosoftのWindowsはインターネットの「こちら側」の製品と言える。これに対して、たとえばGoogleの検索サービスは、Googleのデータセンター側（「あちら側」）で情報処理が行われるものであり、ユーザーから見て「こちら側」に当たるPCの端末では、インターネット経由でアクセスし、単に命令を入力しているだけにすぎない。YouTubeの動画も、インターネットの「あちら側」に保存されているデータにネット回線でアクセスして楽しむものであって、DVDをパソコンで見るような「こちら側」の楽しみ方とは大きく異なる。

ネットに関する楽観論

もう一つ梅田が強調したのは、インターネットのサービスを構築する上で「不特定多数無限大」の人々の力を信頼するか、しないかという区別である。梅田は、これからは「信頼する」側に立つサービスが成

---

❸ マニアック
（まにあっく）

「英：maniac」。何かの物事に対して、極端に熱中したり、こだわったりしている状態のこと。本文ではそのような性格の人が買う書籍という意味で「専門性の高い」あるいは「その分野が好きな人しか買わない」という意味を持っている。

❹ 食べログ
（たべろぐ）

日本のインターネット関連サービス会社のカカクコムグループが運営しているグルメサイト。一般の人が書き込んだ飲食店の評価を見ることができるサイトとして人気を博（はく）している。

長するだろうという見通し[04]を示している。少数の作り手ではなく、多数の人々による共同作業が、価値あるコンテンツやサービスを作っていくはずだというビジョンである。その典型は、たとえば、全世界のユーザーによる共同編集（いわゆる「集合知」）で百科事典を作り上げていく「Wikipedia」だろう。もはや、大学生にもサラリーマンにも、「何か調べ物をするときには最初のステップとしてWikipediaから基本的な情報を仕入れておく」という習慣が定着したと言っていい。

インターネットが便利な道具であるとはいっても、いいことずくめ[文03]ではない。特に梅田がこの『ウェブ進化論』を書いた当時は、まだ、インターネットというものが持つ社会的な影響力についてネガティブな見解を持つ人もたくさんいた。たとえば、**掲示板サービス**❺などでは、現在でも、匿名で著名人や企業に対する誹謗中傷が書き込まれたりしている。また、インターネットを通じて個人情報が流出する事件が起こったりもする。梅田は、インターネットにはそういう負の側面が存在することも認めつつ、それでもインターネットの「善」の部分に期待して、今後のイノベーションを促進していくことのほうが大事であると主張し続けている。

現在では、善し悪し[05]の問題を言う以前に、そもそもインターネットなしには[文04]仕事も生活も成り立たないような時代になっていると言うべきである。だから、今さら「インターネットは善か悪か」といった議論が起こることは考えにくいのだが、最近、ネット上の「集合知」の価値について少し考えさせられる出来事があった。2011年3月に発生した東日本大震災の直後に、大量の「デマ」がネット上を飛び交った[06]ことである。

これについては、荻上チキ❻というジャーナリストが『検証　東日本大震災の流言・デマ』という本を出版して検証しているのだが、震災をめぐってはかなり多数のデマ情報がTwitterなどのインターネットツールを介して人々の間に広まった。インターネットは情報を手軽に[07]拡散する強力なパワーを持っているため、デマ情報のようなものがいったん流れ出すと収拾は困難である。非常事態の際にデマ情報が流れるということ自体は、古典的な現象であって特段珍しいことであるとは思えないが、それがネットのツールによっていっそう[08]加速されるようになってきたというわけである。

「総表現社会」の到来

梅田は、**ブログ**❼をはじめとするウェブのツールが、「総表現社会」とも言うべきものをもたらした[09]と言う。

> 世の中には、途方もない数の『これまでは言葉を発してこなかった』おもしろい人たちがいて、その人たちがカジュアルに言葉を発する仕組みをついに持ったということである。

（『ウェブ進化論』p.137）

インターネット登場前は、読み物のコンテンツを不特定多数に供給するのは、作家やジャーナリストや新聞記者といったプロの書き手のみだった。しかし、ブログというのは、誰でも文章や画像（あるいは動画）

---

❺ **掲示板サービス**
（けいじばんさーびす）
ネット上で行われるサービスの一種。Web上で、記事を書き込んだり、閲覧したり、コメントを付けられるようにした仕組みのこと。単に「掲示板」、または「BBS」（英語：Bulletin Board Systemの略）と呼ぶ。掲示板サービスを利用すると、情報交換や会話・議論などを行うことができる。掲示板をWeb上に実現したようなものであることから、「電子掲示板」とも呼ばれる。

❻ **荻上チキ**
（おぎうえ・ちき）
日本の批評家。メディア論を専門としている。

❼ **ブログ**
（ぶろぐ）
もともとは、webとlogを組み合わせた語（weblog）の略であり、個々人が、日々の出来事や考えをインターネット上のサイトなどに日記形式で書き込んだもの。

を使ったコンテンツを作成して、世界中の人に向けて公開することができるツールである。一時、世界で最もブログ投稿(とうこう)数が多い言語は日本語であるというデータ（広告目的のブログも多く含まれるが）もあったほど、日本人の間でブログは急速に普及した。現在では、FacebookなどのSNS上でも投稿が展開されている。

　ネットが登場する以前、我々にとってコンテンツと言えば、「プロ」が作った作品が「マスメディア」に乗って運ばれてくるものであり、それを「みんなで同時に」消費するのが普通であった。テレビ番組や新聞記事がその典型である。しかし、インターネット上では、ブログの文章をはじめとして、プロではない人を含めて非常にたくさんの人が、無料で多様な作品を公開している。

　梅田(うめだ)は、これまでコンテンツを提供してきたプロが1万人に1人ぐらいだとしたら、ブログというのは、100人に1人程度の割合で存在する優秀な書き手に表現の機会を与えるものだと言う。これはおもしろい議論だ。たしかに、1万人に1人の「超一流」でなくても、100人や1000人に1人ぐらいの「一流」の人材は世の中にたくさんいて、そういう人たちの表現にもかなり有用(ゆうよう)でおもしろいものが多い。そして、書き手の数が多くなればなるほど、多様で細かいニーズに合ったコンテンツが流通していくことになるし、しかもそれらは無料で読むことができる。

　プロのつくるコンテンツが売れなくなり、職業的な書き手が減ってしまうのではないかと心配する議論もあるが、かといってブログの流通を禁止するわけにもいかない。結局、インターネットが変えてしまったコンテンツ流通のルールを受け入れ[10]、プロとアマチュア[11]の新たな分業のし方を模索していくしかないのだろう。

（文＝川端祐一郎(かわばたゆういちろう)）

本文語彙　本文文法

01 振り返る [ふりかえる]
アクセント― 3
品　詞― 動詞

過ぎた出来事について考える。回顧（かいこ）する。
〈例文〉
・ 祖父は若い頃のことを振り返っては、私に昔話を聞かせてくれた。

02 欠かす [かかす]
アクセント― 0
品　詞― 動詞

ない状態で済ませること。足りない状態ですること。
※「欠かすことのできない」のように、多くは否定の形で用いる。ただし、連絡を欠かすなど、必要なものを欠いた行動をする場合は肯定の形を用いる。
〈例文〉
・ 彼は会社には欠かすことのできない人材です。

03 集約する [しゅうやくする]
アクセント― 0
品　詞― 動詞

物事を整理して集めて、一カ所にまとめること。
〈例文〉
・ 学級委員長がクラスの生徒の意見を集約して先生に報告した。

04 見通し [みとおし]
アクセント― 0
品　詞― 名詞

以前の状況から、将来こうなるのではないかと思われる、予測のこと。
〈例文〉
・ 10年先までの世界経済の見通しが発表された。

05 善し悪し [よしあし]
アクセント― 1 (2)
品　詞― 名詞

人の性格や行動、物事の道理（どうり）としての善悪。
※ 表記を変えて「良し悪し」と書く場合は「魚の良し悪しを判断する」など、物の品質に対して用いる。読みは同じで、意味もよく似ているが、用法が異なるので注意。
〈例文〉
・ 私は聖人君子（せいじんくんし）ではないので、他人の行動の善し悪しを語る資格はない。

06 飛び交う [とびかう]
アクセント― 3
品　詞― 動詞

複数のものが入り乱れ行き交うこと。
〈例文〉
・ 海の上をかもめが飛び交っていた。
・ 事件直後にはさまざまな憶測（おくそく）が飛び交っていた。
※ 目に見えないもの（言葉やうわさなど）も、あるものとして表現することができる。

07 手軽 [てがる]
アクセント― 0
品　詞― ナ形容詞

手間がかからず、簡単な様。
〈例文〉
・ インスタント食品は手軽に済ませる食事として、人気です。

08 いっそう
アクセント― 0
品　詞― 副詞

ある状態よりもさらに程度が大きくなること。ますます。
〈例文〉
・ 初夏から真夏になり、昼間の暑さがいっそう辛くなってきた。

09 もたらす
アクセント― 3
品　詞― 動詞

ある物事が、何かを引き起こしたり、ある状態を実現させること。
〈例文〉
・ 戦争は国民に多くの犠牲をもたらす。
・ 経済の発展が人々に豊かな生活をもたらした。

10 受け入れる [うけいれる]
アクセント― 0 (4)
品　詞― 動詞

何かを認めてそれを受け止めること。受諾（じゅだく）。
〈例文〉
・ 彼の申し出を受け入れるべきかどうか悩んでいる。

11 アマチュア
アクセント― 0
品　詞― 名詞

職業とはしないで、趣味、もしくは余暇で行う人。素人。
〈例文〉
・ 最近は、アマチュアミュージシャンの演奏も質が高まってきており、プロのミュージシャンと遜色（そんしょく）がない。

本文語彙 **本文文法**

01 〜かたわら

〈言い換え〉
① 〜そば
② 〜をしながら

〈接続〉
［動詞（ーる）］かたわら
［名詞］のかたわら

〈意味〉
① 前に来る名詞、もしくは動詞の主語になる対象のそばにいること。
② 何かをしながら同時に別の何かをすること。

〈注意点〉
① 用法は「〜（の）そば」と同じだが、情景（じょうけい）描写として物語などで使われる文語的表現である。会話ではあまり使われない。
②「A かたわら B」の形で「A をしながら、（空いた時間に）B をする」という意味になる。同時動作を表す言葉ではあるが、A は、職業や立場、活動など一定期間以上持続することを表す語に限られる。B には動詞もしくは活動を表す語が入り、こちらは長期間持続するもの以外でも当てはまる。

〈例文〉
① 母が晩御飯を作っているかたわらで、私はのんびりと本を読んでいた。
① 次々と建つ高層ビルのかたわらに、昔とまったく姿を変えることなく、古びた家が一軒建っていた。
② 父は鉄道会社で電気技師をするかたわら、鉄道模型作りを趣味にしていた。
② 実家は精肉店を営むかたわら、惣菜（そうざい）屋もしていた。

02 〜ないまでも

〈言い換え〉
〜ぬまでも

〈接続〉
［動詞（ーない）］までも

〈意味〉
「A までも B」の形で「A が（要求）できなくても B くらいは（要求）できるだろう（あるいは要求したい）」という話し手の意思を示す。

〈注意点〉
A と B は程度の違う同じ事柄を指し、A のほうが程度が高い。B は最低限の義務や相手の希望が入る。B に入る内容によって強制の度合いが変化する。

〈例文〉
・毎日とは言わないまでも、週 2、3 日は運動をしたほうが健康にはいい。
・確実とは言えないまでも、まず試験には合格することでしょう。
・完全に暗記できないまでも、80%くらいは覚えておくべきでしょう。
・レポートの提出は、明日までにはできないまでも、今週中には提出しなさい。

03 〜ずくめ

〈接続〉
［名詞］ずくめ

〈意味〉
「周りが〜ばかりである」もしくは「全体的に〜ばかりである」という状況を示す。

〈注意点〉
「いいことずくめ」「ごちそうずくめ」「黒ずくめ」などの決まった語としか接続しない。特に、「黒ずくめ」のように、色を表すときには「黒」以外には使えないことに注意しなければならない。たとえば、「白ずくめの服装」は誤用となる。もし、白いものばかりを身につけていることを表したければ、「白基調（きちょう）の服装」（※基調＝何か基本にして全体を調えること）か、「白一色の服装」（※一色＝一種類しかないことを示す。色以外にも使う）にする。

〈例文〉
・彼はいつも黒ずくめの服装をしたがる。
・今日はいいことずくめでとても幸せな一日だった。

04 〜なしに(は) / 〜なくして(は)

〈言い換え〉
① 〜抜きにして / 〜しないで / 〜しなければ / 〜がなければ / 〜がいなければ

〈接続〉
① [名詞] なしに (は) / なくして (は)
② [名詞] なしに

〈意味〉
①「A なしに (は) B」「A なくして (は) B」の形で、「A が成立しないなら B も成立はしないだろう」という仮定推量 (すいりょう) の意味を表す。
②「A なしに B」の形で、「A をせずに B をする」という意味を表す。

〈注意点〉
① は仮定推量 (すいりょう) の用法であるが、通例 (つうれい)、かなり確信している場合に用いる。また、「だろう」などの表現は省略される場合もある。
② の場合は、通例 (つうれい)、「するのが当たり前である」と思われる動作を示す名詞が入る。

〈例文〉
① 彼の活躍なしに、チームの勝利はなかったでしょう。
① 全員の協力なくしては、この目標は達成できない。
② 休日の出勤は、届け出なしにしてはならないことになっている。
② 断りなしに外泊 (がいはく) したので、親からひどく怒られた。
② 予約なしに病院を訪れることは避けたい。

▎言語知識に関する設問 ▎

1. 本文での読み方に注意しながら、次の日本語を音読しなさい。

   ❶ 象徴   ❷ 従来   ❸ 収拾   ❹ 匿名   ❺ 誹謗
   ❻ 構築   ❼ 縦軸   ❽ 模索   ❾ 頻繁   ❿ 堅実

2. 次の語の意味と似た外来語を本文から抜き出し、かっこの中に書き入れなさい。

   ❶ 情報内容 ....(   )
   ❷ 革新 ....(   )
   ❸ 気軽 ....(   )
   ❹ 消極的 ....(   )
   ❺ 記者 ....(   )
   ❻ 取り付ける・読み込む ....(   )
   ❼ 接続 ....(   )

3. 次の言葉を用いて、文を作りなさい。

   ❶ 一役買う   (   )
   ❷ 〜つつ   (   )

▎内容理解 ▎

1. 21世紀のウェブ社会を語る上で欠かせないキーワードに「ロングテール」があるが、どうしてこのような現象が起こったのか、簡潔に答えなさい。

2. 以下の❶〜❻は、「Web1.0」と「Web2.0」のどちらの特徴か。「Web1.0」の特徴には a を、そして、「Web2.0」の特徴には b を記しなさい。

   ❶ ウェブサイトの作成者と利用者はネット上でほとんど交流しない。（   ）
   ❷ ユーザーが情報を受動的に享受する。（   ）
   ❸ ユーザーが発信主体になる。（   ）
   ❹ 情報がサービス提供者からしか発信されない。（   ）
   ❺ ユーザーが自らのパソコンにインストールしたソフトウェアだけを用いる。（   ）
   ❻ データセンター等、ユーザーのパソコン以外のところでも情報処理が行われる。（   ）

3. インターネットが持つ社会的な影響力の負の側面について、本文中で紹介されている部分を80字程度で抜き出しなさい。

4. インターネットが登場し、我々がウェブのツールを利用できるようになったことで、「総表現社会」がもたらされた。「総表現社会」以前と以後で、コンテンツ供給の仕組みはどのように変化したか。簡潔にまとめ、説明しなさい。

5. 本文の内容として、正しくないものをa～dの中から選びなさい。

 a. インターネットが変えてしまった状況には負の側面もあるため、たとえばコンテンツ流通のルール自体を見直し、これまでのようにプロの作成者がコンテンツを供給する環境を守っていくしかない。

 b. 東日本大震災の直後に、大量の「デマ」がネット上を飛び交ったことはネット上の「集合知」の価値について問い直す出来事となった。

 c. Wikipedia等の集合知には、問題も指摘されているが、現在では基本的な情報として、まず、最初に参考にするという習慣が定着している。

 d. 1万人に一人の「超一流」でなくても、100人や1,000人に一人ぐらいの「一流」の人材は世の中に数多く存在し、それらの人々の表現は興味深いものが多い。

▌発展活動▌

1. Amazonのインターネットを利用した書籍販売は、「ロングテール」に注目し、従来のビジネスモデルに革命をもたらした事例である。このように、インターネットによって従来のビジネスモデルが革新された事例は他にあるか。具体的なサービスや企業の事例を挙げてみよう。

2. 「ネットに関する楽観論」について、皆さんが実生活で体験した事例を挙げて、それぞれどのようなよい点と悪い点を持っているのか話し合ってみよう。

3. 本文では、インターネットが変えたコンテンツ流通のルールについて紹介した。自分の身の回りで起こった具体例を挙げ、今後、プロとアマチュアの関係はどのようなものになるか考えてみよう。

> **コラム** キュレーションの時代

コンテンツの供給過剰

　梅田望夫は『ウェブ進化論』の中で、インターネットの普及によって「総表現社会」が到来したと唱え[01]、1万人に1人の超一流の作り手ではなく、100人に1人程度の一流の作り手によるコンテンツが大量に流通する時代に突入した[02]と語りました。この指摘は、出版から時を経た現在の時点から振り返っても、重要なものであったと言っていいでしょう。

　情報メディアの分野で有名なジャーナリストの佐々木俊尚が2011年に出版した『キュレーションの時代』という本でも、同じような話が取り上げられて[03]います。インターネットが普及して、以前のように少数のプロのみがコンテンツを供給するのではなく、無数のアマチュアが大量のコンテンツをネット上で配信するようになり、それがブログのような文章の世界だけでなくYouTubeのような動画の世界にまで及んだ[04]結果、コンテンツの「需要」に対して「供給」が過剰になってしまっているという指摘です。

　そもそも[05]私たちには、1日24時間という限られた時間しか与えられていないのだから、消費できるコンテンツの量には限りがあります。そこでアマチュアの作り手が十分におもしろいコンテンツを無料で供給し始めたら、我々は、プロが作ったコンテンツを従来ほどには消費しなくなるでしょう。その結果、プロのビジネスであるコンテンツ産業の構造が大きく変わらざるを得ないというのが佐々木の主張です。

　高度成長期以降、特に80年代や90年代のコンテンツ産業は、音楽にしても映画にしても「マス消費」を前提としていて、大ヒット作を生み出すことにエネルギーを注いでいました。マス消費というのは、ごく少数の作り手が作品を供給し、同じ作品をたくさんの国民が同時に消費するというスタイルです。ところが、インターネットの登場によって、こうした消費のスタイルはもはや成り立たなくなりました。ユーザーの興味・関心はどんどん多様化しているし、コンテンツの作り手の数も急激に膨らんだからです。

キュレーションの時代

　そうして情報やコンテンツの「流れ」が大きく変わろうとしている現代を、佐々木は「キュレーションの時代」と呼びます。もともと、博物館などで展示する作品を収集してくる学芸員❶などのことを「キュレーター」と呼ぶらしいのですが、ネット上の世界においても、今後は、そうした作品を収集する「人」を軸にしてコンテンツが流通していくだろうというわけです。

　たとえば、私が何かおもしろい情報を得たいと思っているとして、マスメディアに頼るというのはもはや論外です。全国民向けに、画一的に[06]提供されている情報に大した価値はありません。しかも、マスメディアというのは、流れてくる情報を受動的に消費するのには向いていますが、こちらから積極的に「探す」というのには向いていないのです。

　情報収集の道具としては、「検索」というシステムが存在しますが、検索に頼っていると自分があらかじめ[07]想定した範囲内でしか情報にアクセスしないので、視野が狭まりがちです。

　そこで出てくるのが、自分が信頼をおく人の「視座（パースペクティブ）」に乗っかって情報を集めてい

---

❶ 学芸員
（がくげいいん）

日本の博物館法に定められた、博物館などにおける専門職、またはその職に就くための国家資格のこと。展示物の収集や保管、管理、あるいはその分野における研究・調査などを行う。英語では「キュレーター（curator）」と訳されるが、実際にはこれらの諸業務を監督する人物を指す単語なので、厳密には学芸員の職務ほうが広範囲である。

第4課　65

くという方法で、その視座を提供する役割を担う人々が「キュレーター」と呼ばれます。
　「視座」に乗っかって[08]情報を集めるというのは、たとえば、レストランを探す際は信頼できるレビューアーのレビューを参考にするとか、ニュースに関してはおもしろいと思えるブロガーの記事をRSSリーダで購読しておくとか、音楽や映画でよい作品を見つけるために自分と趣味が近い人のTwitterアカウントをフォローしておくとかいうようなことです。
　たしかにそうした変化は確実に起きていて、同じインターネットを使った情報収集でも、有力な「キュレーター」をすでに見つけている場合と、自分自身で検索したりニュースをくまなく[09]チェックしたりしなければならない場合とでは、効率に圧倒的な差が出てしまいます。IT化が進展することによって、情報の流通における「人」の重要度が以前よりも増すという、おもしろい変化が今起きているのです。

（文＝川端祐一郎）

コラム語彙 コラム文法

01 唱える [となえる]
アクセント― 3
品　　詞― 動詞

理論や学説、見解などを、人よりも先に主張すること。提唱（ていしょう）する。
〈例文〉
・アインシュタインが唱えた「相対性理論」は世界で最も有名な理論の一つだ。

02 突入する [とつにゅうする]
アクセント― 0
品　　詞― 動詞

場所や状態などに勢いをつけて入ること。
〈例文〉
・20世紀中ごろに、日本は高度経済成長期に突入した。

03 取り上げる [とりあげる]
アクセント― 0 (4)
品　　詞― 動詞

何事かを特に選んで検討するか、もしくは問題として扱うこと。
※「採り上げる」と書かれる場合もある。
〈例文〉
・これは「食事と体の健康」をテーマとして取り上げた本だ。

04 及ぶ [およぶ]
アクセント― 0
品　　詞― 動詞

物事が広がっていく中で、今まで関係のなかった範囲にまで届くこと。達する。
〈例文〉
・世界恐慌（きょうこう）によるアメリカの不景気の影響は世界各国に及んだ。

05 そもそも
アクセント― 1
品　　詞― 接続詞

ある事柄を改めて説き起こすときに使う言葉。だいたい。いったい。
※ 物事のもとから考える、という意味の「そも」を重ねた言葉。転（てん）じて名詞として「最初から。もともと。どだい」という意味を持つ。
〈例文〉
・君は今回の失敗を嘆いてばかりいるが、そもそも実験に失敗はつきものだ、いつか成功すればいいじゃないか。

06 画一的 [かくいつてき]
アクセント― 0
品　　詞― ナ形容詞

工夫されずに同じ形でそこにある様。個性や特徴のない様。
〈例文〉
・マニュアル通りで画一的（かくいつてき）な店員の対応には、うんざりする。

07 あらかじめ（予め）
アクセント― 0
品　　詞― 副詞

前もって。あることが起こる前にしておくこと。
〈例文〉
・故障に備えてあらかじめパソコンのデータのバックアップを取っておく。

08 乗っかる [のっかる]
アクセント― 0
品　　詞― 動詞

相手の意見や考え方、方法に同意することで、同じ結果を得ようとすること。
※「乗る」はもともと「乗り物に乗る」という意味で、「運ばれる」という意味がある。そこから、「相手の意見に乗る」ことで、「同じ行き先に運ばれる＝同じ結果になる」という意味を持つようになった。
〈例文〉
・今回の討論会では、私も君の意見に乗っかることにします。

09 くまなく
アクセント― 3 (2)
品　　詞― 副詞

隅から隅まで行き届いている様。余すところなく。
※ くまなくは漢字で「隈無く」と書く。「隈」とは「物の陰で暗くなっている部分」を意味する。暗くなっている部分がない、つまり、すべての場所に光が届いている、という状況を示すことから、このような意味を持つようになった。
〈例文〉
・街中をくまなく探したが、犯人は見つからなかった。

第4課　67

第5課

日本人が好きな
ピーター・ドラッカーの経営学を、
女子高生が読み解く

第5課　日本人が好きなピーター・ドラッカーの経営学を、女子高生が読み解く

レビュー書籍▶▶▶ 岩崎夏海（著）
『もし高校野球の女子マネージャーが
ドラッカーの『マネジメント』を読んだら』
（2009年、ダイヤモンド社）

1. 普段、ビジネス書を読むことはあるか。読む場合、読まない場合の理由をそれぞれ考えてみよう。
2. 「マネージャー」という言葉は何を表すか、自身の母語の場合と日本語の場合を考えてみよう。
3. 「日本的経営」にはどのようなものがあるか。知っていることを挙げてみよう。

200万部を超えるベストセラー

　岩崎夏海❶という放送作家が書いた『もし高校野球の女子マネージャーがドラッカーの『マネジメント』を読んだら』という小説が、200万部以上を売り上げて2010年のベストセラー書籍ランキング第1位となりました。タイトルが長いので、略して『もしドラ』と呼ばれています。
　ドラッカーというのは世界的に有名な経営学者のピーター・F・ドラッカー❷のことで、日本のビジネスパーソンに最もよく読まれている経営学者であると言ってもいいかもしれません。
　『もしドラ』は、ある公立高校の弱小野球部の女子マネージャーみなみが、ドラッカーの主著の一つである『マネジメント』を読んで組織経営に目覚める 01 というストーリーの青春小説です。普通、女子マネージャーというのは、監督やコーチの指示に従って部活動のサポートを行うに留まる 02 ことが多いのですが、みなみは野球部を「甲子園❸出場」に導くという意欲に燃えて、野球部の運営に積極的に口出し 03 をします。そして、困難な課題にぶち 04 当たると、その都度 05『マネジメント』に立ち返って 06 ドラッカーの哲学に指針を求め 07、見事に乗り越えていきます。
　『もしドラ』がベストセラーになったのは、小説としておもしろいからという理由もあるでしょうが、それにもまして[文01]、やはりドラッカーのネームバリュー 08 でビジネスパーソンの注意を引いたからではな

❶ 岩崎夏海
（いわさき・なつみ）
日本の男性放送作家、小説家。吉田正樹（よしだまさき）事務所所属。本作『もし高校野球の女子マネージャーがドラッカーの『マネジメント』を読んだら』が処女作（しょじょさく）ながらミリオンセラーとなった。本作以外の著作（ちょさく）に『エースの系譜（けいふ）』『甲子園だけが高校野球ではない』など。

❷ ピーター・F・ドラッカー
（ぴーたー・えふ・どらっかー）
オーストリアのウィーン生まれの経営学者。『マネジメント』の著者として世界的に有名。現代経営学の父とも呼ばれている。

❸ 甲子園
（こうしえん）
日本の兵庫（ひょうご）県にある屋外公式野球場。全国硬式（こうしき）高校野球大会が行われる場所であり、大会自体の通称（つうしょう）としても使われる。通例、高校の野球界において、最上位を決める大会であるため、たびたび注目を集める。地方大会から行われるが、そもそもが数百校の中から、しかもトーナメント制で代表を決めるため『甲子園』には出場することさえ、困難を極める。なお、本作では西東京地区の代表をめざす話になっているが、日本でも最難関（さいなんかん）の地区の一つであり、「無謀（むぼう）な挑戦」の代名詞と言える。

いかと思います。実際、物語としては大して[09]おもしろいわけではないし、アニメ版・映画版『もしドラ』も制作されましたが小説版ほど評判はよくありません。しかし小説版は、随所でドラッカーの『マネジメント』から格言のようなものが引用されていて、簡単なビジネス書のように読むことができるのです。

　「企業の目的と使命を定義するとき、出発点は一つしかない。顧客である。顧客によって事業は定義される」(『もし高校野球の女子マネージャーがドラッカーの『マネジメント』を読んだら』p.35)
　「企業は二つの、そして二つだけの基本的な機能を持つ。それがマーケティングとイノベーションである」(同、p.58)
　「成果とは百発百中ではない。百発百中は曲芸[10]である。(中略)人は、優れているほど多くの間違いをおかす。優れているほど新しいことを試みる[11]」(同、p.175)

こうしたドラッカーの言葉を紹介することで、ドラッカーの経営思想のエッセンスを伝える入門書のようなものとして読まれたと考えればいいでしょう。

日本の「マネージャー」

ちなみに日本で「マネージャー」という言葉が使われるのは、主に次の3つの場合だと思います。

　(1) 企業内での管理者の役職名
　(2) 学校の部活動における部員のサポート役
　(3) 芸能人の秘書・付き人役

このうち、(2)が『もしドラ』の主人公です。部活動におけるマネージャーというのは、一般的な学校では女子生徒が携わる[12]ことが多く、競技や練習に直接は参加しないけれど、記録を取ったり、部活動に必要な事務処理を行ったり、部員の身の回り[13]の世話をしたりします。

(1)の用法は近年増えているように思います。古風な[14]企業は今でも「係長」「課長」「部長」といった役職名を用いていますが、「マネージャー」「プロデューサー」「ディレクター」等のカタカナ英語を役職名に用いている企業も多数存在します。英語の「manager」は「経営者」を意味する場合もありますが、日本の企業で「マネージャー」(ビジネス界では最近は「マネージャー」ではなく「マネジャー」と表記することが多い)と言うと、30代から40代の中堅クラスの管理者、いわゆる「係長」「課長」クラスを指す場合もあると思います。また、単なる「マネージャー」ではなく、たとえば「エリアマネージャー」と言えばある地域の店舗を統括する管理者という意味だし、「プロジェクトマネージャー」と言えば特定のプロジェクトの進行管理を行う人という意味になり、使い方は企業によってさまざまです。

(3)の芸能界におけるマネージャーは、テレビなどを見ているとたまに登場することがあります。歌手やお笑い芸人などの、スケジュール管理や契約事務などを行っているようです。

ドラッカーと日本的経営

日本のビジネス界にはドラッカーのファンが非常に多く、『もしドラ』のみなみがことあるごとに[15]ドラッカーを引用して野球部の運営を助けるのと同じように、日本の経営者やビジネスパーソンも、ことあるごとにドラッカーを引用して経営論を語っています。私が就職したとき、会社の部長から新人向けの講話があったのですが、そのときに配られたレジュメ[16]にもドラッカーの引用があったのを覚えています。

日本でドラッカー人気が高いのは、彼の経営哲学が「組織」や「人」を大事にする日本企業の文化と親

第5課　71

和的であったためでしょう。また、ドラッカー自身が、日本企業に大きな関心を払って[17]きた経営学者でもあります。

　かつて[18]「日本的経営」という言葉がありました。高度成長期の日本の企業は、

　（1）終身雇用（一度入社したらクビにならない）
　（2）年功序列（能力よりも年齢に応じて一律に出世する）
　（3）企業別組合（労働組合が他企業と連帯したりせず、個々[19]の会社と一体化している）

の3つを特徴とする独特の経営文化によって、従業員の固い結束力[20]と忠誠心を引き出して、日本の生産力向上に貢献したというわけです。

　この日本的経営のスタイルは、90年代以降は「古い」として批判されることが多いのですが、少なくとも高度成長期の日本企業については、個人よりも組織を大切にし、競争よりもみんなで成長することを目標に掲げ[21]、経済全体の発展に貢献してきたと言われています。そしてドラッカーも、こうした経営スタイルについては好意的に評価していました。

企業はカネ儲けの組織ではない

　ドラッカーは企業のマネジメントの基本的な役割として、「仕事を通じて働く人たちを生かす」「自らが社会に与える影響を処理するとともに、社会の問題について貢献する」といったことを挙げています。また、「企業とは、社会的、経済的な生態システムの一員である」とも言っています。つまり企業組織というものは、カネ儲けのためだけに存在しているのではなく、そこで働く人たちの力を生かして[22]有益なものを生み出し、社会全体に貢献するという使命を帯びているということです。

　日本のすべての企業がそんな立派な組織であったとは思いませんが、日本の経営者は伝統的に、こうした考えに共感する人が多かっただろうと思います。日本ではかつて、会社というものは社員にとって「コミュニティ（共同体）」としての役割を担っているのだと言われました。サラリーマンは、単におカネを稼ぐために会社に行っているのではない。会社は、人がそこで「生活」そのものを形づくっていく共同体のような場であるということです。

　ドラッカーも『マネジメント』の中で、「人にはコミュニティが必要である。自分の知っている人、自分を知っている人がおり、他の人との関係が定着しているコミュニティが必要である」と言っており、10年ほど前に日本の雑誌のインタビューに応じた際も、「私は、日本企業の優れた特質は何かと聞かれると、企業が家族つまりコミュニティとして機能していることだと答えてきた」と語っていました。

　日本の企業は社員にとっての「コミュニティ」だから、競争よりも共生を求めるし、変化よりも安定を求めます。だから「年功序列」のように競争の少ない出世システムが定着したのだろうし、大学を出て定年[23]を迎えるまで40年近くも同じ会社に勤める「終身雇用」が普通だったのでしょう（もちろん日本企業といっても実際には多様で、いわゆる「日本的経営」のイメージは主にかつての大企業の場合のものですが）。

マネジメントはどこにでもある

　ドラッカーは主として企業経営を論じてきた学者ですが、彼が語るノウハウ[24]や哲学は企業以外の組織でも大いに有効なものです。『マネジメント』の中でも、「企業のマネジメントだけがマネジメントではない。政府機関、軍、学校、研究所、病院、労働組合、法律事務所、会計事務所、諸々の団体等、いずれも組織である。そして、いずれもマネジメントを必要とする」と例を挙げています。

さらに、こうした大きな組織以外の場でも、マネジメントは必要でしょう。『もしドラ』の主人公みなみも、高校野球部という小さな組織の運営に、ドラッカーの経営哲学を役立てているわけです。人間のなすことはたいていの場合「組織」を伴っており、組織があるところには必ずマネジメントが必要とされます。たとえば、この日本語教科書を制作しているチームも一つの組織であってマネジメントを必要としているし、家族にだってなんらかのマネジメントは存在するだろうし、友だちとパーティを開くのにも上手なマネジメントが必要でしょう。

　マネジメントはどこにでも存在するのであり、そうであれ**ばこそ**[文02]、ドラッカーの経営論はどんな場面でも役立てることができるということです。特に、彼の「人を生かす」ことを重視する姿勢は、**あらゆる**[25]場面で**顧みられる**[26]べきではないでしょうか。ドラッカーは、「組織の目的は、凡人をして非凡なことを行わせることにある」と言いました。一人ひとりの人間では到底**なし得ない**[27]ことも、人が集まって組織を作ることで可能となる。そのとき、人は「生かされている」わけで、人を生かすためのノウハウが「マネジメント」です。

　人を生かすことが大事なのだから、ドラッカーは「強みよりも弱みに目を向ける者をマネジャーに任命してはならない」と言います。人には弱みが必ずあるものですが、弱みを見るのではなくその人の強みを見て、どのように生かすかを考えなければならない。『マネジメント』以外の著作でも、たとえば「人に成果をあげさせるには、『自分とうまくいっているか』を考えてはならない。『いかなる貢献ができるか』を問わなければならない」（『経営者の条件』上田惇生訳）とドラッカーは言っています。組織の目的に貢献できる人材であれば、多少問題を抱えていて上司を困らせたりしていても、目を**つぶらなければ**[28]ならないということです。

　ごく平凡なことのように思えますが、平凡だからこそ繰り返し強調されなければならないし、それこそが組織の成功への近道でもあるのでしょう。

(文＝川端祐一郎)

本文語彙 | **本文文法**

---

01 目覚める [めざめる]
アクセント― 3
品　　詞― 動詞

気がつかなかったものに気がつく。あるいは眠っていた能力を発揮し始めること。
〈例文〉
・彼は学問の魅力に目覚めた。

---

02 留まる [とどまる]
アクセント― 3
品　　詞― 動詞

ある場所に止まっていること、または、ある範囲から出ないこと。
〈例文〉
・日本の製造業は、国内に留まらず積極的に海外に進出している。

---

03 口出し [くちだし]
アクセント― 0
品　　詞― 名詞

口を出すこと。本来であれば意見する立場にないのに意見すること。
〈例文〉
・余計な口出しはしないでくれ。

---

04 ぶち
アクセント― ―
品　　詞― 接頭語

動詞につくことで、程度を強めたり勢いをつける語。
※「ぶっ」「ぶん」などはこれの発音が変化したもの。
※程度を強くする言葉であるが、通例（つうれい）では乱暴な意味で使われるので、あまり正式な場所で「ぶち」を使用することは好まれない。
〈例文〉
・結婚式のスピーチの最中に不謹慎（ふきんしん）な発言があり、せっかくのお祝いの席がぶち壊しになった。

---

05 都度 [つど]
アクセント― 1
品　　詞― 名詞

そのたびに。毎回。
〈例文〉
・失敗はその都度直せばいい。

---

06 立ち返る [たちかえる]
アクセント― 3 (0)
品　　詞― 動詞

ある位置に戻ること。基本にしていることを思い出して、そこから始めること。
〈例文〉
・うまくいかないときは、まずは一度初心に立ち返ってみることだ。

---

07 指針を求める [ししんをもとめる]
アクセント― ―
品　　詞― 慣用表現

進むべき方向を見いだそうとすること。「指針」は「物事の進む方向を示す」、「求める」は「～がほしいと探す」という意味を持つ。
※「指針」とは、もともとはコンパスの針のこと。そこから「物事の進む方向を示す」という意味になった。
〈例文〉
・彼は父の言葉に自らの指針を求めた。

---

08 ネームバリュー
アクセント― 4 (バ)
品　　詞― 名詞

直訳では「名前の価値」。著名人の名前が持つ社会的な影響力。
※和製英語であり、本来の英語ではない。企業などの場合は同じ意味で「ブランド」と言う場合もある。
〈例文〉
・アメリカ大リーグのチームは、ネームバリューの高い日本人選手を積極的に採用することで、日本のファンも獲得しようとしている。

---

09 大して [たいして]
アクセント― 1
品　　詞― 副詞

通例、「大して～ない」の形で、「それほど～ではない」の意味で使う。
〈例文〉
・有名なわりには、この店の料理は大しておいしくない。

---

10 曲芸 [きょくげい]
アクセント― 0
品　　詞― 名詞

普通の人にはできない、危険もしくは難しい芸当（げいとう）。
〈例文〉
・彼の記憶力のよさは曲芸の域（いき）に達している。

---

11 試みる [こころみる]
アクセント― 4
品　　詞― 動詞

実験的に何かをしてみること。（結果がわからないことを）実際にやってみること。
〈例文〉
・彼は社内に新たな情報共有システムの導入を試みた。

---

12 携わる [たずさわる]
アクセント― 4
品　　詞― 動詞

(仕事などに) 関わること。参加する。
〈例文〉
・彼は医療関係の仕事に携わっています。

13 身の回り [みのまわり]
アクセント― 0
品　　詞― 名詞

日常で生活する中で必要な物事。その周辺。
〈例文〉
・彼は身の回りのことがうまくできない。

14 古風 [こふう]
アクセント― 1
品　　詞― ナ形容詞

昔のまま変わらないでいる様子。古めかしい様子。
〈例文〉
・彼は古風な物言いをする。

15 ことあるごとに（事ある毎に）
アクセント― ―
品　　詞― 慣用表現

関連する何かが起こるたびに。折に触れては。
※ 本文中では「ドラッカーのマネジメントを引用する機会があるたびに」という意味になる。
〈例文〉
・彼はことあるごとに昔の話ばかりをする。

16 レジュメ
アクセント― 0
品　　詞― 名詞

論文、講演、会議の要点を短くまとめたもの。
〈例文〉
・会議のレジュメを作成する。

17 払う [はらう]
アクセント― 2
品　　詞― 動詞

気持ちをあることに向けること。
※ 本文では「関心＝興味」、「関心を払う」＝「興味を持つ」。
〈例文〉
・私は彼の努力に尊敬の意を払う。

18 かつて（嘗て）
アクセント― 1
品　　詞― 副詞

以前。昔は。過去ある時点では。
〈例文〉
・かつてここには大きな杉の木があった。

19 個々 [ここ]
アクセント― 1
品　　詞― 名詞

多くあるもの中での一つ一つ。おのおの。それぞれ。
〈例文〉
・多感な時期の中学生の教育現場では、個々の考えの違いを認めることが大切です。

20 結束力 [けっそくりょく]
アクセント― 3
品　　詞― 名詞

団結する力。ある目的のためにまとまる力。
※《接尾語「～力」で「～できる力」という意味を持つ。
〈例文〉
・難題（なんだい）を高い結束力で解決する。

21 掲げる [かかげる]
アクセント― 0
品　　詞― 動詞

人に見えるように高い所に上げること。方針をわかるように明確にすること。
〈例文〉
・日本は資本主義を掲げている。

22 生かす [いかす]
アクセント― 2
品　　詞― 動詞

人や物などを有効に使うこと。活用する。
※「活かす」とも書く。
〈例文〉
・地元の食材を生かした料理。

23 定年 [ていねん]
アクセント― 0
品　　詞― 名詞

法律や契約上の規則により、一定の年齢で退職すること。
〈例文〉
・今年、私は定年で退職する。

24 ノウハウ
アクセント― 1
品　　詞― 名詞

物事のやり方。特に、専門的な技術のことを指すことが多い。
※ 英語の「know」と「how」に由来する和製英語。
〈例文〉
・起業をめざしているとしても、企業に就職して仕事のノウハウを学ぶことは重要です。

25 あらゆる
アクセント― 3
品　　詞― 連体詞

当てはまるものすべての。
〈例文〉
・彼女はあらゆる形態の女性差別撤廃（てっぱい）をめざして活動しています。

26 顧みる [かえりみる]
アクセント― 4
品　　詞― 動詞

気にかけること。また、過去を思い出して考えること。
※ 原義（げんぎ）は「返り見る」、振り向いて後ろを見ることを指す。
〈例文〉
・現状を顧みないで行動を起こしても失敗するだけだ。

第5課　75

27 ⭐ なし得ない
（成し得ない・為し得ない）
［なしえない］
アクセント― ―
品　　詞― 慣用表現

〜することができない。
※「成す」+「得ない」。「成す」は「〜する」の意味。「得ない」は接尾語「得る」の否定の形。「得る」は「〜できる」の意味。「得ない」は「〜できない」の意味。
〈例文〉
・彼の存在なくしてはこの計画の成功はなし得ない。

28 つぶる（瞑る）
アクセント― 0
品　　詞― 動詞

目を閉じること。(何かを) 見ないようにして見逃すこと。
※ 言葉の性格上、ほとんどは「目」もしくは「眼」を主語とする。なお、「目を光らす」にすると「見逃さないようにする」の意味になる。
〈例文〉
・小さな失敗には目をつぶることも必要だ。

本文語彙 | **本文文法**

01 〜に(も)まして

〈接続〉
［名詞］にもまして

〈意味〉
「よりももっと」という比較の意味を表す。

〈注意点〉
「前」や「何」、「いつ」など、抽象的な語と用いられることが多い。

〈例文〉
- 太郎は食いしん坊だ。だが、次郎は太郎にもましてよく食べる。
- 以前にもまして自動車の排気（はいき）ガスによる汚染がひどくなった。

02 〜ばこそ

〈言い換え〉
〜からこそ

〈接続〉
［名詞 / ナ形］であればこそ
［イ形（ーければ）］こそ
［動詞（ーば）］こそ

〈意味〉
理由を強調する言い方。

〈注意点〉
「〜からこそ」に比べて硬い表現であり、書き言葉的である。「〜からこそ」がプラス・マイナスの区別なく用いることができるのに対して、「〜ばこそ」は、その理由がプラスに働く場合にしか用いることができない。

〈例文〉
- このような偉業（いぎょう）を達成できたのも、周囲のあたたかいサポートがあればこそだ。
- 健康な体があればこそ、仕事や恋愛といった、生きる楽しみを味わえるのだ。

言語知識に関する設問

1. 本文での読み方に注意しながら、次の日本語を音読しなさい。

   ❶ 随所　　❷ 中堅　　❸ 顧みる　　❹ 地域　　❺ 統括
   ❻ 店舗　　❼ 曲芸　　❽ 百発百中　❾ 運営　　❿ 忠誠心

2. 下線部に入れる語として最も適当なものをa～dの中から選びなさい。

   ❶ 来年の春から東京本社へ異動することが決まり、単身赴任することになった父は、自分の＿＿＿の世話をしてくれる人がいなくなってしまうことをとても不安に思っているらしい。
   　　a. 身の辺り　　b. 身の回り　　c. 身の巡り　　d. 身の通り

   ❷ 今回の試練を乗り越えられたら、これから起こる＿＿＿困難に立ち向かえるだろう。
   　　a. ありうる　　b. あやふや　　c. あわよく　　d. あらゆる

   ❸ 今テレビで「経営の神様」と呼ばれている人が自分の今まで行ってきた企業経営の＿＿＿について語っている。
   　　a. ノウハウ　　b. ノスタルジー　　c. ノルウェイ　　d. ノイズ

3. 次の言葉を用いて、文を作りなさい。

   ❶ 関心を払う　（　　　　　　　　　　　　　　　　　　　　　　　　　　　　　）
   ❷ ～に目覚める　（　　　　　　　　　　　　　　　　　　　　　　　　　　　　）

内容理解

1. 『もしドラ』の内容として、正しいものをa～dの中から選びなさい。

   a. 野球部のマネージャーがドラッカーの著書から組織経営を学び、チームを甲子園出場に導くという物語が記されたもの。
   b. 世界的に有名な経営学者のドラッカーが、高校野球部のマネージャーの活動を分析することで、終身雇用や年功序列、企業別組合といった日本的経営の特徴を明らかにしたもの。
   c. 高校野球部のマネージャーがドラッカーの経営思想のエッセンスを伝えるために著したもの。
   d. 世界的に有名な経営学者のドラッカーが、マネジメントの基本的な役割について、働く人たちの力を活かして有益なものを生み出し、社会全体に貢献するという使命があると指摘したもの。

2. 筆者は『もしドラ』がベストセラーになった理由をどのように考えているか。また、読者たちは『もしドラ』をどのような書籍と認識したか、簡潔に述べなさい。

3. 日本の高度成長期の日本企業について、ドラッカーが前向きに評価している点があったが、それはどのような点についてであるか。答えなさい。

4. ドラッカーが考える企業の役割・あり方として、正しいものには○を、正しくないものには×を記しなさい。

　❶ 組織の目的に貢献できる人材であっても、多少でも問題を抱えている場合はリスクがあるため採用してはならない。
　　（　　）

　❷ 企業とは、それを通じて働く人たちを生かして有益なものを生み出すためにあるもので、利益追求のみを行えばよいわけではない。
　　（　　）

　❸ 企業は社員のコミュニティとなるべきであり、そこには、共生や安定が求められる。
　　（　　）

　❹ 終身雇用、年功序列、企業別組合は企業が業績を上げるために唯一有効な手段である。
　　（　　）

5. 筆者は、ドラッカーが語るノウハウや哲学を、また、「マネジメント」そのものを、どのようなものであると考えているか、答えなさい。

発展活動

1. 高度成長期の日本企業が、終身雇用や年功序列賃金制、企業別組合といった独自の経営文化で従業員の結束力と忠誠心を引き出して日本の生産力向上に貢献したことが本文で言及されているが、それらの経営文化は現在どのような状況になっているか。終身雇用、年功序列賃金制、企業別組合のうちから一つを選び、現在の状況と対策について調べ、述べなさい。

2. 自分の身の回りの事例にドラッカーの考え方を応用できるものはあるか、考えてみよう。

3. ドラッカーのノウハウや哲学について、また、「マネジメント」そのものについて、賛同するか。自身の国や地域の事例を挙げながら、その是非を考え、発表しなさい。

コラム 日本のサラリーマンとビジネス書

日本のビジネス書

　日本に限らずどこの国でも同じだと思いますが、「ビジネス書」というのは書籍の中でも需要の大きなカテゴリーで、書店や出版社における重要な収益源となっています。「デキるビジネスパーソンになるための習慣」のように自己啓発のための精神論を謳った書籍もあれば、「決算書の読み方」「マーケティング」「ビジネス英会話」のように特定分野の専門知識を学ぶための書籍もあります。あるいは、著名な経営者の自伝や、有名企業の経営を紹介するような本も人気があります。

　私も就職したばかりの頃、上司や先輩からの命令で、何冊かのビジネス書を読まされました。「ロジカルシンキング」のように、ものの考え方を整理するための技法を紹介したものや、「マーケティング」に関する教科書のようなものを読んだ記憶があります。

　私の周りの若いビジネスパーソンを見ているとそれなりにビジネス書を読んでいるので、ビジネスパーソンとは一般的にそういうものなのかと思いきや[文01]、日立ソリューションズ❶が2009年に行った調査では、20代のビジネスパーソンの8割は過去1年間に読んだビジネス書が「0冊」だと回答していましたので、実際にはあまり読書をしていないのかもしれません。リクルートエージェント❷が同じ2009年に行った調査でも、20代と30代のビジネスパーソンが過去1年間に読んだビジネス書の平均冊数は3.1冊なので非常に少ないと言えます。もっとも、3冊程度でも読んでいるだけましだ[文02]とも言えますし、職種や年収によって冊数は異なります。企画職で、年収が高い人ほどたくさんのビジネス書を読んでいるという傾向があるようです（当然といえば当然です）。

　さて、私は実はビジネス書というのがあまり好きではなく、どうせ本を読むなら文学あるいは哲学や歴史を扱った本を読んでいるほうが幸せです。しかし、それでもビジネス書を読んで「役に立ったなあ」と思わざるを得ない場面はたくさんありました。特に、物事を企画するときのものの考え方、整理のし方、他人の説得のし方などのノウハウについては、人気のあるビジネス書を参考にするのが有益で、すぐに役に立ちます。文学などに比べて好きではなかったとしても、仕事をする上では読むにこしたことはない[文03]と思います。

　一方、ドラッカーのように高名な学者が書いた、古典的な経営思想書に書かれていることというのは、具体的なノウハウというよりも「考え方」を整理したものですから、「読み終えるが早いか[文04]、即座に[01]実践してみたら効果が出た」などということはあり得ないでしょう。それらは、日々の実践に直接影響を与えるというよりは、我々が経営やマネジメントというものについて落ち着いて「考える」ときにこそ役に立つのではないでしょうか。ドラッカーは『マネジメント』の中で、とにかく経営の「基本と原則」が大事なのだと強調しているのですが、基本や原則というものはまさに、個別の問題の解決方法ではなく、マネジメントに携わる者の姿勢や考え方をめぐる[02]ものです。

厳しい時代

　さて、日本のビジネスパーソンがあまり「ビジネス書」を読まないとしても、雑誌や新聞ならば、それなりの頻度で読んでいるはずです。そして、ドラッカーの名前は日本の雑誌でもよく目にしますし、ドラッカー自身が日本の雑誌のインタビューに応えたりもしています。彼は非常に長生きして（2005年に95

---

❶ **日立ソリューションズ**
（ひたちそりゅーしょんず）
日本の日立グループに所属。日立システムアンドサービスと日立ソフトウェアエンジニアリングが合併して設立された。

❷ **リクルートエージェント**
（りくるーとえーじぇんと）
日本のリクルートグループの人材紹介会社。人材紹介会社としては日本で最大手。会社の性格上、本文のように経済における独自調査も行う。

歳で死去)、2000 年代に入っても積極的に発言していましたが、晩年の雑誌インタビューを読むと現代のアクチュアルな [03] 問題についての彼の考えを知ることができて参考になります。

　もともとドラッカーの経営哲学は、コミュニティとしての組織を大事にするもので、日本的経営とも親和的であるとされています。しかし、彼の主要な著作は、『マネジメント』も含め、60 年代から 70 年代頃に書かれたものが多い点に注意が必要です。90 年代以降の発言を読むと、彼は古い日本的経営のスタイルを賛美し続けたわけでもないし、高度成長期の日本の経営スタイルは現代のマーケットには通用しないとも言っています。また、グローバルな競争への対応等、日本の現代的な課題についても指摘しています。さらに彼は、そもそもいわゆる「日本的経営」が日本の経済発展を可能にしたわけですら [04] ないと言っています。若者が多く労働力が豊富で、国際的に見て賃金 [05] 水準も低かったことが有利に働いて、日本の高度成長が可能になったというのがドラッカーの評価です。

　2001 年の雑誌インタビューでドラッカーは、「知識社会の到来とグローバル経済の進展のさなか [06] にあって[文05]、終身雇用や忠誠心はこれまでのかたちでは維持できない」と語っています(「3 時間徹底対談　ドラッカー vs 出井伸之　勝ち残る経営者の条件」『週刊ダイヤモンド』2001 年 3 月 3 日号, pp.31-35)。つまり、昔のように企業を「コミュニティ」として扱い、競争よりも共生を大事にする日本的経営のスタイルでは、今後は勝ち抜いていけないだろうということです。

　彼は、「いかに市場がローカルであっても、グローバルな競争力を身につけなければならない」「いかに市場が守られていたとしても、企業そのもの、製品、サービスがグローバルな競争力をつけなければ悲惨なことになるのは明白だ」と言っているのですが、グローバルな競争を勝ち抜くために日本企業が乗り越えなければならない課題は少なくありません。日本では未だに製造業の比率が高く、もっとサービス産業の比率を高めなければならないこと、また、少子高齢化や財政赤字といった課題が日本経済の足を引っ張るだろうと言うことを彼は指摘しています。

　ドラッカーの言う通り、日本経済には課題が多く、長い不況が続いていますし、アジアや欧米の企業との競争になかなか勝てずにいる会社も多くあります。ビジネス書というものが役に立つかどうかはわかりませんが、日本のビジネスパーソンも今後は勝ち抜くためにいろいろなことを勉強して、視野を広げる必要があるのでしょう。もはや [07]、会社で一生懸命働けばなんとかなるという時代ではないのです。

(文＝川端祐一郎)

コラム語彙 コラム文法

01 即座 [そくざ]
アクセント ― 1
品　　詞 ― 名詞

（通例（つうれい）、「即座に」の形で）その場で～する。ただちに。すぐに。
〈例文〉
・彼は問題を即座に解決した。

02 めぐる（巡る）
アクセント ― 0
品　　詞 ― 動詞

〔事柄や人物〕に関連する／関する。
〈例文〉
・このドラマは日本のとある武士の一生をめぐる物語である。

03 アクチュアル
アクセント ― 1
品　　詞 ― ナ形容詞

時事（じじ）的な。現実的な。
〈例文〉
・政治に関してのアクチュアルなテーマについて議論する。

04 すら
アクセント ― ―
品　　詞 ― 副助詞

あまり関係のないところにまで及んでいる様。逆説（ぎゃくせつ）的に、そのくらいにまでに程度が強いと強調するための語として使用する。～でさえも。
〈例文〉
・空は青く、りんごは赤いなどということは子どもですら知っていることだ。

05 賃金 [ちんぎん]
アクセント ― 1
品　　詞 ― 名詞

労働に対して労働者が受け取る報酬。給料。
※ ほとんどの場合は通貨だが、現物（げんぶつ）で受け取る場合も賃金という。
〈例文〉
・時給とは 1 時間あたりの賃金のことだ。

06 さなか（最中）
アクセント ― 1
品　　詞 ― 名詞

まさに～しているとき。～がもっとも盛んなとき。真っ最中。
〈例文〉
・観光旅行のさなかに病気になってしまった。

07 もはや（最早）
アクセント ― 1
品　　詞 ― 副詞

どうにかできるタイミングは過ぎている状態。すでに。今となっては。
〈例文〉
・彼にはもはや昔のような権力はない。
・問題はどんどん大きくなり、もはや私たちで解決できる規模ではなくなっていた。

コラム語彙 / コラム文法

01 〜と思いきや

〈言い換え〉
〜と思えば

〈接続〉
［節］と思いきや

〈意味〉
結果が意外に予想に反したことを示す。

〈注意点〉
やや古い文語的表現。「〜かと思いきや」と「か」を伴って表現することもある。

〈例文〉
- チャンピオンが勝つのかと思いきや、まさかの失格になってしまった。
- 今日は予報どおりに晴れになるかと思いきや、雨が降り出してきた。
- 彼は考え込んで目を閉じているのかと思いきや、眠っているだけだった。

02 〜だけましだ

〈言い換え〉
〜からまだいい

〈接続〉
［ナ形（ーな）/ イ形 / 動詞］だけましだ

〈意味〉
現在も状況的に望ましくはないが、さらに悪い状況を想定（そうてい）して、それに比べればよいという意味を表す。

〈注意点〉
通例（つうれい）、望ましくない状況を表す文や節を前に受けて用いられるが、前提として認識されている状況下では省略される場合も多い。

〈例文〉
- 不況の世の中では、仕事があるだけましだ。
- 今年の冬は寒いが、大雪が降っていないだけましだ。

03 〜にこしたことはない

〈言い換え〉
〜ほうがいい

〈接続〉
［名詞 / ナ形］（である）にこしたことはない
［イ形（ーい）/ 動詞（ーる）］にこしたことはない

〈意味〉
条件を仮定する中で「（必ずしもそうでなくてはいけないということはないが）状況は〜のほうが勝っている」という意味を表す。

〈注意点〉
通例（つうれい）、一般的によい状況であると認められるのが、当たり前である物事や事柄に用いられる。また、仮定した条件は省略して用いられることも多い。（例：「人生の選択肢は多いにこしたことはない。」→「人生の選択肢は（もし増やせるのであれば）多いにこしたことはない。」）

〈例文〉
- 同じ内容の仕事をするなら、給料が高い会社でするにこしたことはない。
- もし休める時間があるなら、休むにこしたことはない。
- 十分にこなせるなら、両方やるにこしたことはない。

04 〜が早いか

〈言い換え〉
〜とほぼ同時に / 〜や（否や）/ 〜するとすぐに

〈接続〉
［動詞（ーる）］が早いか

〈意味〉
「A が早いか B」で、「A が起こってからほぼ同時に（直後に）B が起こる」という意味を表す。

〈注意点〉
一般に、前件と後件の主語が同じになる。

〈例文〉
- 彼はその話を聞くが早いか猛然（もうぜん）と怒り出してしまった。
- チーターは獲物を見つけるが早いかものすごいスピードで襲いかかった。

05 〜にあって

〈接続〉
　[名詞] にあって

〈意味〉
　「A にあって B」の形で、「A のような状況や状態にいるなかで、B をする」あるいは「A のような状況や状態にいるにもかかわらず、B をする」という意味を表す。

〈注意点〉
　意味の違いは A と B の関係によって決まる。B が A にふさわしい行動でない場合にのみ、「A のような状況や状態にいるにもかかわらず、B をする」という意味を持つことに注意。

〈例文〉
- 知らない土地にあって、家族を養うのは大変だ。
- 彼は、社長という立場にあって、常に社員のことを気にかけている。
- 警察官という職にあって、窃盗（せっとう）を行うとは許せない。
- 祖母は 100 歳にあって、まだまだ元気に農業を営んでいる。

ユニット4
日本人と文学

第6課
「『心を支配するもの』と向き合う村上春樹」では、村上春樹の小説『1Q84』を取り上げ、「人の心をシステマティックに支配するイデオロギー等にいかに抵抗し、主体性を持ち続けるか」という、村上が近年重要視しているテーマについて考えます。

第7課
「自分を変えたいビジネスパーソンに送るメッセージ」では、小説でありながらビジネス書として広く読まれた水野敬也の『夢をかなえるゾウ』を取り上げ、現状に満足しないサラリーマンが、自分のめざすべき姿へと「変わる」ために必要なものは何なのかを考えます。

第8課
「孤独な都会の若者への励ましの小説」では、2004年に芥川賞を同時に受賞した金原ひとみの『蛇にピアス』と綿矢りさの『蹴りたい背中』を取り上げ、憂鬱な少女を主人公とする暗い小説が現代文学に台頭してきた背景を探ります。

第6課

「心を支配するもの」と向き合う
村上春樹(むらかみ はるき)

第6課 「心を支配するもの」と向き合う
村上春樹(むらかみはるき)

レビュー書籍▶▶▶ 村上春樹(むらかみはるき)（著）
『1Q84』〈シリーズ〉
(2009-2010年、新潮社(しんちょうしゃ))

思考のストレッチ
1. 「村上春樹(むらかみはるき)」について、知っていることを挙げてみよう。
2. 村上春樹作品を読んだことがあるか。読んだことのある人は作品名と内容を簡単に説明してみよう。また、読んだことのない人は、これから読みたい作品について挙げてみよう。
3. 1995年に日本で起きた「地下鉄サリン事件」はどのような事件だったか、調べてみよう。

カルト宗教❶をめぐる冒険の舞台──「1Q84年」の東京

　今や日本を代表する作家となった村上春樹(むらかみはるき)が2009年、5年ぶりに出版した作品が『1Q84』（BOOK1、BOOK2）である。発表されるや否や[文01]予約が殺到し[01]、発売日の時点で発行部数は異例の68万部に達した。その後200万部を突破し、2009年のベストセラー・ランキングで断トツ❷の第1位となった。2010年には3冊目の『1Q84　BOOK3』が発売され、シリーズ総計(そうけい)で300万部を超えたと報道された。

　舞台は1984年の東京。物語には主人公として、29歳の男女が交互に登場する。女性主人公の青豆(あおまめ)は、スポーツ・インストラクター❸を生業[02]としながら、ある老婦人の依頼を受けて、家庭内暴力で女性を苦しめる男たちを次々と始末する[03]殺し屋❹である。青豆は彼女にしかできない特殊な方法で、男たちをあの世❺へと静かに送り込む。男性主人公の天吾(てんご)は、予備校❻で数学の教師をしながら作家を志し、時折[04]雑誌に短編を寄せているアマチュア[05]の物書(ものか)きである。

---

❶ カルト宗教（かるとしゅうきょう）
カルト（英語：Cult）とは儀式や祭祀（さいし）などの宗教的活動を意味する。ラテン語で崇拝や礼拝（れいはい）を意味する「Cultus」を語源とし、元来は悪い意味を持っている言葉ではない。1990年代にアメリカで、反社会的な宗教団体を指す言葉として使われるようになり、後に日本に広まった。2012年現在の日本では、「反社会的な宗教団体」を総称（そうしょう）する言葉として使用されている。しかし、明確な基準はないため、自らに不都合な宗教団体を指して「カルト」呼び、マイナスのイメージをつけようとする傾向もある。

❷ 断トツ（だんとつ）
「断然トップ」の略で俗語（ぞくご）。「ずばぬけて」「とびぬけて」などの意味で使用される。2位以下を大きく離して1位にいる状態を表す。

❸ スポーツ・インストラクター（すぽーつ・いんすとらくたー）
「sports instructor」。「運動に関する技術指導をする人」を意味する和製英語。一般には、スポーツジム（有料の軽運動用練習施設）などで、参加者に効果的な運動のし方を教える人のことを指す。

❹ 殺し屋（ころしや）
金銭などを受け取って、指定された相手を殺すことを職業にしている人たちのこと。日本の物語において、たびたび登場し、英雄的に書かれることもあるが、一方で悪役として描かれることも多い。

❺ あの世（あのよ）
死後の世界のこと。

❻ 予備校（よびこう）
大学などの受験希望者に、入学試験のための教育をする学校。

天吾とふかえり

　天吾には、編集者として出版社に勤める小松という知人がいて、あるとき小松から、新人文学賞に応募された小説作品の"書き直し"を依頼される。その小説は「ふかえり」という名の17歳の少女が応募してきたもので、文章が稚拙で読みづらく、すんなりと[06]は理解できない不可思議な物語だった。しかしその『空気さなぎ[7]』と銘打たれた[07]作品は異様な魅力を放っていて、文章表現に手を入れていくらか読みやすくしてやれば、必ず新人賞を獲得し、大ベストセラーになるに違いないと思わせる物語であった。そして小松は、天吾にはそれを遂行するだけの技量が備わって[08]いると確信し、天吾に頼み込んだのだった。

　面倒なことになると直感しながらも[文02]、その作品の魅力を認めないわけにはいかなかった天吾は、最終的に書き直しを引き受けることになるが、作者のふかえりに意向確認を兼ねて対面したとき、彼は自分が「普通ではない世界」に関わり始めていることを知る。

　ふかえりは、「さきがけ[8]」という名のカルト宗教団体のコミューン[9]で生まれ育った。このコミューンというのは、山梨県の山村で、社会との関わりを断って閉鎖的な自給自足生活を送る共同体である。しかし、ふかえりはあるとき命がけ[09]で脱走して[10]、「戎野先生」と呼ばれる男性に保護された。そして、小説『空気さなぎ』は、彼女が経験した、コミューンの中での出来事を物語化したものだったのである。

青豆とさきがけ

　一方、青豆も、殺し屋稼業[11]の一環で「さきがけ」に関わりを持つことになる。青豆に暗殺を依頼している老婦人は大金持ちで、個人的な正義感から、家庭内暴力の被害にあった女性を保護し、加害者への報復を行っており、この報復は殺害等の違法行為に及ぶことも珍しくない。老婦人は、さきがけのコミューン内でレイプ被害にあって脱走した1人の少女を保護していて、その加害者であるさきがけの教祖を許すことは絶対にできないと言う。

　さきがけは、過激な学生運動で世間を騒がせた革命組織から分裂して生まれた、極めて偏狭な宗教集団で、場合によっては武器を持っているかもしれなかった。しかし、危険を承知の上で、老婦人は青豆にさきがけの教祖の殺害を依頼したのだった。

　その殺害依頼を受ける数週間前に、たまたま青豆は、さきがけの前身組織である、学生運動組織の話を聞かされていた。老婦人の用心棒[10]を務めている男が、その組織が1982年（つまり物語の2年前）に起こした、警察との激しい銃撃戦の話を語っていたのである。銃撃戦と言われても覚えがなかった青豆は、図書館を訪れて新聞のバックナンバーを読み返し、それが世間を震撼させる大事件だったことを知る。

　しかし、青豆はそんな大事件を知らずに過ごすような世間知らず[11]ではなく、むしろ世の中の重要な出来事は一通りチェックしているつもりだった。どうもおかしい、本当にそんな事件があったのだろうか、と青豆は不思議に思い始める。

　そこで彼女は、一つの仮説を打ち立てた。それは、「どこかの時点で私の知っている世界は消滅し、あるいは退場し、別の世界がそれにとって代わった[12]のだ。」「1Q84年——私はこの新しい世界をそう呼ぶこ

---

❼ さなぎ
（さなぎ）
蛹虫（ようちゅう）のこと。昆虫が幼虫（ようちゅう）期から成虫（せいちゅう）期に移行する間に位置する発育段階。

❽ さきがけ
（さきがけ）
本文中では宗教団体の名称とて使用されている。本来は「何かの出来事などで先頭になること」を意味する。

❾ コミューン
（こみゅーん）
フランス語の「commune」が語源。もとは「地方行政の最小区画」を意味する。現在では「小規模の共同社会」という意を持つようになっていて、本文では「宗教の信者が、村程度の規模で共同生活を行っている場所」という意味で使われている。

❿ 用心棒
（ようじんぼう）
金銭で雇われて、依頼者の身辺（しんぺん）の警護をする人のこと。

⓫ 世間知らず
（せけんしらず）
経験が浅い人物のこと。または、世間の事情をよく知らないこと。

⓬ とって代わる
（とってかわる）
人や物などが何か別の人や物に入れ代わること。

とにしよう。」「私の知っている 1984 年はもうどこにも存在しない。」というものだった。
　そして青豆は、自分のいる世界を「理由もきっかけもわからないが、とにかく世界は何かの拍子[12]に変化してしまった。以前の世界と一見似ているけれど、これまで当たり前であったことが当たり前でなく、思いもよらない⓭ことが起きる新しい世界。」と認識する。
　こうして、宗教団体「さきがけ」をめぐる天吾と青豆の冒険に似た大騒動、「1Q84 年」の東京を舞台にした不思議な物語が幕を開ける⓮のだった。

心を支配するもの

　『1Q84』に登場する宗教団体「さきがけ」が、1995 年に東京で「地下鉄サリン事件」を起こしたオウム真理教⓯をモデルに描かれていることは明らかで、著者の村上自身もインタビューで、「（オウム事件が）この物語の出発点になった」（読売新聞インタビュー）と語っている。
　オウム真理教は当時、各地に独自の施設を構えて[13]多数の信者を抱え込み、日用品や食料の生産まで行って自活する[14]巨大組織だった。教祖の麻原彰晃が「ハルマゲドン⓰」と呼ばれる終末思想を説き、人類を救済するためとの理由で、共同生活を営みながらさまざまな修行を行わせたり、麻薬を使って信者に神秘体験を味わわせたりする異様な団体だった。一方でパソコンや弁当を製造・販売したり、選挙に出馬したり[15]、教祖がテレビ番組に出演したりと、外部の世界との接触も絶やして[16]はいなかった。また、高学歴で前途有望であるはずの若者が共感し、多数入信していたことでも有名である。
　オウム真理教は、新興宗教団体の一種として 80 年代からある程度知られていたが、90 年代に入って、「地下鉄サリン事件」やいくつかの殺人事件を起こすなどして、教祖をはじめとする多数の逮捕者を出し、犯罪まみれ[文03]の「危険な宗教団体」の象徴的存在となった。彼らの名が長く歴史に残るであろうことは間違いない。
　しかし、新興宗教の活動の危険性を批判することが小説『1Q84』のテーマというわけではないように思われる。この小説のテーマはおそらくもっと広いもので、「人々の心をシステマティックに支配するもの」あるいは「心をシステマティックに支配するものに、人々はいかに立ち向かい[17]得るのか」といったものだろう。
　村上はインタビューの中で、「僕が今、一番恐ろしいと思うのは特定の主義主張による『精神的な囲い込み[18]』のようなものです。多くの人は枠組み[19]が必要で、それがなくなってしまうと耐えられない」（毎日新聞インタビュー）と語っている。ここでいう枠組みとは、人々の心を支配している理念や考え方のことである。それはカルト宗教の教義だったりテロリストの原理主義だったり、政治的な意見だったり生活信条だったりさまざまである。いずれにしても、「自分の頭で物を考えるのはエネルギーが要るから、た

⓭ 思いもよらない
（おもいもよらない）
想像することや考えつくことができない。

⓮ 幕を開ける
（まくをあける）
「物事が始まること」を意味する。演劇などが始まるときに、舞台の幕が開く様子から言われるようになった。

⓯ オウム真理教
（おうむしんりきょう）
1987 年に日本で発足した新興宗教団体。1996 年には日本における宗教法人としての認可は取り消されている。地下鉄サリン事件などの反社会的活動を行ったため、2012 年現在、日本の代表的なカルト宗教の団体として知られている。

⓰ ハルマゲドン
（はるまげどん）
日本では「アブラハム宗教（ユダヤ教・キリスト教・イスラム教）における終末（しゅうまつ）思想」を意味する言葉として知られている。ただし、宗派などによって解釈は様さまざまである。本文のようにカルト宗教によって悪用される例もある。

いていの人は**出来合い**[20]の即席言語を借りて自分で考えた気になり、単純化されたぶん、どうしても原理主義に結びつきやすくなる」（読売新聞インタビュー）というのが村上の懸念で、単純な理念に心を支配されて、複雑な現実を**ありのままに**[21]見る眼を失ってしまうことは避けなければならないと述べている。また村上は、そうした懸念が、残念ながら**ありあり**[17]と現実化してしまっているのが現代の日本社会であり、世界であると指摘している。

心の隙間と原理主義

村上の現代社会観はおそらく次のようなものだ。

　アメリカとの戦争に敗れて以来、日本がひたすら「豊かな社会」をめざして経済成長を続けている間は、人々にとって「勉強する目的」や「働く理由」や「生きる意味」は**わりと**[文04]はっきりしていたし、明るい未来を思い描くことができた。「豊かになるために」という比較的健全な理念が、社会の仕組みや人々の心を方向づけていた。しかし、そうした「成長の時代」**とはうってかわって**[文05]、成長そのものが**ひと段落して**[18]しまった1990年代に、人々はビジョンを喪失してしまい、未来が明るいのか暗いのかもはっきりしなくなってきた。ビジョンを失った人々は「わかりやすい言葉」を欲するようになり、そうして生まれた心の隙間に、新興宗教や過激な政治思想など、あらゆる原理主義が入り込んでくる。

『1Q84』の中で、宗教団体「さきがけ」の信者の心を支配するものは、「リトル・ピープル」と**名付けられて**[22]いる。それは**カリスマ**[19]的な指導者や神のようなわかりやすい存在ではなく、**得体の知れない**[20]、精霊的な何かとして描かれている。

「リトル・ピープル」が何を意味するのか作品の中でも明らかにはされていないが、少なくともこうは言えるだろう。**スターリン**[21]の全体主義を批判したと言われる**ジョージ・オーウェル**[22]の小説『1984年』には、「ビッグ・ブラザー」という名の独裁者が登場し、「党」の組織を通じて人々の社会生活を厳格に管理していて、その支配は目に見えてわかりやすいものだった。言い換えれば、その支配に抵抗しようとする者にとって、敵がどこにいるのかは明らかであった。しかし現代の社会では、人々の心に生まれた「隙間」が原理主義を**呼び寄せて**[23]いるのであって、「心を支配するもの」に抵抗するためには、いくつもの回り道が必要になってしまうのであると。

そうした回り道の一つが「物語」だと、村上は言っているように思える。「物語というのは、そういう『精神的な囲い込み』に対抗するものでなくてはいけない。目に見えることじゃないから難しいけど、いい物

---

[17] ありあり
ある状態がはっきりとわかるくらいになっていること。

[18] ひと段落する（ひとだんらくする）
ひとくぎり。本来、「一段落」は「いちだんらく」と読むが、現在は、話し言葉を中心に「ひとだんらく」が使われることも多い。

[19] カリスマ（かりすま）
ドイツ語の「charisma」を語源とする。預言者や英雄などに見られる超自然的人間を超越（ちょうえつ）した力のことを意味する。現在の日本では本来の意味が薄れた形で、「人気がある」や「憧れである」といった意味で使用されることもある。

[20] 得体の知れない（えたいのしれない）
得体とは「（あるものの）本当の姿や性質。素性」という意味がある。「得体の知れない」は正体不明と基本的には同じ意味ではあるが、より曖昧な存在も対象として含んでいる。本文のようにオカルト的（心霊（しんれい）的とも言える）な要素を含んでいる場合もある。

[21] スターリン（すたーりん）
ヨシフ・スターリン（本姓はジュガシヴィリ）のこと。1879年生まれのソヴィエト連邦の政治家。1953年没。

[22] ジョージ・オーウェル（じょーじ・おーうぇる）
George Orwell。イギリスの作家でジャーナリスト。

語は人の心を深く広くする。」（毎日新聞インタビューより抜粋）
　「いい物語」を語るなり聴くなり[文06]、書くなり読むなりすることで、心を広く深くし、原理主義的な単純な物語に対する耐性を築き上げて[24]おくこと。現代に必要なのはそういう営みであるというのが、この小説に込められたメッセージなのではないだろうか。

神の発見

　『1Q84』を通じて村上は、宗教的な価値観を持つことそのものを否定しようとしたわけではないだろう。危険なのは「支配されること」であって、宗教的価値を追い求めること自体が必ずしも心を狭くするわけではない。
　BOOK1・BOOK2から少し間をあけて出版された続編の『1Q84　BOOK3』の中では、青豆が「神」を発見する場面が描かれている。青豆は幼い頃、両親がある宗教団体に加入していたために、休日には必ず、近所の家々に対する布教活動（入信の勧誘）に連れ回されて[25]いた。また、団体の教義に従って、学校での昼食の前には奇妙なお祈りの言葉を一人で唱えるなどしていたため、クラスメイトからは異様な存在として疎外されて[26]いた。その疎外に耐えかねて、青豆はあるとき両親に反抗して信仰を捨て、親戚の家に引き取られる[27]ことになり、それ以後、神の名のもとに人々の心を支配しようとする宗教というものを嫌悪しながら生きてきた。ところが、さきがけの教祖を暗殺したあとの波瀾の逃亡生活の中で、青豆はふと、自分が神を信じていることに気づくのだ。
　しかし、それは「心を支配する」ものではなかった。

　　「でもそれは彼らの神様ではない。私の神様だ。それは私が自らの人生を犠牲にし、肉を切られ、
　　皮膚を剝がれ、血を吸われ爪をはがされ、時間と希望と思い出を簒奪され、その結果身につけた
　　ものだ。」

　宗教を徹底的に否定して生きてきたのに、ふと気づいてみると、自分の心も宗教的な感情によって支えられていた。しかし、それは両親から強要された教義や価値観ではなく、懸命な人生を送る中で、どこからともなく[文07]表れてきた、そして否応もなく[28]自分が見いだした価値観だった。具体的な教義ではなく、姿もハッキリしないけれど、自分の心の奥深い場所にたしかな価値観が存在していることに気づいたのである。心を支配するものに立ち向かうことと崇高な価値観を追い求めることは、必ずしも矛盾しないし、むしろ青豆のように「私の神様」を見いだす[29]ことこそが人生の目的であるということ。それがこの小説のメッセージなのではないだろうか。

（文＝川端祐一郎）

本文 語彙 | 本文 文法

01 殺到する [さっとうする]
アクセント― 0
品　詞― 動詞

出来事や人、動物が一箇所に大量に集中すること。
〈例文〉
・人気のある仕事には応募が殺到する。

02 生業 [なりわい]
アクセント― 0 (3)
品　詞― 名詞

生活を成り立たせるためにしている仕事のこと。すぎわい。稼業（かぎょう）。
※本文の意味の他に「先祖から受け継いできた仕事」という意味合いを含むこともある。
〈例文〉
・私の父は米作りを生業としています。

03 始末する [しまつする]
アクセント― 1
品　詞― 動詞

物事を片付けること。処置。処分。
※都合が悪かったり、邪魔であると感じる人間や不要な動物などを殺したり排除したりすることを、俗（ぞく）に「始末する」という。
〈例文〉
・サラブレッドは走れなくなると始末されてしまう。

04 時折 [ときおり]
アクセント― 0
品　詞― 副詞

時間の間隔を開けて、たまに起こること。ときどき。ときたま。
〈例文〉
・この地域では、夏に時折強い風が吹く。
・彼女は時折寂しそうな顔をする。

05 アマチュア
アクセント― 0
品　詞― 名詞

職業とはしないで、趣味、もしくは余暇で行う人。素人。
※英語の「amateur」を語源としている。英語では形容詞として使用する場合もある。日本でも一般に認められた用法ではないが、形容詞として「まだ未熟であるということ、または、職業にしていない」という意味を示すこともある。
〈例文〉
・彼はオリンピックに出るために、まだアマチュアのボクシング選手のままでいます。

06 すんなり
アクセント― 3
品　詞― 副詞

物事が問題なく進むさま。
〈例文〉
・彼の意見は会議ですんなりと可決された。

07 銘打つ [めいうつ]
アクセント― 1
品　詞― 動詞

自身の作品に、特に思い入れを込めて名前を付けること。
〈例文〉
・彼は自画像（じがぞう）に「孤独の人」と銘打った。
※一方で、宣伝のためにもっともらしい名目を称することを意味する場合もある。
（例）「環境にやさしい自動車」と銘打つだけあって、排気（はいき）ガスが少ないそうだ。

08 備わる [そなわる]
アクセント― 3
品　詞― 動詞

その人の一部分として、能力などが身についているということ。
〈例文〉
・彼には周りの人を黙らせるほどの迫力（はくりょく）が備わっている。

09 命がけ [いのちがけ]
アクセント― 0
品　詞― 名詞

生死を気にしないという気持ち。決死（けっし）の覚悟で。
〈例文〉
・母親は命がけで子を産む。

10 脱走する [だっそうする]
アクセント― 0
品　詞― 動詞

閉じ込められている場所から、抜け出して逃げること。
〈例文〉
・刑務所から囚人が脱走する。

11 稼業 [かぎょう]
アクセント― 1
品　詞― 名詞

生活を成り立たせるためにしている仕事のこと。すぎわい。生業（なりわい）。
※「生業（なりわい）」に比べて、商売を意味するところが強く、単純に「職業」または「仕事」を指す場合に使う。
〈例文〉
・私の稼業は小説家です。

12 拍子 [ひょうし]
アクセント― 3
品　詞― 名詞

何かをしたとき。はずみ。とたん。
※「何かの拍子に」というのは、「何か想像していないことが起こったときに」あるいは「気がついていない何かが起こったときに」という意味を持つ慣用表現。
〈例文〉
・海を見た拍子に、海辺にある故郷のことを思い出した。

第6課

13	構える [かまえる] アクセント — 3 品詞 — 動詞	整った形につくること。こしらえる。〈例文〉・先日、友人が東京に新居（しんきょ）を構えた。
14	自活する [じかつする] アクセント — 0 品詞 — 動詞	他からの助けを受けずに、自らの力だけで生活を成り立たせること。自給自足（じきゅうじそく）。〈例文〉・大学入学を機会に、兄が親の元から離れて自活するようになった。
15	出馬する [しゅつばする] アクセント — 0 品詞 — 動詞	選挙などに立候補すること。※もとは大将（たいしょう）が馬に乗って戦場（せんじょう）に行くことを意味した。選挙を戦（いくさ）の一種に例えて本文のように使われるようになった。〈例文〉・国会議員を決める選挙に出馬する。
16	絶やす [たやす] アクセント — 2 品詞 — 動詞	何かをないままの状態にしておくこと。※通例（つうれい）、「絶やさない」など否定の形で用いる。肯定の形の場合は「何かを完全にないようにする」という意味で用いる。（例）彼の願いは世界から貧困を絶やすことだ。〈例文〉・寒い日などは暖炉（だんろ）の火を絶やさないようにしてください。
17	立ち向かう [たちむかう] アクセント — 0 (4) 品詞 — 動詞	物事に対して、逃げずに解決に取り組むこと。※通例は困難、難局（なんきょく）、難問（なんもん）など、苦しい状況を示す名詞が前に来る。〈例文〉・彼は今、難題（なんだい）に立ち向かっています。
18	囲い込み [かこいこみ] アクセント — 0 品詞 — 名詞	囲い込むこと。(人や組織などを) 自分の側に引き入れる行動。〈例文〉・政治家は、有権者（ゆうけんしゃ）の囲い込みばかりを考えて、政策を口にする。
19	枠組み [わくぐみ] アクセント — 0 (4) 品詞 — 名詞	枠を組むこと。物事のおおよその仕組み。〈例文〉・会社の発展計画の枠組みを決める。
20	出来合い [できあい] アクセント — 0 品詞 — 名詞	すでに誰かの手によって作られているもの。既成（きせい）。〈例文〉・忙しいので、出来合いの料理を買ってきて食事を済ませた。
21	ありのまま アクセント — 5 品詞 — 副詞	実際にあるそのままの姿のこと。ありてい。〈例文〉・自らの失敗を上司にありのままに報告する。
22	名付ける [なづける] アクセント — 3 品詞 — 動詞	人やペット、物などに名前を付ける。命名（めいめい）する。〈例文〉・飼い猫をトラと名付ける。
23	呼び寄せる [よびよせる] アクセント — 4 品詞 — 動詞	呼んでそばに招くこと。〈例文〉・親が子どもを呼び寄せる。・都会に住む息子が、一緒に暮らすために両親を呼び寄せた。
24	築き上げる [きずきあげる] アクセント — 5 品詞 — 動詞	努力して、何かを十分な形まで築くこと。〈例文〉・彼は一代で莫大な財産を築き上げた。
25	連れ回す [つれまわす] アクセント — 4 品詞 — 動詞	あちこちに連れていくこと。※「回す」は動詞として以外にも、接尾語として動詞の連用形に付き、「さんざん〜する」または「あちこちに〜する」という意味を加えることもある。〈例文〉・友人を連れ回して、東京を観光した。

26	疎外する [そがいする]	ある集団の中から誰かを嫌って外すこと。除(の)け者にする。
	アクセント― 0 品　　詞― 動詞	〈例文〉 ・どの時代にも社会から疎外される者は必ずいる。

27	引き取る [ひきとる]	(人や動物などを)自分の手元に引き取って世話をすること。
	アクセント― 3 品　　詞― 動詞	〈例文〉 ・彼は捨てられた犬を引き取って育てている。

28	否応 [いやおう]	承知をしないことと承知をすること。是非。諾否(だくひ)。
	アクセント― 0 (3) 品　　詞― 名詞	〈例文〉 ・生きるものは否応なく死ぬ。

29	見いだす [みいだす]	(隠れていたものを)見つけ出す。発見する。
	アクセント― 3 (0) 品　　詞― 動詞	〈例文〉 ・監督が優れた選手をチームから見いだす。 ・状況から逆転の可能性を見いだす。

第6課　95

本文語彙　本文文法

01 〜や否や

〈言い換え〉
　〜や / 〜が早いか

〈接続〉
　［動詞（ーる）］や否や

〈意味〉
　① 二つの事態が連続して起こったことを示す。
　② 二つの動作がほぼ同時に起こったことを示す。

〈注意点〉
　①「Aや否やB」で、「Aという事態・行為を受けてBという動作・行為が起こる」という意味になる。「〜や」で言い換えることができる。
　②「Aや否やB」で、「Aという動作が起こってからほぼ同時にBという動作が起こる」という意味になる。「〜が早いか」に言い換えることができる。

〈例文〉
　① 彼女は彼に会うや否や、泣き出してしまった。
　① 「母危篤（きとく）」の知らせを受けるや否や、私はタクシーに飛び乗って病院へと向かった。
　① 男はその光景を見るや否や、何も言わずにいなくなってしまった。
　② 彼はその話を聞くや否や、猛然（もうぜん）と怒り出した。

02 〜ながら（も）/ 〜ながらに

〈言い換え〉
　〜のに / 〜けれども / 〜が

〈接続〉
　［名詞 / ナ形 / イ形（ーい）/ 動詞（ーます）］ながら（も）/ ながらに

〈意味〉
　前の語を受けて、それと反する結果になったことを示す。

〈注意点〉
　「ながらに」はやや古い言い方で文語的。「ながらも」は「ながら」に比べてやや強調された表現。また、「我が子ながら、よくできた子です。」のような用法も慣用的にある。（＊「私の子どもだけれども、（私に似ないで）よくできた子です。」の意味。）

〈例文〉
　・我が子ながら、よくできた子です。
　・この俳優は新人ながらに、なかなか度胸（どきょう）がある。
　・古いながらも、しっかりとした造りの家だ。
　・受験まで一週間となった。合格を信じながらも、ときどき不安になる。

03 〜まみれ

〈言い換え〉
　〜だらけ / 〜ずくめ

〈接続〉
　［名詞］まみれ

〈意味〉
　［名詞］が全面に付いている状態を表す。「汗」「血」「ほこり」「泥」など、汚いものに使われる。

〈注意点〉
　「だらけ」は多量に存在することを表し、「まみれ」は全体に付着している状態を表す。比喩（ひゆ）的に「〜が頻発（ひんぱつ）する」または「〜を頻繁にする」といった意味で使用されることもある。

〈例文〉
　・雨の次の日は、サッカーの練習着が泥まみれになるので洗濯が大変だ。
　・こんなにほこりまみれの部屋で生活していたら、病気になってしまう。
　・炎天下（えんてんか）の中作業をしていたので、全身汗まみれだ。

04 わりと

〈言い換え〉
　結構

〈意味〉
　「予想された状況と実際にあった状況を比較すれば」という意味を表す。

〈注意点〉
　基準・標準と比較する表現。基準と違った場合に用いるので評価はプラスでもマイナスでも関係なく用いることができる。通例（つうれい）、かしこまった場面ではあまり使わない。

〈例文〉
　・この店、内装（ないそう）は古臭いけど、ケーキはわりとおいしいね。（※店の内装（ないそう）や評判などから期待される味よりもおいしかった。）

05 ～と(は)うってかわって

〈接続〉
　[名詞] と (は) うってかわって

〈意味〉
　状況や状態が以前とは別の状態に大きく変わった様子を表す。

〈注意点〉
　「うってかわって」のみを副詞的に用いる場合もある。（例：「昨日の彼は元気だったのに、今日はうってかわって落ち込んでしまっている。」）

〈例文〉
・昨日の大雨とはうってかわって、今日は雲一つない晴天だ。
・フルオーケストラを使った前作とはうってかわって、今回の作品はギターとウクレレだけでシンプルに表現した。

06 AなりBなり

〈言い換え〉
　AかBか

〈接続〉
　[名詞1/ 動詞（ーる)1] なり [名詞2/ 動詞（ーる)2] なり

〈意味〉
　「似たような類のものから代表的な二つを並べて、どちらかを選ぶ」という意味。

〈注意点〉
　実際の意味合いとしては、その類に入るすべてを対象にしている場合もある。
　（例：「君は今のうちにパンなりごはんなり、何か食べておきなさい。」→食事をとるのであれば、麺でも構わない。）

〈例文〉
・この件に関しては課長なり部長なり、ともかく上の判断を仰ぐしかない。
・仕事が終わったのだから、帰るなり次の仕事にかかるなり、ぼーっとしていてもしょうがないだろう。

07 ～ともなく／～ともなしに

〈言い換え〉
　①―
　②～でもなく／～でもなしに

〈接続〉
　①[疑問詞] +[助詞] ともなく
　②[動詞（ーる)] ともなく／ともなしに

〈意味〉
　①「～かは、わからないが」という意味を表す。
　②目的や意図がはっきりとしていない形で動作が行われていることを示す。

〈注意点〉
　①疑問詞に続く文章ではあるが、疑問の内容を特定する意味は含まず、「はっきりとしない」という状況だけを表現する。
　②動詞には人間の意志が含まれる行為（見る、聞く、言うなど）を表すものが入る。目的や意図がないため、「何」「どこ」など疑問詞を伴うことが多い。

〈例文〉
　①夕飯時にはどこからともなくいい匂いが漂ってくる。
　①同窓会で誰からともなく思い出話が始まった。
　②何ともなしに昔のアルバムを見始めた。
　②どこに行くともなくぶらぶらと散歩した。

言語知識に関する設問

1. 本文での読み方に注意しながら、次の日本語を音読(おんどく)しなさい。

   ❶ 交互　　❷ 生業　　❸ 稚拙　　❹ 勧誘　　❺ 疎外
   ❻ 営み　　❼ 唱える　❽ 訪れる　❾ 志す　　❿ 敗れる

2. 下線部に入れる語として最も適当なものを a ～ d の中から選びなさい。

   ❶ この一連の事件をどう＿＿＿＿すりゃいいんだ？
   　　a. 結末　　b. 期末　　c. 本末　　d. 始末

   ❷ 最初は彼がどう応えるか心配だったが、案外＿＿＿＿と仕事を引き受けてくれた。
   　　a. ひんやり　　b. すんなり　　c. ほんのり　　d. じんわり

   ❸ 昨日帰りのバスの中でうとうとしてしまい、＿＿＿＿気がついたときには、バスはもう知らない街を走っていた。
   　　a. はと　　b. すと　　c. もと　　d. ふと

   ❹ 子猫を拾ったが、両親に飼うことを許してもらえず、近所の猫好きのおばさんに＿＿＿＿もらった。
   　　a. 引き取って　　b. 引き込んで　　c. 取り込んで　　d. 取り組んで

3. 次の下線部に当てはまる言葉を本文から抜き出して書き入れなさい。

   老婦人の❶＿＿＿＿＿を務めている男が、その組織が 1982 年（つまり物語の 2 年前）に起こした、警察との激しい❷＿＿＿＿＿の話を❸＿＿＿＿＿いたのである。❷＿＿＿＿＿と言われても覚えがなかった青豆(あおまめ)は、図書館を❹＿＿＿＿＿新聞の❺＿＿＿＿＿を読み返し、それが世間を❻＿＿＿＿＿させる大事件だったことを知る。

内容理解

1. 『1Q84』の主人公について、正しいものには○を、正しくないものには×を記しなさい。

   ❶ 男性主人公は、家庭内暴力で女性を苦しめている。（　）
   ❷ 女性主人公は、老婦人の依頼を受けて殺し屋をしている。（　）
   ❸ 男性主人公は、スポーツ・インストラクターで生計を立てるアマチュア物書(ものか)きである。（　）
   ❹ 女性主人公は、壮年期(そうねん)である。（　）
   ❺ 男性主人公は、作家をめざしている。（　）

2. 小松は、なぜ天吾(てんご)に「ふかえり」の作品の書き直しを依頼したのか。以下の空欄に最も適切な文を 70 字以内で抜き出しなさい。

   「ふかえり」の作品は「＿＿＿」だったから。

3. 「1Q84」は「1984」を連想させる不思議な名称だが、なぜ、このような名称が生まれたのか。説明しなさい。

4. 筆者は「心を支配するもの」に抵抗するためには、いくつもの回り道が必要であると考え、そうした回り道の一つを村上春樹(むらかみはるき)は「物語」だと言っていると考えている。なぜ、いくつもの回り道が必要なのか。

5. 筆者が『1Q84』のメッセージとして考えているものとして、正しいものを a～e の中から選びなさい。

　　a. 複雑な現実は、単純な理念で理解する必要があるため、その単純な理念を自分で探さなければならない。
　　b. 日本の高度経済成長期にあったように、「豊かになるために」という理念が、明るい未来をつくる上で大切である。
　　c. 人生の中で、苦労して自分で探し出した価値観は、心を支配するものに立ち向かうための崇高な価値観になる。
　　d. 世界はいつか消滅し、別の世界がそれにとって代わるため、高学歴で前途有望である若者が懸命に努力する必要がある。
　　e. 宗教を基礎とした価値観を持つことは危険であり、絶対に避けなければならない。

▎発展活動▎

1. 本文では「物語」に対する村上春樹の考えについて論じられている。あなたは「物語」の持つ力や意義についてどのように考えるか、話し合ってみよう。
2. 村上春樹作品の特徴や、村上春樹自身の考え方について書かれた書籍や記事を探し、どのような特徴や、考え方が論じられているかを紹介し、作品や作家の理解をさらに深めよう。
3. 村上春樹作品が世界中で高い評価を受けている理由は何か、調べてみよう。

コラム　デタッチメント（関わりのなさ）からコミットメント（関わり）へ

　1995年11月に小説家の村上春樹と心理学者の河合隼雄❶によって行われた対談をまとめた『村上春樹、河合隼雄に会いにいく』（新潮社）には、『1Q84』を読み解くための重大なヒントが数多く書かれています。その一つのキーワードとして、「デタッチメント（関わりのなさ）からコミットメント（関わり）へ」が挙げられるでしょう。

　村上は、「僕が小説家になって最初のうち、デタッチメント的なものに主に目を向けていた」と語っています。皆が当たり前のように順応している世間や世界に、背を向けて生きることに価値を見いだしていたということでしょう。村上の『風の歌を聴け』❷『1973年のピンボール』❸『羊をめぐる冒険』❹は「初期三部作」と呼ばれていますが（「僕と鼠もの」とも呼ばれる）、これらの作品の魅力は何と言ってもこの「デタッチメント（関わりのなさ）」的な生の描写にありました。ところで、デタッチメントがなぜ、魅力に感じられるのでしょうか？

　たとえば、我々の住む東アジアの場合で考えてみると、東アジア文化圏を支配する大きな要素として儒教文化があります。この儒教文化が生み出す、厳格な人間関係（個人と社会や個人と個人との関係）のしがらみ01から逃れ、まったく無関係であるかのように生きている登場人物たちの姿に、読者がカタルシス（浄化）を感じるという面があるのではないかと思われます。この「デタッチメント」というテーマは、ひょっとすると02、村上自身が欧米文学を愛読していることからきているのかもしれません。つまり、西洋流のindividualとしての「個人」の生き方が、東洋の集団主義的な生き方への対照として、初期の村上春樹作品の登場人物に宿って03いるのではないかということです。

　しかし、その後村上は、自身の欧米における生活の経験から、「コミットメントということが僕にとってはものすごく大事になってきた」と語っています。そしてそれ以降、村上はたしかに、作品の中で「何にコミットすればいいのか」「どう外部とコミットするか」について考え続けているように思われます。たとえば、『ノルウェイの森』❺では「セックスと死を主題とする大学生のコミットメント」が描かれていましたし、『ねじまき鳥クロニクル』❻では「夫婦のコミットメント」が、『海辺のカフカ』❼では「少年のコミットメント」が描かれています。

　村上はオウム真理教事件や阪神大震災を題材とした作品をも発表し、明確に「社会への関心」を作品の中に表してきています。

　そして現在、村上は次のように語っています。

---

❶ 河合隼雄
（かわい・はやお）

日本の心理学者、教育学博士。京都大学名誉教授。文化庁長官も務めた。分析心理学（ユング心理学）における日本の第一人者。日本文化についても精通し、著名人との交流も多い人物である。2007年、脳梗塞（のうこうそく）で死去。

❷『風の歌を聴け』
（かぜのうたをきけ）

1979年発表。村上春樹（むらかみ・はるき）の長編小説。群像（ぐんぞう）新人文学賞を受賞。

❸『1973年のピンボール』
（1973ねんのぴんぼーる）

1980年発表。村上春樹（むらかみ・はるき）の長編小説。第83回芥川（あくたがわ）賞候補。

❹『羊をめぐる冒険』
（ひつじをめぐるぼうけん）

1985年発表。村上春樹（むらかみ・はるき）の長編小説。野間（のま）文芸新人賞を受賞。

❺『ノルウェイの森』
（のるうぇいのもり）

1987年発表。村上春樹（むらかみ・はるき）の長編小説。

❻『ねじまき鳥クロニクル』
（ねじまきとりくろにくる）

1992年発表。村上春樹（むらかみ・はるき）の長編小説。読売（よみうり）文学賞を受賞。

❼『海辺のカフカ』
（うみべのかふか）

2002年発表。村上春樹（むらかみ・はるき）の長編小説。

「僕が今、一番恐ろしいと思うのは特定の主義主張による『精神的な囲い込み』のようなものです。多くの人は枠組みが必要で、それがなくなってしまうと耐えられない。オウム真理教は極端な例だけど、いろんな檻04というか囲い込みがあって、そこに入ってしまうと下手すると抜けられなくなる」

　「物語というのは、そういう『精神的な囲い込み』に対抗するものでなくてはいけない。目に見えることじゃないから難しいけど、いい物語は人の心を深く広くする。深く広い心というのは狭いところには入りたがらないものなんです」（毎日新聞インタビュー）

　「精神的な囲い込み」を通じて社会にコミットすることの危険性を語っていると言えばいいのでしょうか。村上は、個人にとっての「社会へのコミットメント」について、未解決の問題として、考え続けているのです。

　2009年の『1Q84』もやはり、そうしたテーマが描かれたものと言えるでしょう。この小説は、オウム真理教事件をモデルの一つとした作品です。オウム真理教事件の当時、事件を報道した**マスコミ**❽は、オウム真理教に入信したたくさんの若者を、テレビを観ている「社会的健常者」（新興宗教に入っていない人々）とまったく違う異質な存在として捉えていました。つまり彼らを、自分たちの社会の外側の存在として捉えていたのです。

　しかし、オウム真理教の信者は、社会の中で生み出されたものであり、また、彼らは彼ら**なりに**[文01]社会への「コミットメント」を持とうとしていました。そうであるならば、「社会的健常者」もまた、自分の頭で「コミットメント」について真剣に考えるのでない限り、「オウム真理教」に入信した若者と同じような危うさを持っていると、村上春樹はそう言っているのではないでしょうか。

（文＝森尻匠）

---

❽ **マスコミ**
（ますこみ）
英語の「mass communication」の略。不特定多数の大衆に、大量の情報を伝えるメディアのこと。主に、新聞、ラジオ、テレビなどを指す。

コラム語彙 コラム文法

01 しがらみ
アクセント — 0
品　　詞 — 名詞

まとわりついて邪魔をするもの。絶ちたくても絶てない関係。
※「しがらみ」は、漢字で「柵」と書き、川の流れなどを止めるために杭（くい）を打って竹や柴（しば）を絡ませたもの。そこから転（てん）じて、「邪魔をするもの」という意味を持つようになった。
〈例文〉
・人と人とのしがらみはどこに行ってもある。

02 ひょっとする
アクセント — 0
品　　詞 — 副詞

確実ではないが、可能性としては、あるかもしれない程度に考えられるもの。もしかしたら。ひょっとしたら。
〈例文〉
・今回の実験はひょっとすると成功するかもしれない。
　※成功しないかもしれないが、成功する可能性も十分にあるという意味。

03 宿る [やどる]
アクセント — 2
品　　詞 — 動詞

ある場所にとどめること。何かの中に、状態を変えないままあり続けること。
〈例文〉
・この本には作者の思いが宿っている。

04 檻 [おり]
アクセント — 2
品　　詞 — 名詞

何かを逃げないように閉じ込めておく、鉄格子（てつごうし）などで囲まれた部屋。
〈例文〉
・動物園では、危険な動物は檻の中にいる。

コラム語彙 コラム文法

01 〜なりに 〈〜なりの〉

〈接続〉
　［名詞］なりに
　［イ形（ーい）］なりに

〈意味〉
　「必要な内容には十分な状態ではないが、おおむね期待に対してふさわしい程度の状態ではある」という意味を表す。

〈注意点〉
　通例（つうれい）、前に置く名詞や形容詞は、能力的に不十分であることが認められる人物や状態を示したものが入る。

〈例文〉
・ 私なりに努力はしてみましたが、この問題を解決することができませんでした。
・ この絵は 3 歳の息子が彼なりに一生懸命になって書いてくれたものです。
・ この改善案は私なりに考えて提出したものです。
・ 新入部員は経験が浅いなりに健闘（けんとう）している。

第 7 課
自分を変えたいビジネスパーソンに送るメッセージ

第7課 自分を変えたいビジネスパーソンに送るメッセージ

レビュー書籍 ▶▶▶ 水野敬也（みずのけいや）（著）
『夢をかなえるゾウ』
（2007年、飛鳥新社（あすかしんしゃ））

思考のストレッチ

1. 「自分の日常を変えたい」「今とは違う自分に変わりたい」と思ったことはあるか。ある場合、それはどんなときか。また、そう思ったとき、何をするか、話してみよう。
2. 自分の考え方や人生のモデルとして、誰の考え方や生き方を参考にしているか、話してみよう。
3. 座右（ざゆう）の銘（めい）はあるだろうか。ある場合は、誰のどのような言葉か紹介しよう。著名な政治家や経済人、芸術家、あるいは、アニメやマンガ作品の中の言葉でもかまわない。

夢をかなえるゾウ——自己啓発書（けいはつしょ）のベストセラー

　『夢をかなえるゾウ』は、**水野敬也**❶の3作目の著作（ちょさく）で180万部を超えるベストセラーとなりました。小説の形式をとっていますが、内容はビジネスパーソン向けの自己啓発書（けいはつしょ）です。小説版がベストセラー化したの**を皮切りに**［文01］、2008年にはドラマ化されたほか、2009年にはテレビアニメ版が放送、さらにはゲームまで発売され、多くの人の支持を得ました。

　日本の書店に行けば、「○○勉強法」「××術」のような自己啓発書があふれています。しかし、『夢をかなえるゾウ』のように小説という形式で書かれた本はあまりありませんでした。この小説には、ビジネスパーソンである主人公と、主人公に助言をして成功に**導いて**03いくメンター役としての神様・ガネーシャが登場します。ところがこのガネーシャ**ときたら**［文02］、神様であるにもかかわらず、主人公にいくつかの課題を出す以外は、**ニート**❷**のごとく**［文03］主人公の家で**ダラダラと**04ゲームをして寝るだけという斬新（ざんしん）なキャラクターで、しかも関西弁をしゃべります。このガネーシャと主人公の**漫才**❸のようなやり取りは、著者が「笑えてタメになる」と**豪語する**05だけあって大変軽妙洒脱（けいみょうしゃだつ）で、ビジネスパーソン向けの自己啓発（けいはつ）書でありながら、コメディのように楽しむことができる秀作（しゅうさく）です。

　また、『夢をかなえるゾウ』の中では、神様のガネーシャが、歴史上の成功者の**逸話**06をたくさん紹介しています。たとえばガネーシャは主人公に「靴を磨け」という課題を出しますが、あわせて、メジャーリー

---

❶ **水野敬也**
（みずの・けいや）
1976年生まれ。慶應義塾（けいおうぎじゅく）大学経済学部卒。大学在学中に友人と新橋・新宿・渋谷の路上（ろじょう）で、1分100円で人を**ホメちぎる**01「ホメ殺し屋」を始める。その後、執筆活動を開始。処女作（しょじょさく）『**ウケる**02**技術**』（共著）がベストセラーに。「義務教育に恋愛を！」をモットーに老若男女に恋愛を教える「恋愛体育教師・水野愛也」として、コラム連載（れんさい）、講演多数。水野愛也名義の著書に『LOVE理論』（大和書房（だいわしょぼう））がある。

❷ **ニート**
（にーと）
英語の「Not in Education, Employment or Training」の頭文字（かしらもじ）を取った「NEET」から由来する言葉である。日本では特に、若年者（15歳〜34歳）で就学、就業、職業訓練のいずれも行っていない者を示す。定義はさまざまだが、本文の場合で言えば「働きもしないで遊んでいるだけの者」という意味で使用されている。

❸ **漫才**
（まんざい）
もとは二人組でおもしろく滑稽（こっけい）なことを言い合うことで、大衆を笑わせる日本の演芸（えんげい）。現在は3人組で行う場合など、多種多様化している。

ガー❹のイチロー❺が自分のグラブを毎日欠かさずに磨いていた話を引用し、スポーツのスーパースターで**あれ**ビジネスパーソンで**あれ**[文04]、自分の商売道具を大切にすることがいかに重要であるかを説く[07]、という具合です。

神様「ガネーシャ」登場

　ストーリーは次のように展開していきます。ありふれた[08]サラリーマン生活を送っている主人公は、平凡な日常に嫌気がさし❻、自分を変えるために自己啓発書を読んだり、インドに旅行に出かけたりしますが、たいていやる気が長続きせず、いつも失敗してばかりでした。

　そんなとき主人公にショックな出来事が起こります。会社の先輩の友人が開いたパーティーに出席した主人公は、会場となった超高級マンションで、数々の著名人がパーティーに出入りするのを目の当たり[09]にし、自分の生きている世界とのあまりの差に愕然とします。その夜、主人公はやけ酒を飲んで❼自宅に戻り、酔っ払った勢いで、ゾウの形の置物に向かって「人生を変えたい」と泣き叫び、そのまま眠りについてしまいます。

　この置物は、彼がインドで買ってきた、ゾウの神様をかたどった[10]彫刻でした。

　翌朝、主人公が目を覚ますと、置物そっくりのゾウの神様が主人公に語りかけて[11]きました。主人公は、これは夢ではないかと疑いますが、どうやら[12]夢ではありません。神様は「ガネーシャ」と名乗り[13]、自分の与える課題を言う通りにこなしていけば、主人公の人生も大きく変えることができるだろうと言います。このガネーシャは、過去に禁煙に失敗していたり、食い意地[14]が張っていたりとやけに[15]人間くさく❽、完全無欠の「神様」とはほど遠い[16]ように見えるので主人公は半信半疑ですが、それでも一応ガネーシャの言うことを聞いて、課題を実行していくことになりました。

「変わりたい」主人公

　主人公の悩みは「変わりたい」ということです。

　　なんか今の俺、すげー普通。すげー普通の会社員。「普通が一番難しい」なんていうけど、嘘だね。だって多いから普通なんだよ。多いってことはそれだけ簡単だってことだろ？　簡単だから多いんだろ？

　　（中略）

---

❹ メジャーリーガー
（めじゃーりーがー）
メジャーリーグでプレイしているプロ野球選手のこと。メジャーリーグとはカナダとアメリカの計30球団（きゅうだん）によって編成（へんせい）されている北アメリカのプロ野球リーグのこと。日本では通常「大リーグ」と呼ばれている。通称「大リーグ」

❺ イチロー
（いちろー）
本名は鈴木一郎（すずき・いちろう）。日本出身のメジャーリーガー。10年連続の200本安打（あんだ）など、日本人メジャーリーガーとして最も成功した選手の一人。人物としても人気は高く、大変な努力家としても知られているため、「理想の上司」として常に上位にランクインするなど日本の国民的なスターである。

❻ 嫌気がさす
（いやけがさす）
「いやきがさす」とも読む。「何かに対して嫌な気持ちになる」という意味を表す慣用句。うんざりする、飽きる、という意味も含む。

❼ やけ酒を飲む
（やけざけをのむ）
「やけ酒」とは自棄（じき）を起こして飲むお酒。物事がうまくいかなかったときに、投げやりな気持ちで、見境もなくお酒を飲むこと。

❽ 人間くさい
（にんげんくさい）
ごく普通の人間が持つような感情の動きや欲があるということ。一般人と同じような感覚の発言や行動を普段見せない人物が、そのようなことをしたときに用いられる。「例：彼は普段は感情を表に出すことはほとんどないが、妻と娘がいるときだけは常に笑顔で途端に人間くさくなる。」なお、「［名詞］くさい」で「いかにも［名詞］のように感じられる」という意味がある。

このままで終わりたくないと思っている。お金持ちになりたい。ちやほや[17]されたい。成功し
45　たい。有名になりたい。なにか、こう、自分にしかできないような大きい仕事がしたい。今のま
　　　まじゃダメだ。それは分かってる。でも、「変わる」って。口にするのはとても簡単だけど、実
　　　行するのがこんなにも難しい言葉はないんじゃなかろうか。

（『夢をかなえるゾウ』p.14）

50　要するに主人公の願いは、平凡な生活から抜け出したい[18]ということで、ガネーシャはそのために主人
公にさまざまな「課題」を課していきます。
　ガネーシャから与えられる課題は、「靴を磨く」「自分の得意なことは何かを人に聞く」「求人情報誌を
見る」「人にプレゼントをする」「募金をする」など、地味ですぐにでも実行できるようなことばかりです。
あまりにも地味すぎて、主人公は何度も、ガネーシャに指図されることに嫌気がさしてきますが、そのた
55　びにガネーシャに言いくるめられて[19]、結局ガネーシャの言う通りに課題をこなしていきます。
　ガネーシャはなにしろ自称「神様」で、本当かどうかはわかりませんが、アインシュタイン、ニュートン、
モーツァルト、ピカソ、ビル・ゲイツなど数々の偉人たちを「自分が育てた」と言い張ります[20]。みんな、
ガネーシャの言うことを聞いて課題をこなしていった結果、成功を収めて歴史に名を残しているのだとい
うのが、ガネーシャの言い分です。

60
トイレ掃除の意味

　ガネーシャは主人公に「トイレ掃除をすること」という課題を出しました。トイレ掃除をすることと、
平凡な日常から抜け出して「お金持ち」や「有名人」になることとの間に、何か関係はあるのでしょうか。
　松下電器を創業し、日本最大の電機メーカーの一つに育て上げた松下幸之助は、誰よりも早く会社に行っ
65　て、トイレ掃除をするのを日課[21]にしていたそうです。また、自動車・バイクメーカーの本田技研の創業
者である本田宗一郎は、トイレを工場の隅ではなく中央に配置していたそうですが、その理由は、隅に置
いたのでは多くの人が気にかけず[22]汚れっぱなし[文05]になるが、工場の中央に置いておけば、みんなが
きれいにしていくだろうということでした。
　なぜこの二人はトイレにここまで気を遣っていたのか。ガネーシャの説明はこうです。

70
　　　「トイレを掃除する、ちゅうことはな、一番汚いところを掃除するっちゅうことや。そんなも
　　　ん誰かてやりたないやろ。けどな、人がやりたがらんことをやるからこそ、それが一番喜ばれる
　　　んや。一番人に頼みたいことやから、そこに価値が生まれるんやろ」

（同、p.85）

75
　たしかにその通りかもしれません。ガネーシャはこのように、一見[23]地味な習慣が歴史上の成功者たち
の成功を支えていたのだという理屈[24]を次々に持ち出して、主人公に課題を実践させ、成長へと導いてい
くのです。

80
関西弁のガネーシャの教え

　『夢をかなえるゾウ』に登場するガネーシャは関西弁を話します。そもそも「なぜインドの神様が関西弁
を？」というおかしさがありますが、関西弁による主人公とガネーシャとのやり取りはとても軽妙に感じ
られます。関西弁がおもしろく感じられるのは、関西では**吉本興業**❻を中心としてお笑いの文化が深く根
付いて[25]いることが大きな理由でしょう。

しかしガネーシャの魅力は、この漫才のようなトークもさることながら[文06]、主人公に投げかける26なかなか鋭いアドバイスにあります。もちろん、関西弁で。たとえばこんなふうに。

　「(1)今から言うことは大事なことやから覚えときや。人間が変わろう思ても変われへん最も大きな原因は、このことを理解してないからや。ええか？『人間は意識を変えることはできない』んやで」
　「意識を変えることはできない……」
　「そうや。みんな今日から頑張って変わろう思うねん。でも、どれだけ意識を変えようと思ても、変えられへんねん。人間の意志なんてめっちゃ弱いねん」
　「それは、そのとおりです。人はみんな自分で決めたことがなかなかできません」
　「それでも、みんな『意識を変えよう』とするやん？　それなんでか分かるか？」
　「さあ？　どうしてですか？」
　「『楽』やからや。(2)その場で『今日から変わるんだ』て決めて、めっちゃ頑張ってる未来の自分を想像するの楽やろ。だってそん時は想像しとるだけで、実際にはぜんぜん頑張ってへんのやから。つまりな、意識を変えようとする、いうんは、言い方変えたら『逃げ』やねん」
（同、p.128）

　たしかに、意識だけ「変わる」つもりになっても、決意したそばから[文07]元の自分に戻ってしまって、何も行動を起こさずに、以前と同じ生活を惰性で続けてしまうということはよくあります。
　また、成功したいとは思っているものの何をやりたいのかが自分でも分かっていない主人公に対して、ガネーシャはこう一喝（いっかつ）します。

　「(3)やりたいこと見つけるために一番やったらあかん方法、それはな……『考える』ことや。机に向かってうんうん唸（うな）っと27ったり、自分のやりたいことってなんやろうて漠然と考えたりしとったら、何も分からん。分からんどころかよけい迷うことになるで。（中略）やりたいこと見つけるための方法は一つだけや。それは『体感』することや」
　「体感……」
　「そや。実際やってみて、全身で感じる。それ以外の方法で『やりたいこと』なんて見つからへん。絶対見つからへんで。せやから、『やりたいことが分からない』って言うてるやつの99パーセントは『何もやっとれへん』やつなんや」
（同、p295）

　こうしてガネーシャの教えを受けて主人公は少しずつ変わり始め、建築士をめざして勉強を始めるところで物語は終わります。この本に出てくるガネーシャの課題を、だまされたと思って一つずつ実行してみれば、私たちも「変わる」ことができるのかもしれません。

（文＝関谷弘毅（せきたにこうき））

❾ **吉本興業**
（よしもとこうぎょう）
日本の芸能プロダクション。多くの「お笑い芸人」という、視聴者（しちょうしゃ）を笑わせることを生業（なりわい）にしているタレントを輩出している。現在はさまざまな事業を手がけている。

第7課　109

本文語彙　本文文法

01　ホメちぎる（褒めちぎる）
アクセント — 4 (0)
品　　詞 — 動詞

これ以上ないくらいに褒めること。絶賛（ぜっさん）する。激賞（げきしょう）する。
〈例文〉
・先生が生徒をホメちぎる。

02　ウケる（受ける）
アクセント — 2
品　　詞 — 動詞

身振りや話し方などで、観客や聴衆（ちょうしゅう）から、好評を得たり、人気を博（はく）すること。
〈例文〉
・あのコメディアンの芸は若い世代によくウケる。
・彼女の美しく優しい表情が年上の男性にはよくウケる。

03　導く [みちびく]
アクセント — 3
品　　詞 — 動詞

物事をある形になるように働きかけること。指導する。
〈例文〉
・彼の行動が戦いを勝利に導いた。

04　ダラダラ（だらだら）
アクセント — 1
品　　詞 — 副詞

気分にしまりがなく、物事がのろのろと進んでいる様。のんべんだらり。
※「ダラダラと」の形で使うことが多い。
〈例文〉
・ダラダラと歩くのはみっともないのでやめてください。

05　豪語する [ごうごする]
アクセント — 1
品　　詞 — 動詞

自信たっぷりの様子で大きなことを言うこと。大言（たいげん）。壮言（そうげん）。高言（こうげん）。
〈例文〉
・彼は自分が世界一の名医だと豪語している。

06　逸話 [いつわ]
アクセント — 0
品　　詞 — 名詞

世間にはあまり知られていない、ある人物の興味深い話。エピソード。
※情報の流通がよくなった昨今（さっこん）では、知られていない話自体が少なくなっているので、「ある人についてのおもしろい話」という意味合いが強くなっている。
〈例文〉
・歴史上の人物の逸話を集める。

07　説く [とく]
アクセント — 1
品　　詞 — 動詞

相手によくわかるように物事の理屈や筋道（すじみち）を話すこと。説明する。
〈例文〉
・親が子に人としての道理（どうり）を説く。

08　ありふれる（有り触れる）
アクセント — 0 (4)
品　　詞 — 動詞

世の中に多くあり、見聞きすることが多いこと。どこにでもあり珍しくない。
※通例（つうれい）、「ありふれた」あるいは「ありふれている」の形で用いる。
〈例文〉
・ありふれた問題でも本人にとっては大事だ。

09　目の当たり [まのあたり]
アクセント — 0
品　　詞 — 副詞

（「〜に」の形で）人から聞くのではなく、自分で直に見聞きすること。
〈例文〉
・すっかり変わった故郷の街並（まちな）みを目の当たりにする。
・目の当たりに見た地震後の風景は、まるで地獄絵図（えず）のようだった。

10　かたどる
アクセント — 3
品　　詞 — 動詞

あるものに形を似せて作ること。
〈例文〉
・薪（まき）をしょって歩きながら本を読む子どもの姿をかたどった銅像（どうぞう）。

11　語りかける [かたりかける]
アクセント — 5
品　　詞 — 動詞

誰かに向かって、話して聞かせること。
〈例文〉
・隣で父が私に何か語りかけていたが、周囲がうるさくて聞こえなかった。

12　どうやら
アクセント — 1
品　　詞 — 副詞

「〜である」と推測すること。「もしかしたら違うかもしれないが、おおむねそうである」と判断すること。おそらく。たぶん。
〈例文〉
・彼はどうやら怒っているようだが、理由がわからなかった。

13　名乗る [なのる]
アクセント — 2
品　　詞 — 動詞

自分が何者であるか、あるいはどんな姓名であるかを告げること。
〈例文〉
・彼は自分を学者だと名乗った。
・男は林（はやし）と名乗った。

14	食い意地 [くいいじ] アクセント ― 0 品　　詞 ― 名詞	食べ物を食べたいという欲望。食い気。 ※「食い意地が張っている」で「必要を超えて食べ物を食べたいという欲望が強い様子」を表す。 ※ 通例（つうれい）、あまりよい意味では使わない。 〈例文〉 ・彼の食い意地は相当なものだ。
15	やけに アクセント ― 1 品　　詞 ― 副詞	物事の程度を超えている様。やたらに。ひどく。 ※ 物事の程度を表すだけなので、言葉自体がよい、もしくは、悪い意味を含んでいるわけではない。 〈例文〉 ・彼は雨が降る日はやけに眠くなるそうだ。 ・彼女はお茶の味にはやけにうるさい。
16	ほど遠い （程遠い）[ほどとおい] アクセント ― 0 (3) 品　　詞 ― イ形容詞	あるものとの間に大きな隔たりがあること。 〈例文〉 ・この薬品はまだ完成にはほど遠い。 ・街の中心からほど遠い場所に私の実家がある。
17	ちやほや アクセント ― 1 品　　詞 ― 副詞	相手の機嫌を取ること。甘やかすこと。 〈例文〉 ・かわいいからとちやほやしてばかりでは子どもは成長しない。 ・かわいいからと周りからちやほやされて育ってきた子どもは成長しない。
18	抜け出す [ぬけだす] アクセント ― 3 品　　詞 ― 動詞	①ある状況や状態から脱出すること。 ※ 通例（つうれい）、好ましくない状況や状態からの脱出を意味する。 ②ある組織や空間からこっそりと出ること。 〈例文〉 ①彼は貧困から抜け出すために必死に努力した。 ②彼は仕事場を抜け出してはどこかで休んでいる。
19	言いくるめる （言い包める）[いいくるめる] アクセント ― 5 品　　詞 ― 動詞	言葉をうまく使って、相手を自分の思うように動かそうとすること。口先で丸め込む。 〈例文〉 ・彼は上司と議論になったときに、すぐ言いくるめられてしまう。
20	言い張る [いいはる] アクセント ― 3 品　　詞 ― 動詞	「〜である」と自分の主張を言って押し通すこと。 〈例文〉 ・彼は最後まで自分は無実（むじつ）だと言い張っていた。
21	日課 [にっか] アクセント ― 0 品　　詞 ― 名詞	毎日の習慣。日々続けている事柄。 〈例文〉 ・私は早朝の散歩を日課としています。
22	気にかける （気に掛ける）[きにかける] アクセント ― ― 品　　詞 ― 慣用表現	何かに対して気にすること。気を配ること。 〈例文〉 ・母は何よりも子のことを気にかけるものだ。
23	一見 [いっけん] アクセント ― 0 品　　詞 ― 副詞	少し見ただけでは。ひと目見ただけでは。 〈例文〉 ・彼は一見すると不真面目に見えるが、根はとてもまじめだ。
24	理屈 [りくつ] アクセント ― 0 品　　詞 ― 名詞	物事がある状況や状態になった理由。道理（どうり）。 〈例文〉 ・理屈どおりに物事が運ぶことは稀です。
25	根付く [ねづく] アクセント ― 2 品　　詞 ― 動詞	①植え替えた植物が根を伸ばしてその場所で育つこと。 ②①に由来して、「〜に定着（ていちゃく）する」または「〜になじむ」という意味で使用する。根差（ねざ）す。 〈例文〉 ①外国から輸入され、その土地に根付いた植物を「外来種」と言う。 ②あまりにも斬新（ざんしん）な説は、世の中に根付くのに長い時間がかかる。

第7課　111

26 **投げかける** [なげかける]

アクセント― 4 (0)
品　　詞― 動詞

疑問など、言葉を相手に届くように伝えること。提出する。
〈例文〉
・彼女は初めて会った人に話題を投げかけるのが上手だ。

27 **唸る** [うなる]

アクセント― 2
品　　詞― 動詞

苦しんだり、悩んだりしているときに言葉にならない低い声を出すこと。うめく。
〈例文〉
・彼は難しい問題を前に、思わず唸ってしまった。

| 本文語彙 | 本文文法 |

01 〜を皮切りに / 〜を皮きりにして / 〜を皮切りとして

〈接続〉
［名詞］を皮切りに

〈意味〉
「それをきっかけ／始まりにして」という意味を表す。

〈注意点〉
通例、何かしらの変化が勢いをもって起こる場合に用いられる。

〈例文〉
・彼女は、日本での成功を皮切りに、世界的に有名な演出家になった。

02 〜ときたら

〈言い換え〉
① —
② 〜ときては / 〜とくれば

〈接続〉
① ［名詞］ときたら
② ［名詞］ときたら

〈意味〉
① 人物や事物を話題として、話し手がそれらに対して感じている評価や感情を表す。
② 極端な性質や状況を話題として、「〜なのだから、こうなる（こうする）のが当然だ」という意味を示す。

〈注意点〉
① 通例（つうれい）、話し手にとって身近な話題について、不満を言ったり非難をする場合に用いる口語的な表現。
② AとBを共に名詞もしくは名詞句にし、「AときたらB」の形で、「AにはBが当然合う」「AにはBが当然よい」という意味を示す場合もある。

〈例文〉
① 私の夫ときたら、50歳になっても全然出世もしないで、休日は趣味のゴルフばかりしている。
① あの会社ときたら、金儲けのことばかりで、儲かることなら何でもやる。
② 毎日の仕事に加え、上司の愚痴に付き合わなければならないときたら、疲れがたまらないわけがない。
② 要領が悪く、頭の回転も鈍く、さらに性格も悪いときたら、出世できないのも当然だろう。
② 熱いお茶ときたら、何よりおいしい和菓子が一番合う。

03 〜ごとし 〈〜ごとき / 〜ごとく〉

〈言い換え〉
〜のようだ 〈〜のような / 〜のように〉

〈接続〉
① ［名詞］のごとし / (である) がごとし
　［動詞（ーる）］がごとし
② ［名詞 / ナ形］であるかのごとし
　［イ形 / 動詞］かのごとし

〈意味〉
①「A (は) Bのごとし」の形で、「AはBのようだ」という意味になり、Bを例えにAを形容する場合に用いられる。
② 実際はそうではないが、まるで実際はそうであるかのように表現する場合に用いられる。

〈注意点〉
Bに来るのが名詞なら「AごときB」、動詞なら「AごとくB」になる。「ごとし」は言い切りの形の場合にのみ用いられる。また、例外的に「［名詞］（主に人や集団を指す）ごとき」という用法があり、これはマイナス評価を持っていることを示し、この場合は「ごとき」のあとに名詞は付かない。この用法は現在ではことわざや慣用表現に見られる文語で、一般的には「〜ようだ / 〜ような［名詞］/ 〜ように［動詞］」のほうが使われている。特に、「〜かのごとし」の形で使われることは現在ではほとんどない。

〈例文〉
① 走る速さ雷のごとし。　（→「走る速さ」が「雷」のようだ。）
① 雷がごとき速さで走る。　（→「雷」のような「速さ」で走る。）
① 雷がごとく走る。　（→「雷」のように「速く走る」。）
② 彼はそこにまるでいないのかごとく振る舞っていた。　（※実際にはそこにいたが、いないふりをしていたことを示す。）
② 彼はそこにまるでいたかのごとく話し始めた。　（※実際にはいなかった。）
② 彼の存在は非常に大きく、忘れることができない。死してなお、そこにいるかのごとし。

第7課

04 AであれBであれ / AであろうとBであろうと

〈言い換え〉
　AにせよBにせよ / AにしろBにしろ / AでもBでも

〈接続〉
　[名詞1]であれ[名詞2]であれ / [名詞1]であろうと[名詞2]であろうと

〈意味〉
　AからBまでのどの可能性を仮定しても、「結果は同じである」という状態を示す。

〈注意点〉
　通例（つうれい）、後ろには「変わらない」もしくは「同じである」という状況を示す内容の文が接続する。また、イ形容詞に接続する「かれ / かろう」も同様の意味を持つ。

〈例文〉
・民であれ王であれ、法を破れば罪は免れ得ない。　（→ 民でも王でも、法を破れば罪は免れ得ない。）
・国内であれ国外であれ、旅行するにはお金がいる。　（→国内でも国外でも、旅行するにはお金がいる。）

05 〜っぱなし

〈言い換え〉
　①〜たまま（に）
　②ずっと〜し続けている

〈接続〉
　[動詞（－ます）] 〜っぱなし

〈意味〉
　①当然すべきことをしないで、そのままにしておくこと。
　②同じ行為や状態がずっと続いていることを示す。

〈注意点〉
　「〜っぱなし」ではなく、「〜はなし」の形で接続される場合もある。
　①は、言い換え表現の「〜たまま（に）」とほとんど同じだが、「〜たまま（に）」に比べてマイナスの意味（「〜っぱなし」に対する不満、疲れ、不安など）を持っている。
　②の場合には、マイナスの意味はなく、「〜たまま（に）」の言い換えはできない。

〈例文〉
①彼が窓を開けっぱなしにして出かけてしまったので、雨が部屋の中にも入り、床がびしょびしょです。
①火事になる恐れがあるので、火をつけっぱなしにしてコンロから離れてはいけません。
②彼は朝から働きっぱなしで、全然休んでいない。　（→ 彼は朝から働き続けていて、全然休んでいない。）
②彼は体調（たいちょう）が悪く、昨日から寝っぱなしで、昼を過ぎても起きてこない。　（→ 彼は体調（たいちょう）が悪く、昨日から寝続けたままで、昼を過ぎても起きてこない。）

06 〜もさることながら

〈言い換え〉
　〜は言うまでもなく / 〜はもちろんのこと

〈接続〉
　[名詞]もさることながら

〈意味〉
　前提である[名詞]を挙げ、「[名詞]はもちろんだが、〜はさらに」と強調を表す。通例（つうれい）、褒めるときなど、プラスの意味で使われることが多い。

〈注意点〉
　程度を表す場合には、「彼女もさることながら彼もかなりの頑固だ」などの形で用いられる場合もある。ただし、強い否定の意味合いがある場合には用いることはできない。

〈例文〉
・あのレストランは、メインの料理もさることながら、デザートが絶品だ。

07 〜そばから

〈言い換え〉
　〜するとすぐに

〈接続〉
　[動詞（－た）] そばから

〈意味〉
　「AそばからB」で「AをするとすぐにBをする」という状況を示す。

〈注意点〉
　AとBの主語は必ずしも同じにはならない。（例：「父が叱ったそばから、妹はまた同じ失敗をしてしまう。」）

〈例文〉
・この店のケーキは大変人気で、出来上がったそばから売り切れてしまうので、なかなか買えない。
・彼は教えたそばから忘れてしまうので、教えがいがない。

▌言語知識に関する設問 ▌

1. 本文での読み方に注意しながら、次の日本語を音読しなさい。

   ❶ 軽妙洒脱　　❷ 豪語　　❸ 逸話　　❹ 半信半疑　　❺ 無欠
   ❻ 導く　　❼ 鋭い　　❽ 一喝する　　❾ 唸る　　❿ 収める

2. 下線部に入れる語として最も適当なものをa～dの中から選びなさい。

   ❶ 休日はいつも家で＿＿＿＿＿＿しながら、マンガを読んだり、テレビを観たり、仕事のことなんか一切考えない。
      a. ムズムズ　　b. グルグル　　c. ボロボロ　　d. ダラダラ

   ❷ あいつ、今日彼女にふられて、今一人で＿＿＿＿＿＿、飲んでいるらしい。
      a. ぬる酒　　b. きき酒　　c. やけ酒　　d. やき酒

   ❸ 彼は親のしつけの厳しさに＿＿＿＿＿＿、とうとう家出をしてしまった。
      a. 根付いて　　b. 嫌気がさして　　c. 投げかけて　　d. 意地を張って

3. 本文で引用された原作文（下線(1)～(3)）の中から「関西弁」を見つけ出し、普段日常的に使う共通語の表現に書き直しなさい。

▌内容理解 ▌

1. 『夢をかなえるゾウ』は、ビジネスパーソン向けの自己啓発書だが、一般的な自己啓発書と異なる点は何か。複数ある場合は複数挙げなさい。

2. 主人公が「変わりたい」と悩む背景にはどのような願望があるか。15字以内で抜き出しなさい。

3. 『夢をかなえるゾウ』に登場するガネーシャについて、正しいものには○、正しくないものには×を記しなさい。

   ❶ インドで買ってきたゾウの置物と同じ形の神様。（　　）
   ❷ 知性に富み、優れた人格を持つ神様。（　　）
   ❸ 主人公が「変わりたい」という悩みを相談する神様。（　　）
   ❹ 主人公の人生を大きく変えるために、難問を課す神様。（　　）
   ❺ 地味な習慣こそが成功につながると述べる神様。（　　）

4. ガネーシャは、トイレ掃除をすることが平凡な日常から抜け出して「お金持ち」や「有名人」になることにつながると言っている。それはどうしてか、簡潔に説明しなさい。

5. ガネーシャの教えとして、正しくないものをa～dの中から選びなさい。

   a. 意識を変えようとするのは辛いだけで意味がない。
   b. 意識を変えようとするだけでは人間は変わらない。
   c. やりたいことを見つけたいからといって考えてばかりではいけない。
   d. やりたいことを探すときは実際やってみて、全身で感じることが必要。

┃ **発展活動** ┃

1. 普段、自己啓発書を読むか。読む場合はその利点を、読まない場合はその理由を話し合おう。

2. 『夢をかなえるゾウ』では、成功を収めて歴史に名を残している人のエピソードが紹介されている。本文に出てきたエピソードの他にも偉人の成功を支えたエピソードがないか調べて、発表してみよう。

3. ガネーシャは、意識だけ「変わる」つもりになって、何も行動を起こさずに、以前の生活を惰性で続けてしまうのではなく、行動を起こすことが重要だと指摘している。自分の将来の夢のためにしていることを紹介しよう。将来の夢とそのために行っていることを紹介し合い、これから何をすべきか話し合おう。

コラム 自己啓発（けいはつ）と自分探し

『夢をかなえるゾウ』の主人公は、平凡なサラリーマンのまま人生を終えるのではなく、すごい人物、成功した人物、有名な人物になりたいと感じています。そしてそのために、なんとかして今の生活を「変えたい」と悩んでいます。

　　今まで、僕は何度も何度も、変わろうと決心してきた。目標を決めて毎日必ず実行しようと思ったり、仕事が終わって家に帰ってきてからも勉強しようとするのだけど、でもだめだった。「やってやる！」そう思ってテンションが上がってる時はいいけれど、結局何も続かなくて、**三日坊主（みっかぼうず）❶**で終わってしまって、もしかしたら「やってやる！」って思った時より自分に対して自信を失っていて……そんなパターンばかりだった。
　　変わりたいと思う。
　　でも、いつしか「変わりたい」という思いは、「どうせ変われない」という思いと**ワンセット❷**でやってくるようになっていた。

　　　　　　　　　　　　　　　　　　　　　　　　　　　　（『夢をかなえるゾウ』p.16）

こう悩む主人公に対して、ガネーシャが「変わる」ための方法をいくつもアドバイスし、課題を出して主人公を成長させていくのですが、よくよく考えてみると、「変わりたい」というのは不思議な願望です。「○○になりたい」というのならばわかりますが、何に変わりたいのかという具体的な将来イメージがないままに、とにかく現状からの「変化」だけを望むというのは、果たして目標たり得るのでしょうか。

しかし、この「変わりたい」「変われる」といったキーワードは、日本の自己啓発本などでは頻繁に目にする言葉で、実際に『夢をかなえるゾウ』の中でも、「変わりたい」という願望そのものがヘンなのではないかといった疑問は **呈される** [01] ことがありません。

また、主人公は「やりたいこと」を見つけることができずに苦しんでいますが、これも現代の若者の中にありがちな悩みです。

　　よく「やりたいことをやれ」ということが言われる。
　　成功した人たち、偉大な仕事をした人たちのほとんどが「やりたいことをやりなさい」という言葉を残している。そして、そのやりたいことを見つけて、**ひたむきに** [02] 頑張ることが成功するための方法だ。彼らは決まってそう言う。
　　だから僕は「自分のやりたいことは何か？」ということは、ガネーシャから聞かれるより前から考えてきた。ずっと考えてきたのだ。でも、まだ答えは出ていなかった。

　　　　　　　　　　　　　　　　　　　　　　　　　　　　　　　　　（同、p.293）

---

❶ 三日坊主（みっかぼうず）
飽きっぽく、物事が長続きしないこと。またはそのような人。出家（しゅっけ）して坊主（僧侶（そうりょ））になっても修行の厳しさに耐えられずに、一般人に戻る（還俗（げんぞく）する）人が多かったことに由来する。なお、「三日」は「短い期間」という意味で使われることが多い（「三日天下」「三日にあけず」など）。

❷ ワンセット（わんせっと）
英語の「one-set」に由来する。ひとまとまりになっていることを表す。

第7課　117

自分の中に確固たる信念を持ってやりたいと希望することがある**ならまだしも**[文01]、とくにやりたいことがないのであれば、無理してやりたいことを探す必要もないように思えるのですが、「成功したい」という願望だけは持っている。絵を描きたいわけではないけれど画家になりたいと言っているようなもので、これを一種の**倒錯**03と言わずして何と言うのでしょうか[文02]。

　しかし、ビジネスパーソンや就職活動中の学生の中にも、たとえば漠然と「ベンチャー起業家」になりたいと思っているけれど、具体的にやりたい事業があるわけではない、といった人は**それなりに**04多いのではないかと思います。

　日本語には「デキる男」という表現があって、「デキる男はこんな手帳やペンを使っている」といった特集が雑誌などで組まれたりします。「デキる男」というのは、ビジネスの第一線で活躍するスマートなビジネスパーソンというイメージなのですが、これも単なるイメージなのであって、デキるかどうかの前に、何をやるのかという問題が本当はあるはずです。しかし、漠然と「デキる男」**とやら**[文03]になりたいという願望を持つだけで、具体的な行動に移**さずじまい**[文04]の人はそれなりにいるように思われます。

　また、日本の大学生は３年生の冬**ともなれば**[文05]、就職活動を始めることになりますが、そうした学生の中にはたとえば「国際的に活躍するビジネスパーソンになりたい」という願望を持っている人もいますが、この「国際的」というのも曖昧なイメージで、国境を**またいで**05「何をやるのか」を具体的に語ることのほうが大事なはずです。

　「やること」「やりたいこと」が具体化されていないのであれば、まずはそれを見つけなければなりません。そこで若者は旅に出たり、本を読んだり、考え込んだり、**転職**してみたりします。これは近年「自分探し」と呼ばれているものです。

　特に、就職活動に**臨む**06学生が、大学３年生の終わりになって人生で初めて「自分のやりたいことって何だろう」と悩み始めるわけです。しかしこれは、やや**窮屈な**07悩みです。自分探しに成功して「本当にやりたいこと」が見つかる人というのは少ないかもしれませんし、そもそも「本当にやりたいこと」「本当の自分」が一つ存在するということ自体が幻想なのかもしれません。

　ガネーシャの教えは、できることから始めてみる、ということ、それから、これから頑張る**ところだった**[文06]などと妙な言い訳をしたり、ぐだぐだと悩んだりしている暇があったら、とにかく行動を起こしていろいろなことを経験してみる、ということです。「本当の自分」に**たどり着ける**08かどうかはわかりませんが、結局それが「成功」への最短の道なのかもしれません。

（文＝関谷弘毅（せきたにこうき））

コラム語彙 コラム文法

01 呈する [ていする]
アクセント — 3
品　詞 — 動詞

差し出して示すこと。差し上げること。進呈する。
〈例文〉
・彼は友人に苦言を呈した。

02 ひたむき
アクセント — 0
品　詞 — ナ形容詞

一つのことに熱中している様子。一つのことを一生懸命にしている様。いちず。
〈例文〉
・彼はただひたむきに自身の研究に取り組んだ。

03 倒錯 [とうさく]
アクセント — 0
品　詞 — 動詞

位置や状態が入れ違ってしまい、本来のあるべき形の逆になってしまうこと。逆さになる。
〈例文〉
・それまで固定的であった武士と商人との上下関係だが、江戸（えど）の末期には財産の有る無しで上下関係が倒錯してしまった。

04 それなり
アクセント — 0
品　詞 — 名詞

欠点や限界はあるが、一応問題ないと認められること。許容範囲内であること。それ相応。
〈例文〉
① 年齢ごとにそれなりの格好というものがある。
② 立場によってそれなりの苦労がある。
※ 例文①②ともに本文中の意味と同じだが、①が「一応問題ないと認められる程度」という意味合いが強いのに対して、②は「それ相応」という意味合いが強い。文脈によって変化する点に注意。

05 またぐ（跨ぐ）
アクセント — 2
品　詞 — 動詞

時間的、空間的に一方から他方に及ばせること。またがる。
〈例文〉
・雨が昨日の夜をまたいで、今日の朝まで降り続いている。

06 臨む [のぞむ]
アクセント — 0
品　詞 — 動詞

ある場面や状況に向かい合うこと。対する。
〈例文〉
・彼は万全（ばんぜん）の態勢で試合に臨んだ。

07 窮屈 [きゅうくつ]
アクセント — 1
品　詞 — ナ形容詞

融通が利（き）かず余裕のない状態。自由がなく、必要以上に選択肢を制限してしまっている状態。
〈例文〉
・あまり窮屈な考え方をしていては、人生がつまらなくなってしまう。

08 たどり着く（辿り着く） [たどりつく]
アクセント — 4
品　詞 — 動詞

さまざまな経験や苦労をして、目的地に着くこと。
〈例文〉
・多くの失敗を経て成功にたどり着く。

コラム語彙 | コラム文法

01 〜(の)ならまだしも

〈言い換え〉
〜ならともかく

〈接続〉
［名詞／ナ形］ならまだしも
［イ形／動詞］(の)ならまだしも

〈意味〉
「A ならまだしも B は〜」の形で、「A は受け入れられるが B は受け入れられない」という意味を表す。

〈注意点〉
A よりも B のほうが程度がひどくなっている。B に対しての禁止する意思が強いときに、比較対象として程度の軽い A を引用している。

〈例文〉
- お酒ならまだしもタバコは発がん率が高いので極力（きょくりょく）やめるべきだ。
- 運動するのならまだしも、寝ているだけで痩せようとするのには無理がある。

02 〜と言わずして何(と言うの)だろうか／〜でなくて何だろうか

〈言い換え〉
〜と呼ばずして何を〜と呼ぶのだろうか／〜だと言わずして何を〜だと言うのだろうか

〈接続〉
［名詞］と言わずして何(と言うの)だろうか／［名詞］でなくて何だろうか

〈意味〉
「〜である」の強調表現。直接的には「それ以外ではありえない」という意味を持つ。

〈注意点〉
それぞれ「〜でなくてなんだろうか（いいや、そうに違いない）」「〜と言わずして何だろうか（いいや、そうとしか言えない）」という形で、括弧内の意味を含んでいる。筆者や登場人物の心情を強く表現する。小説や随筆、特に演劇の中の叙情（じょじょう）的表現に用いられることが多い。文頭には、「これ（が／を）〜」の形が多い。

〈例文〉
- 君と僕とが共に感じ合う想い。これを愛と言わずして何(と言うの)だろうか。
- 互いに幾度も離れながらも巡り合う人生。これを運命だと言わずして何を運命と言うのだろうか。
- 停電で PC の電源が切れてしまい、これまで打ち込んだすべてのデータが一瞬で消えてしまった。これが悲劇でなくて何だろうか。
- 君に対して感じるこの熱い想い。これを恋だと呼ばずして何を恋と呼ぶのだろうか。

03 〜とやら

〈言い換え〉
① 〜というもの
② 〜そうだ／〜とのことだ

〈接続〉
① ［名詞］とやら
② ［節］とやら

〈意味〉
① あまり正確には記憶していない名詞を前に置いて、「〜とか呼ばれているもの」という意味を表す。
② 「ある事柄についてそのように聞いている」という伝聞の形で、「正確ではないが」という意味を表す。

〈注意点〉
通例（つうれい）、日常会話ではほとんど用いられることはない。特に②の意味で用いられることは少ない。また、はっきりと記憶しているもの、よく知っているものは対象にならない。
（例：「私の息子とやらはサッカーが好きらしい。」→「私の息子」は一般的によく知っている人物であるので対象にならない。）

〈例文〉
① A：君の友人の田中君とやらは元気にしているか？
　 B：それは中田君のことかい？
　 ※ 話し手がはっきり記憶しているわけではないので、名詞が必ずしも現実に符合（ふごう）しなくても用いることができる。
① 岩盤浴（がんばんよく）とやらに挑戦してみたい。
② 先日、日銀（にちぎん）の総裁（そうさい）が今の水準は円安（えんやす）だと明言（めいげん）したとやら。
② 申込者が多く、エントリー開始日の午前中で定員に達したとやら。

04 ～ずじまい

〈言い換え〉
結局～できなかった

〈接続〉
［動詞（ーない）］ずじまい

〈意味〉
ある行動をせずに終わること。

〈注意点〉
したい（してほしい）と思っていた行動ができず（されず）に終わったことを示すので、残念だという心情を表すことが多い。

〈例文〉
- 3泊4日の旅行だったが、雨が続き、晴天は拝（おが）めずじまいだった。
- お腹を壊している彼は、パーティが終わるまで料理に手をつけずじまいだった。
- 彼はいつも言葉を濁（にご）してばかりで、はっきりした話は聞けずじまいだった。

05 AともなればB

〈言い換え〉
～ともなると

〈接続〉
［名詞／動詞］ともなれば

〈意味〉
「AともなればB」の形で、「Aが変化すればBもそれに応じて変化する」という意味を表す。

〈注意点〉
Aには時節（じせつ）や役割、出来事（主に行事）、あるいは成長の度合いを表す言葉が入る。BにはAの結果、当然変化されると思われている状況を表す文が入る。Bの内容は社会の常識を表すことが多い。

〈例文〉
- 50歳ともなれば、そろそろ引退した後のことも考えないといけない。
- 例年、3月半ばともなれば、暖かい日が多くなるのに、今年は寒い日が続いている。
- 課長に昇進するともなれば、いっそう仕事は忙しくなるに違いない。
- 子どもが生まれたともなれば、以前のように飲んで帰るわけにもいかない。

06 ～ところだった

〈接続〉
［動詞（ーた）］ところだ
［動詞（ーて）］いるところだ／いたところだ
［動詞（ーる）］ところだ

〈意味〉
動作に関しての、場面、物事の進展が、過去の段階でどのような状況であったのかを表す。

〈注意点〉
通例（つうれい）では、否定もしくは疑問の表現には「ところだった」は接続しづらいとされる。

〈例文〉
- 携帯が鳴ったとき、運転しているところだったので出られなかった。
- あやうく大事故になるところだった。

第7課　121

第8課

孤独な都会の若者への励ましの小説

綿矢りさ
- 若手女流作家
- 純文学
- 史上最年少
- アブノーマル
- 日本近代文学の復活
- 学校生活に溶け込めない少女
- 共働き家庭
- 地域共同体の互助機能崩壊
- アイドルおたく
- 社会からの制裁
- 痛ましさ
- 暗い女子高生
- 近代文学の終り
- 消費文化
- 恋愛物語
- スプリット・タン

金原ひとみ
- ネットカフェ難民
- 暗いムード
- 苦痛
- 無気力
- 出版不況の打開
- 小説
- ピアス
- 気怠さ
- 孤独な読者
- 不幸への転落
- 身体改造
- 芥川賞
- 血縁共同体の結束脆弱化
- 孤独死
- 若者たちの異常な青春
- 自己身体からの疎外感
- 刺青
- 共同体からの疎外感
- 過激

第8課　孤独な都会の若者への励ましの小説

レビュー書籍▶▶▶　金原(かねはら)ひとみ（著）
『蛇にピアス』
（2004年、集英社(しゅうえいしゃ)）

綿矢(わたや)りさ（著）
『蹴りたい背中』
（2003年、河出書房新社(かわでしょぼうしんしゃ)）

思考のストレッチ

1. 「金原(かねはら)ひとみ」「綿矢(わたや)りさ」について、知っていることを挙げてみよう。知らない場合は調べてみよう。
2. 「芥川賞(あくたがわ)（芥川龍之介賞(あくたがわりゅうのすけ)）」について、知っていることを挙げてみよう。知らない場合は調べてみよう。
3. 芥川賞(あくたがわ)を受賞した作品の中で、ベストセラーになった作品とその作家について調べ、どのようなことが話題になったか紹介しよう。

芥川(あくたがわ)賞の権威失墜(しっつい)01

　日本における短篇(たんぺん)小説の完成者として知られる芥川龍之介(あくたがわりゅうのすけ)。彼の名を冠した(なをかんした)02芥川賞は、その開始以来、純文学新人作家の登龍門❶として、多くの才能を発掘して、豊かな文学作品を生み出すのに貢献してきた。
　1970年ごろから、小説というメディアはそれまでのような社会的影響力を失い、村上龍❷の『限りなく透明に近いブルー』❸の成功をほとんど最後にして、低迷(ていめい)を続けていった。それにしたがってこの賞の持つ意味も薄れていったが、それでも「最も有名な文学賞」と言われるだけのことはあって[文01]、それなりに大きな関心を集める力は今でも残っている。
　マンガやアニメと肩を並べて(かたをならべて)03「消費される存在」へと堕(だ)してしまった近年の小説は、読み手に思索(しさく)を促すような内容の深さよりも、手軽に04読めて、直感的に共感できることのほうが重要視されるようになってきている。逆に、たとえばかつては国民作家であった夏目漱石(なつめそうせき)の小説などは、いまやほとんどの読者にとって高級すぎる存在になっているようにも思われ、学校で嫌々(いやいや)05読まされる古臭い(ふるくさい)古典という受け止め06方をされることも多いのではないだろうか。

---

❶ 登竜門（とうりゅうもん）
成功や立身出世(りっしんしゅっせ)の関門のこと。

❷ 村上龍（むらかみ・りゅう）
日本の小説家。映画監督。俳優。1976年『限りなく透明に近いブルー』で芥川(あくたがわ)賞を受賞。ヒッピー文化（伝統や制度などの価値観にに縛られた人間生活を否定する文化）の影響を受けた作家として村上春樹(むらかみ・はるき)とともに時代を代表する存在と言われている。村上龍個人としても1999年頃からは経済、社会問題に対する議論にも積極的に関わるなど、自らの関心の強いところでためらいなく活動する行動的な人物として知られている。

❸『限りなく透明に近いブルー』（かぎりなくとうめいにちかいぶるー）
村上龍(むらかみ・りゅう)によって書かれた小説。デビュー作であり、代表作でもある。すべての作品のモチーフがこの作品だとすら言っている。1976年、芥川(あくたがわ)賞受賞。出版の際、装丁(そうてい)を自身が手がけている。荒廃していく男女の姿を、性的あるいは暴力的で過激(かげき)と言われるストーリーとは対照的に、平坦(へいたん)な文章で表現している。当時から賛否両論(さんぴりょうろん)で好き嫌いは激しく分かれる作品と言える。

数十年前**ならいざ知らず**[文02]、文学、中でも小説が、知的な意味で特別な地位を与えられていた時代は終わってしまった。「古き良き時代」への**ノスタルジー**❹を捨てきれない一部の人々を**差し置いて**[07]、小説は**洗練された**[08] **サブカルチャー**❺として生き残る**べく**[文03]、若者をターゲットにした手軽な読み物へと変化を続けている。『ハリー・ポッター』のような作品が全世界で読まれている今日、手軽な読み物が主流となっていく現象は日本に限ったものではないのかもしれないが、日本では特に「**ライト・ノベル**❻」と呼ばれる、マンガのように手軽に読めて楽しめる小説が、現代文学の主流だ**と言わんばかりに**[文04]躍進を続けている。

若手女流作家の登場

ところが2004年、小説が手軽な「消費文化」へと**化して**[09]いく流れに対する、純文学サイドの**巻き返し**[10]と思われる事件が起きた。綿矢りさと金原ひとみという、2人の若手女流作家の登場である。この2人の作家はともに史上最年少で第130回芥川賞を受賞し、テレビや週刊誌のような大衆メディアにも大いに注目され、少々過剰とも思える報道によって、日本の**お茶の間**[11]に一大**センセーション**❼を巻き起こした。今から振り返ればマスコミのつくりだした幻影だったように思われる面もあるが、「日本近代文学の復活」とか「出版不況の打開」の**兆し**[12]と捉える向きもあった。しかしそもそも、本来はある程度知的な層を相手にしてきたはずの純文学が、このように大衆レベルのセンセーションとともに消費されるということ自体が、「近代文学の終り」を象徴しているとも言えるかもしれない。

暗い女子高生が主人公

受賞作品である綿矢りさの『蹴りたい背中』も金原ひとみの『蛇にピアス』も、ともに現代の女子高生の日常を描いた小説だが、『蹴りたい背中』の主人公は内気で学校生活にうまくとけ込めずにいる少女、『蛇にピアス』の主人公は現代的不良少女で、どちらも平均的女子高生の日常からは外れた存在として描かれている。

たとえば『蹴りたい背中』はこういう一文で始まる。「さびしさは鳴る。耳が痛くなるほど高く澄んだ鈴の音で鳴り響いて、胸を**締めつける**[13]から、せめて周囲には聞こえないように、私はプリントを**千切る**[14]」。授業中、クラスメートから班活動の仲間に入れてもらえなかった主人公は、配られた手元のプリントを千切ることで退屈を**紛らわして**[15]いる。クラスから仲間外れにされている彼女は、同じく仲間外れにされているパッとしない男子生徒に接近していく。彼は、授業中も堂々と女性ファッション雑誌に**見入って**[16]いるようなアイドルおたくだが、彼女はだんだんと彼に興味を持ち始め、彼が好きなアイドルのライブに

---

❹ **ノスタルジー**
（のすたるじー）
フランス語の「nostalgie」を語源とする。

❺ **サブカルチャー**
（さぶかるちゃー）
「英：subculture」。伝統的な文化とされているものに対して、社会の中の一部の人間を担い手として、発展する独特な文化。大衆文化、若者文化などがそれにあたるが、副次（ふくじ）文化、下位文化などと呼ばれ、格を下にして見られることも多い。日本のアニメやマンガなどもこのサブカルチャーに属していたが、近年これを見直す動きもある。

❻ **ライト・ノベル**
（らいと・のべる）
小説のジャンルの一つ。一般的にはアニメ風のイラストを挿絵に用い、ファンタジー要素の多いストーリーを持つ小説を意味する。もとは日本のサブカルチャーの中から発生したジャンルであるため、前述した挿絵のない作品やファンタジー要素のない作品が分類されることもあり、定義はきわめて曖昧である。

❼ **センセーション**
（せんせーしょん）
英語の「sensation」に由来し、世の中を驚かせるような出来事や事件を意味する。現在の日本では表現として多用されたために、「世の中を少し騒がせた程度の出来事」から「今までに例のない大事件」までを広義（こうぎ）として含む言葉になっている。

一緒に参加するようになるなど深入りしていく。しかし、一種の恋愛物語になってはいるものの、彼女たちの生活が日陰[17]から日向[18]へと移るような展開が訪れることはなく、どことなく[19]暗いムードに包まれ、気だるさ[20]をともなったまま、物語は閉じられる。

『蛇にピアス』の女子高生主人公は、付き合っている彼氏の影響で、刺青やピアスなどの身体改造への興味を深めていく。生きていることの実感が希薄なこの少女は、身体に直接刺激を与えることで、自分が生身[21]の人間として存在しているという事実を確認しているかのようである。また、心理的には彼氏の存在に大きく依存しているため影響を受けやすく、身体改造も徐々にエスカレートしていく。舌にピアスの穴を開け、その穴を徐々に拡張していき、いずれトカゲのように先が2つに分かれた「スプリット・タン」にするのが彼女の希望である。もちろんその過程では苦痛が伴うが、この痛みこそが彼女にとっては生きていることの証なのである。

あるとき事件が起きた。彼氏が彼女をトラブルから守ってやろうとして**チンピラ**❽に殴りかかったが、もともと秘めて[22]いた攻撃性が暴発して、期せずしてこのチンピラを殺害してしまう。アブノーマルながら彼女たちなりの平穏に包まれていた日常生活の静けさは破られ、社会からの制裁を受けずにはすまなくなり、不幸への転落が始まっていく。

読者への手紙

この暗い趣[23]の小説を読んで、現代の読者はいったい何を感じるだろうか。主人公と年代が離れた「大人」の読者は、自分たちの時代には考えられなかったような、無気力だったり過激だったりといった若者たちの異常な青春の姿に、目をみはる[24]かもしれない。しかし、主人公たちの年齢に近い若者の読者の目には、これらの小説に登場する事件がさして[25]異常なものと映ることもなく、むしろ主人公たちの抱える無気力や、孤独や、痛ましさに、深い共感すら抱くかもしれない。

このような、若者の暗い日常を描いた小説が人気を集めるのはなぜだろうか。さまざまな理由が考えられるだろうが、その一つとして、社会が個人を保護する機能が著しく低下しているということが挙げられるのではないか。たとえば**『サザエさん』**❾のような息の長いアニメを観ると、かつての日本における地域社会の固い絆や家族の温もりが描かれているが、現代の日本社会ではそうしたものが実感される場面はますます少なくなっている。

近年、先が見えない不況の中で、多くの非正規雇用の労働者が相次いで職を失っている。テレビのインタビューなどで、職を失った彼らが「帰るところがない。将来のことが不安でたまらない[文05]」と言っていたのには悲しみを禁じ得なかった[文06]。かつてなら、都会に出て失敗した若者にも、帰るべき故郷や家庭というものがあった。しかし、地域共同体においても「持ちつ持たれつ[文07]」の互助機能が崩壊し、血縁共同体の結束[26]も脆弱化した現在の日本には、帰る場所を持たず、都会を流浪するしかないような若者があふれている。決まった住居を持たず、インターネットカフェを泊まり歩きながら、日雇いのバイトで**生計を立てている**❿「ネットカフェ難民」が社会問題になったほどである。

---

❽チンピラ
（ちんぴら）
素行（そこう）の悪い少年少女や地位の低いヤクザ（暴力団の構成員）を示す場合もある。もともとは、一人前ではないのに、まるで一人前であるかのような口のきき方をする者を馬鹿にするときに使う言葉。

❾『サザエさん』
（さざえさん）
日本の国民的アニメ。原作は長谷川町子（はせがわ・まちこ）による四コマ漫画（四格漫画）。漫画としての連載（れんさい）は1946年～1974年。昭和（しょうわ）中期の日本を舞台に、地域や家族の間での心温まる交流を描く。連載（れんさい）期間が長いため、当時の日本人の生活だけではなく、社会の移り変わりを知るための手がかりにもなっている。

❿生計を立てる
（せいけいをたてる）
「生計」とは日々の生活を支えるための手段のこと。そこから「～を手段にして生活を成り立たせること」という意味になる慣用表現。

共働き[27]の家庭が多くなり、一人で晩ご飯を食べる子どもも増え、老人の「孤独死」も頻繁に報じられるようになっている。人間は独りではいられない[文08]にもかかわらず、近年の社会は個人をバラバラにし、非正規雇用の増加にみられるように、一人ひとりが直接に厳しい世界と向き合うよう促してきた。毎年3万を超える自殺者の数も、世の中の過酷さを物語っている。

　『蹴りたい背中』や『蛇にピアス』のような、気だるく、痛ましく、寂しくそして暗い小説は、共同体の日常からの疎外感[28]、自己の身体からの疎外感を抱える孤独な読者へと向けられた手紙のようなものとして、これからも読み継がれていくのではないだろうか。つらいのは自分だけじゃない。悩みを共有できる相手がどこかにいるかもしれないと語りかけ、明日を生きる力を与えることが、「社会」が機能を喪失してしまった時代の小説に課せられた[29]役割だと言えるだろう。

（文＝平塚夏紀）

本文語彙 **本文文法**

01 失墜[しっつい]
アクセント— 0
品　詞— 名詞

権力や信用、名誉など、社会的な力を失うこと。
〈例文〉
・不祥事(ふしょうじ)で会社の信用が失墜する。

02 名を冠する[なをかんする]
アクセント— －
品　詞— 慣用表現

ある名称の頭に別の名前をつけること。
※「名を冠(かん)する」とは「名前を前に置く」という意味、例文のように「~賞」の形では使うことができるが、「レントゲン」のように発見者や開発者の名前をそのまま付けたものは「(ヴィルヘルム・レントゲン)に由来する」もしくは「因(ちな)む」と表現され、「名を冠(かん)する」には当てはまらない。
〈例文〉
・法律事務所の名前は創業者の名を冠して「山田法律事務所」とした。

03 肩を並べる[かたをならべる]
アクセント— －
品　詞— 慣用表現

同じような能力や地位、力を有する。
※「肩を並べる」とは「同等の地位や勢いにある、もしくは同程度の力のある」という意味を持つ。比べるものが「足の速さ」であっても「肩を並べる」は問題なく用いることができる。
〈例文〉
・彼の料理の腕前はプロに肩を並べるほどだ。

04 手軽[てがる]
アクセント— 0
品　詞— ナ形容詞

手間がかからず、簡単な様。
〈例文〉
・インスタント食品は手軽に済ますことのできる食事として、人気です。

05 嫌々[いやいや]
アクセント— 0
品　詞— 副詞

そうしたくないと思いながら、しかたなくすること。しぶしぶする。
〈例文〉
・彼は上司の無理な要求を嫌々承諾した。

06 受け止める[うけとめる]
アクセント— 4 (0)
品　詞— 動詞

~という意味だと理解する。~だと認識する。
〈例文〉
・彼は厚意(こうい)でしているのだが、相手にはおせっかいだと受け止められてしまう。

07 差し置く[さしおく]
アクセント— 0 (3)
品　詞— 動詞

~を放って置いて。~を無視して。後回しにする。捨て置く。
〈例文〉
・消費者を差し置いて、商品を開発しても売れはしない。

08 洗練する[せんれんする]
アクセント— 0
品　詞— 動詞

趣味や文化などを優雅(ゆうが)で品位(ひんい)のあるものにすること。高尚なものにすること。あか抜けたものにする。
※「洗練された」「洗練されている」のように受身で使うことが多い。
〈例文〉
・彼女の物腰(ものごし)はとても洗練されていて、出自(しゅつじ)の良さを感じさせる。

09 化す[かす]
アクセント— 1
品　詞— 動詞

何かが別の何かに変わること。それ以前とは別のものになること。
〈例文〉
・彼の家が火事で灰と化してしまった。

10 巻き返す[まきかえす]
アクセント— 3
品　詞— 動詞

ある不利な、あるいは困難な状況から勢いを取り戻すこと。
〈例文〉
・彼は窮地(きゅうち)からの巻き返しを図った。

11 茶の間[ちゃのま]
アクセント— 0
品　詞— 名詞

日本の一般家庭において、食事をするなど家族だんらんをする場所。
〈例文〉
・休みの日、父はいつも茶の間でのんびりしている。

12 兆し[きざし]
アクセント— 0
品　詞— 名詞

~になる可能性を示すもの。気配。兆候(ちょうこう)。予兆(よちょう)。前触(まえぶ)れ。
〈例文〉
・祖母の病気は回復の兆しを見せた。

13	締めつける (締め付ける) [しめつける] アクセント― 4 (0) 品　詞― 動詞	力を入れてしっかりと結びつけること。強く締めること。 〈例文〉 ・彼は荷物を束ねる縄をきつく締めつけた。	
14	千切る [ちぎる] アクセント― 2 品　詞― 動詞	手を使ってバラバラにすること。むしること。 〈例文〉 ・鳥に餌をあげるためにパンを千切ってまいた。	
15	紛らわす [まぎらわす] アクセント― 4 品　詞― 動詞	落ち込んだ気持ちなどを、何かすることで関心をそらして忘れようとすること。ごまかす。気をそらす。 〈例文〉 ・兄は気分を紛らわそうと散歩に出かけた。	
16	見入る [みいる] アクセント― 2 品　詞― 動詞	集中してみること。じっと見つめること。 〈例文〉 ・あまりの絵の美しさに、私は思わず見入ってしまった。	
17	日陰 [ひかげ] アクセント― 0 品　詞― 名詞	障害物などがあり、日光が当たらなくなっている部分。 ※比喩（ひゆ）的に、世の中で表に立てず、恵まれていない境遇の人のことを意味する。 〈例文〉 ・ゴッホは生涯、画家としては日陰に生きた。	
18	日向 [ひなた] アクセント― 0 品　詞― 名詞	遮るものがなく、日光が当たっている部分。 ※日陰に対して、日向は比喩（ひゆ）的な意味をもともと持っているわけではない。本文では日陰の逆の意味を持つ表現として、特に比喩（ひゆ）として用いられている。 〈例文〉 ・猫が日向でのんびりと寝ている。	
19	どことなく アクセント― 4 品　詞― 副詞	はっきりとした理由などはないが、そうであると感じられる様。なんとなく。 〈例文〉 ・彼女はいつもどことなく哀しそうな表情をしている。	
20	気だるさ (気怠さ) アクセント― 0 品　詞― 名詞	なんとなくだるい状態。おっくうさ。 〈例文〉 ・長旅のあと、実家に戻ったときの気だるさが心地よく感じられた。	
21	生身 [なまみ] アクセント― 2 (0) 品　詞― 名詞	血が通い、神経が通り、心があって感情もある身のこと。生きたままの姿。 〈例文〉 ・人の生身の感情は、時に他人を傷つける。	
22	秘める [ひめる] アクセント― 2 品　詞― 動詞	表に出ないように人から隠すこと。または、表に出ないが内に持っていること。 〈例文〉 ・彼には何か秘めた才能があるように見えた。	
23	趣 [おもむき] アクセント― 0 品　詞― 名詞	全体的にある雰囲気のこと。気配。 〈例文〉 ・山には一足早く、秋の趣が漂い始めていた。	
24	目をみはる [めをみはる] アクセント― ― 品　詞― 慣用表現	目を大きく開けるほどに驚く、または、感動する。 ※常用外だが「目を瞠る」とも書く。 ※「目をみはる」とは、あまりの驚きや怒り、感動などで目を大きく開けることを意味する。大きな感情の動きを表現する言葉であり、「目をみはる」自体が特定の感情を示すものではないことに注意。 〈例文〉 ・美術館のすばらしい作品に目をみはるばかりだ。	
25	さして (然して) アクセント― 1 (0) 品　詞― 副詞	程度のあまりひどくない様。たいして。 〈例文〉 ・彼は、他人の少しばかりの失敗などはさして気にもしない。	

26 結束 [けっそく]

アクセント― 0
品　　詞― 名詞

志を一つにしてまとまること。団結。
※ もとはひもや縄で結んで束にすることを意味する。そこから結束の度合いは「強い」「弱い」のほかに、「固い」「もろい」「崩れる」などで表すことがある。

〈例文〉
・彼のチームの結束はとても固い。

27 共働き [ともばたらき]

アクセント― 3 (0)
品　　詞― 名詞

夫婦が二人とも働いていること。ともかせぎ。

〈例文〉
・私の両親は共働きで、幼い頃の私の面倒を見てくれたのは祖母だった。

28 疎外感 [そがいかん]

アクセント― 2
品　　詞― 名詞

① (社会生活などで) 自分が本来の自分と異なる形でしか存在できないときに感じる、自己と自己が切り離されていくときに感じる感情。
② 自分がある集団から除 (の) け者にされていると感じるときの不快 (ふかい) な感情のこと。
※ 本文の「自己の身体からの疎外感」が①に当たる。
※ 本文の「共同体の日常からの疎外感」の場合が②に当たる。
※ 端的 (たんてき) に言えば、①は自分らしさが欠落 (けつらく) する際の不快 (ふかい) 感を意味し、②は集団生活から外れる際の不快 (ふかい) 感を意味する。

〈例文〉
① 社員が疎外感を感じるような会社経営は行われるべきではない。
② 彼女は会社の中で疎外感に苦しんでいる。

29 課す [かす]

アクセント― 1
品　　詞― 動詞

義務や役割、責任として負わせること。負担として一方的に引き受けさせること。

〈例文〉
・国は国民に多くの義務を課し、国民も国に多くの役目を課している。

本文語彙　**本文文法**

01 〜だけのことはある

〈言い換え〉
　〜わけだ

〈接続〉
　［名詞 / ナ形 / イ形 / 動詞］だけのことはある

〈意味〉
　（通例（つうれい）、賞賛（しょうさん）の意味を持って）ある状態にふさわしいことを示す。

〈注意点〉
　動詞の前には、社会的に地位の高いこと、あるいは能力が高いことを示す名詞、あるいはその意味を含む代名詞が来る。文の初めに「さすが」が付くことが多い。

〈例文〉
- さすが一流ホテルだけのことはあって、スタッフの接客がすばらしかった。
- 彼はすぐに病名を言い当てた。さすが名医と呼ばれるだけのことはある。
- 彼女は非常に美しいプロポーションをしている。さすがモデルを務めていただけのことはある。

02 〜ならいざ知らず / 〜ならともかく

〈接続〉
　［名詞］ならいざ知らず / ならともかく

〈意味〉
　「〜についてはどうだかわからないが」という意味を表す。

〈注意点〉
　前後には「昔ー今」「幼稚園の子どもー大学生」「暇なときー忙しいとき」などのように、対比的な事柄が述べられ、後半の事柄が前半の事柄よりも程度や重要性の点で勝っていたり、特別な場合であるということを表すのに用いる。後半には驚きや「大変だ」といった意味の表現が続くことが多い。

〈例文〉
- 新入社員ならいざしらず、入社8年にもなる君がこんなミスを犯すとは信じられない。
- 大金持ちならいざしらず、普通の学生にブランド品を買えるはずがない。
- 国内ならともかく、海外の情報などは画像と資料で判断するしかない。
- 無料ならともかく、有料のトイレの掃除が行き届いていないといやだ。

03 〜べく

〈言い換え〉
　〜ために / 〜ように

〈接続〉
　［動詞（ーる）］べく

〈意味〉
　目的を表す。
　「［動詞1］べくして［動詞1］」のように同じ動詞を繰り返して「〜べくして〜」の形で用いられると、「〜して当然だ」という意味を表す。

〈注意点〉
　書き言葉でしか使われない硬い表現。

〈例文〉
- 夢をかなえるべく親元を離れて上京した。
- あれほど努力したのだから、あの勝利は奇跡ではない。彼は勝つべくして勝ったと言えるだろう。

04 〜と言わんばかりに / 〜とばかりに

〈接続〉
　［節］と言わんばかりに / とばかりに

〈意味〉
　「いかにも〜と言いたそうな様子で」、または、「いままさに〜しようとしている」という意味を表す。

〈注意点〉
　共に文語的表現で、「と言わんとばかりに」には「相手の態度がいかにも〜と言いたそうに見える」という意味しかない。「〜とばかりに」は「この時とばかりに」や「どうだとばかりに」など慣用的な使い方も多く見られる。

〈例文〉
- 彼は、すべては私のせいだと言わんばかりの態度で同僚に文句を言っていた。
- 彼女は時々自分がルールだと言わんばかりの行動する。
- 熊が私を襲わんばかりに、大きなうなり声をあげた。
- 逆上がりに成功した息子が、どうだとばかりに私のほうを見てきた。

05 〜てたまらない

〈言い換え〉
〜てしかたがない / 〜てしょうがない

〈接続〉
［ナ形］でたまらない
［イ形（ーくて）］たまらない

〈意味〉
自らではコントロールできないような、強い感情や感覚が自然に起こる様子を表す。また欲求の程度が激しい場合にも用いる。

〈注意点〉
主に話し言葉として使われる。
話し手以外の人物の気持ちを表すときは、語尾に「ようだ」「そうだ」「らしい」などを加える。
「たまらない」とは我慢できないという自然な感情の高ぶりを意味するため、「思える」「思い出される」「見える」「聞こえる」などの自然に起こってくる自発の気持ちには「〜てたまらない」は使えない。

〈例文〉
・ 将来が不安でたまらない。
・ ペットがかわいくてたまらない。
・ 国に帰りたくてたまらない。

06 〜を禁じ得ない

〈接続〉
［名詞］を禁じ得ない

〈意味〉
「〜しないではいられない」「〜を抑える／我慢することができない」という意味を表し、ある状況の程度の甚だしさを強調する言い方。感情や反射的な行動を表す名詞を用いる。

〈注意点〉
硬い書き言葉である。
決まり文句のような形で用いる。

〈例文〉
・ 彼女の無礼な振る舞いには、驚きを禁じ得ない。

07 AつBつ

〈接続〉
［動詞（ーます）］つ［動詞（ーます）］つ

〈意味〉
両方の動作が交互に行われていることを示す。

〈注意点〉
「行く」と「戻る」のように反対の意味を持つ動詞や、「持つ」と「持たれる」のように能動と受動の形の動詞を連用形（マス形からマスをとった形）で並べて用いる。慣用句など定型（ていけい）化した形で用いられることが多く、言い換えはしない。（例：「出つ入りつ」「押しつ押されつ」「ためつすがめつ」「見えつ隠れつ」など）

〈例文〉
・ 子どもの帰りがあまりに遅いので、母が心配して家の前の通りを行きつ戻りつしていた。
・ その日のデパートはとても混んでいて、押しつ押されつ進み、何とか目的の場所に着いた。
・ 困ったときは持ちつ持たれつですから、何かあれば頼ってください。

08 〜て(は)いられない

〈接続〉
① ［名詞］で(は)いられない
② ［動詞（ーて）］(は)いられない

〈意味〉
① ある状態・状況でい続けることはできない。
② 緊迫（きんぱく）した状況・状態なので、ある行為を続けられない、あるいは、すぐに行動に移りたいという意味を表す。

〈注意点〉
「のんびり」「ぼやぼや」「じっくり」などの副詞を伴う場合が多い。
「思い出す」「悔やむ」などの思考や感情を表す動詞に「ないではいられない」が用いられた場合、これらの動詞に「てしかたがない」が付いたものと似た意味になる。
例：この季節になると、震災を思い出さないではいられない。
　　この季節になると、震災が思い出されてしかたがない。
ただし、「〜ないではいられない」には「〜てしかたがない」のように程度を強調する意味はない。

〈例文〉
① 入社3年目、いつまでも新人気分ではいられない。
② 休日になると家でじっとしてはいられない。
② その問題についてもう黙ってはいられない。

▎言語知識に関する設問 ▎

1. 本文での読み方に注意しながら、次の日本語を音読しなさい。

   ❶ 刺青   ❷ 幻影   ❸ 脆弱   ❹ 洗練   ❺ 内気
   ❻ 趣   ❼ 堕す   ❽ 促す   ❾ 兆し   ❿ 著しい

2. 下線部に入れる語として最も適当なものを a～d の中から選びなさい。

   ❶ この店の服は、見た目はかわいいけど、実際試着してみると、予想とほんの少し、＿＿＿＿ずれていて、いつも買うのを諦めている。
       a. とんでもなく   b. どことなく   c. どこにもなく   d. ところかまわず

   ❷ 彼は練習では好成績を残すのだが、いざ本番となるとどうにも成績が＿＿＿＿としない。
       a. ザッ   b. ホッ   c. パッ   d. ポッ

   ❸ 彼女の対人恐怖症はどんどん＿＿＿＿していき、とうとう家から一歩も出られなくなってしまった。
       a. エスカレート   b. センセーション   c. アップグレード   d. ファッション

   ❹ 高校生が、今年のオリンピック大会に出場することになり、＿＿＿＿で話題となった。
       a. お昼の間   b. お湯の間   c. お水の間   d. お茶の間

3. 次の言葉を用いて、文を作りなさい。

   ❶ 名を冠する （   ）
   ❷ 肩を並べる （   ）
   ❸ 目をみはる （   ）

▎内容理解 ▎

1. 本文で述べられている日本の小説の現状として、正しくないものを a～e の中から選びなさい。

   a. マンガやアニメとは違う価値が評価され続けている。
   b. 小説が、社会の中で知的な意味で特別な扱いを受けた時代は終わった。
   c. 若者を対象としたサブカルチャーとして小説は変化している。
   d. 近代文学の名著とされる作品でも古臭い古典と思われることがある。
   e. 手軽に読めて共感できる小説が人気となっている。

2. 第 130 回芥川賞受賞作品である綿矢りさの『蹴りたい背中』と、金原ひとみの『蛇にピアス』について、共通点を挙げなさい。複数ある場合は、複数挙げなさい。

3. 筆者は、綿矢りさの『蹴りたい背中』と金原ひとみの『蛇にピアス』を読んだ「大人」の読者と、若者の読者は、それぞれどのように感じたと考えているか。以下のカッコを埋めなさい。

   「大人」の読者：（   ）
   ⇔ 若者の読者：（   ）

4. 筆者は、若者の暗い日常を描いた小説が人気を集める背景にどのような社会状況があると考えているか。簡潔に述べなさい。

5. 『蹴りたい背中』や『蛇にピアス』のような作品から、筆者は、小説にはどのような役割があると考えているか。正しいものを a 〜 e の中から選びなさい。

    a. 社会が個人を保護する機能の大切さを思い出させること。
    b. 過剰な報道や、マスコミの作りだした幻影を指摘すること。
    c. かつての日本における地域社会の固い絆や家族の温もりを感じさせること。
    d. 不況の中、厳しい世界と向き合って行かざるを得ない世の中の過酷さを鋭く描くこと。
    e. 悩みを共有できる相手がいると語りかけ、明日を生きる力を与えること。

▎発展活動▎

1. 住んでいる国や地域では、どのような小説が若者の支持を得ているか。小説のタイトルと作家、人気がある理由について発表しよう。

2. 若者の支持を得ている小説は、本文中で挙げられている『サザエさん』のような息の長いアニメなどと比べて、どのような点が異なるか。また、今若者から支持されている小説は10年後、20年後も支持されると思うか。

3. 本文では、筆者が考える小説の役割が述べられているが、あなたは小説の社会に対する役割は何だと思うか、考えてみよう。

コラム 「言葉」と「感覚」

「小説」と「ロゴス中心主義」

　「小説」とは、近代という時代がつくり出したものです。そして、近代という時代は、他でもない西欧の国々の文化の中から生まれてきたものです。

　その文化の中心にある考え方は、「ロゴス中心主義」と呼ばれるべきものなのだと、フランスの哲学者ジャック・デリダ❶は言っています。ロゴス中心主義とは、『三省堂　大辞林』❷によると、「デリダの用語。日常世界の背後に絶対的な真理が隠されており、それは言葉（ロゴス）によってとらえることができるという西欧形而上学の中心原理」と定義されています。

　「ロゴス」とは、日本語でいう「言葉」を意味しますが、他にも「言語」「理性」「ものに内在する論理・法則」といった意味を伴っています。言葉は人間の思考に不可欠[01]で、人間は言葉によって世界を「分節化」したり「認識」したりできるのだと考えられています。たとえば、「真理」という言葉の定義をまた『三省堂大辞林』で確認してみると、「正しい道理。だれも否定することのできない、普遍的で妥当性のある法則や事実」と定義されています。この法則や事実は、言葉によって記述されるものです。

　ある概念は必ず言葉によって名付けられ[02]、その概念は必ず言葉によって説明されたり、論証されたりします。実は小説も、こういった言葉による説明の文化が生み出したものであり、また我々が「小説」というものについて考えるときも、小説そのものを言葉によって説明しようと試みます。我々は、小説を読む際に必ず、作者にその作品を書かせた「動機」や作者の描こうとした「主題（テーマ）」を読み取ろうとします。これはつまり我々が、小説の作者というものは、「動機」や「主題」という言葉で表現される何ものかに必ず執着して作品を書いているのだと想定しているということです。

「言葉」ではなく、「感覚」に執着する物語

　しかし、金原ひとみの『蛇にピアス』といい、綿谷りさの『蹴りたい背中』といい[文01]、その主題を言葉で説明するのが難しい。どうも、最近の若者が書く作品においては、言葉の説明力よりも「イメージ」が優先されるようです。より単純な言葉であればあるほどより強い「イメージ」をもたらすことができ、そのイメージの強さが作品の価値となっています。

　また、これらの作中の主人公は、言葉よりも「感覚」に強く執着しています。たとえば『蛇にピアス』の作品中では何度も、ピアスや刺青をめぐる描写を通じて「痛み」という感覚が話題に上っています。肉体改造のプロセスを執拗に描写し、そこに「痛み」の表現を埋め込むことで、読者と主人公が「感覚」を共有するような体験が生み出されています。その他に、この作品中では「愛」や「死」、「性」についても多くの紙数が割かれて[03]おり、これらもまた主人公の持つさまざまな感覚とともに描写されています。

　『蹴りたい背中』では、主人公の女子高生・長谷川初実は、学校やクラスという場にある種の「空気」がつくり出される過程や、つくり出された「空気」がどういったものかを観察し続ける主体として描かれています。この作品につきまとう気だるさや暗さは、それ自体が小説の主題であるものの、言葉で直接的に指し示されるものであるよりは「空気」も同然の[文02]曖昧な何かです。「空気」というのはきわめて感覚的なもので、その説明たるや[文03]論理的な言葉によって行うことは不可能と言っていいでしょう。

---

❶ ジャック・デリダ
（じゃっく・でりだ）
1930年生まれのフランスの哲学者。ポスト構造主義と呼ばれる思想運動を担った代表的人物の一人とされている。2004年没。

❷『三省堂　大辞林』
（さんせいどう　だいじりん）
三省堂（さんせいどう）が発行している中型の国語辞典。Web上で利用できるので、比較的手軽に使うことができる辞書と言える。およそ26万語が掲載されている（Web版）。

第8課　135

現代の小説が評価されないのはなぜか

　近代の小説は多くの場合、ある言葉で表現される主題――たとえば「愛」や「正義」といった理念――を鮮明に浮かび上がらせるために、筋書き[04]や言い回し[05]などの「言葉」の表現をどれだけ効果的に駆使しているかで評価されます。そうした、理念への言葉による説明に優れた小説こそが、「深み」を持った作品として讃えられるのです。

　現代の日本で、たとえば若い作家が書く「ライト・ノベル」やケータイ小説は、一般的な（あるいは伝統的な）「小説」の批評家からは見向き[06]もされません。それはなぜかというと、おそらくそういった小説の多くが、「感覚」や「空気」を言葉で表現したような作品だからではないでしょうか。「軽い」「浅い」作品であると批評家から見下されて[07]しまう原因は、ここにあります。そして、実はそうした批判は、純文学の新人賞である芥川賞を受賞した『蛇にピアス』や『蹴りたい背中』といった作品にも共通するものがあるのです。

　しかし、感覚や空気を描いた作品が、理念を描いた作品に比べて劣るものであるかというのは疑問です。愛や正義のような理念を言葉によって掘り下げ、それらの理念に対する深い理解をもたらす物語と、感覚や空気を言葉によって描き出し、現代の若者が感じているリアリティに迫ろうとする物語とでは、そもそも目的としているものや求められているものが異なっているのであって、後者が前者よりも「軽い」「浅い」とは一概には言えないのではないでしょうか。

（文＝森尻匠）

コラム語彙 / コラム文法

01 不可欠 [ふかけつ]
アクセント ― 2
品　詞 ― ナ形容詞

欠かすことのできない様。どうしても必要だということ。
〈例文〉
・衣食住は人が生活をするのに不可欠なものだ。

02 名付ける [なづける]
アクセント ― 3
品　詞 ― 動詞

人やペット、物などに名前を付ける。命名する。
〈例文〉
・飼い猫をトラと名付ける。

03 割く [さく]
アクセント ― 1
品　詞 ― 動詞

全体の中の一部分を分けて、何かの用途に使うこと。割り当てること。
〈例文〉
・彼は自身の研究に、人生の多くの時間を割いた。

04 筋書き [すじがき]
アクセント ― 0
品　詞 ― 名詞

演劇や小説、映画などの全体の内容を大まかに書き記したもの。または、全体の内容自体を意味する。シナリオ。すじ。
〈例文〉
・この映画の筋書きは予想を超えていた。

05 言い回し [いいまわし]
アクセント ― 0
品　詞 ― 名詞

文章などでの、言葉の表現のし方。言い表し方。言い方。
〈例文〉
・彼は人と話すときの、言葉の言い回しがうまい。

06 見向き [みむき]
アクセント ― 1 (2)
品　詞 ― 名詞

あるほうを向いて見ようとすること。
※ 通例 (つうれい)、「見向きもしない」「見向きもされない」など否定の形で、「無視される」という意味で使われることが多い。
〈例文〉
・生きているうちは見向きもされなかった芸術家は数多い。

07 見下す [みくだす]
アクセント ― 0 (3)
品　詞 ― 動詞

(相手の立場・能力を自分よりも下と見て) 馬鹿にすること。侮 (あなど) る。
〈例文〉
・彼は人をその学歴だけで尊敬したり、見下したりするところがある。

コラム語彙　コラム文法

01 AといいBといい / AといわずBといわず

〈接続〉
［名詞1］といい［名詞2］といい／［名詞1］といわず［名詞2］といわず

〈意味〉
AとBの両方が同じ性質を持つことを示すが、暗(あん)に「AとBだけではなく、全体も同じ性質を持っている」という意味を含む場合も多い。

〈注意点〉
「AといわずBといわず」の場合は全体を含む意味でしか使えない。この場合は語尾に「いつでも」「どこでも」「誰でも」「何でも」や「〜ばかり」などの語句を用いることが多い。通例(つうれい)は、批判や評価、あきれや感心、諦めなどの感情を表す場合に用いる。

〈例文〉
- 彼といい彼女といい、君の友人は時間にルーズな人ばかりだな。
- このお茶は味といい香りといい申し分のない出来だ。
  (※ この場合は「お茶」が申し分のない「味」と「香り」を持っていることを示し、これによって「お茶」が評価されることを示す。)
- 赤ん坊は家の内といわず外といわず、どこでも遠慮なく泣き出すものだ。
- 学校の規則は生徒といわず先生といわず、(誰でも)守らないといけない。　(※「誰でも」の部分は省略されることもある。)

02 〜も同然の 〈〜も同然だ〉

〈言い換え〉
〜と同じ

〈接続〉
［名詞／動詞（ーた）］も同然の

〈意味〉
「〜と言っても構わない」または「〜と同様だ」という意味を表す。

〈注意点〉
通例(つうれい)は、感情や主観的な判断を伴った形で、「実際に起こったことではないが、実際に起こった場合と変わらない」という場合に用いる。あくまで本人の認識においてのみ同じであるということに注意。

〈例文〉
- 彼は親友の父親にとてもかわいがられ、親子も同然(どうぜん)の関係が続いている。
- 自分の魂を売ったも同然(どうぜん)の人。
- この点差では、勝負はついたも同然(どうぜん)だ。
- その仕事はほとんど終わったも同然(どうぜん)だ。

03 〜たるや

〈接続〉
［名詞］たるや

〈意味〉
性質や状態を表す名詞を強調して取り上げて述べるのに用いる。

〈注意点〉
人名などの固有名詞は、通例、主語としては用いない。
　　(誤)ウサイン・ボルトたるや、すべての人を驚嘆させた。
　　(正)ウサイン・ボルトの俊足(しゅんそく)たるや、すべての人を驚嘆させた。　(※主語は「(ウサイン・ボルトの)俊足(しゅんそく)」)

〈例文〉
- 車に衝突した際の衝撃たるや、すごかった。
- 念願のオリンピック出場を果たしたときの喜びたるや、筆舌(ひつぜつ)に尽くし難いものがあった。

ユニット5
日本人と哲学

第9課
「『正義』とは何かを哲学的に考える」では、日本でも大ブームになったアメリカの哲学者マイケル・サンデルの『これからの「正義」の話をしよう——いまを生き延びるための哲学』を取り上げ、人間にとって「正義」とは何か、「価値観」とは何かについて哲学的に考察します。

第9課

「正義」とは何かを
哲学的に考える

第9課　「正義」とは何かを哲学的に考える

レビュー書籍▶▶▶　マイケル・サンデル（著）　鬼澤忍（訳）

『これからの「正義」の話をしよう
── いまを生き延びるための哲学』

（2010年、早川書房）

思考のストレッチ

1. 普段の生活の中で「道徳」を意識することはあるか。それはどんなときか、例を挙げてみよう。

2. 自分にとって「正義」とは何か。その基準や考え方について例を挙げて説明しよう。

3. 次の場合、自分ならどうするか。

   ブレーキが壊れてしまった電車が分岐路に差しかかろうとしている。一方は、6人の作業員が線路上で工事をしている。もう一方では、一人が片付けをしている。彼らは電車の異常に気がついておらず、警報装置も故障していて危険を知らせる手段はない。また、電車は必ずどちらか一方の線路を通らなければならないとする。

   自分がもしこの電車の運転手であった場合、ブレーキのきかない電車をどちらに進行させるか。

政治哲学者マイケル・サンデル[1]

　2010年、米ハーバード大学のマイケル・サンデル教授が書いた『これからの「正義」の話をしよう』という哲学書が、日本でも大ブームを巻き起こしました[01]。ハーバード大学で大人気となっているサンデル教授の講義をNHKが番組化すると、放映されるなり[文01]大きな話題になり、サンデル教授の著書の邦訳である本書も広く読まれたようです。

　サンデル教授の専門は政治哲学という分野です。『これからの「正義」の話をしよう』では、特に道徳をめぐる哲学、つまり人間にとって「正しい行い」や「正しい社会制度」とはどんなものなのかを突き詰めて[02]考える哲学がテーマとなっています。たとえば、2005年にアメリカの南東部をハリケーン「カトリーナ」が襲い、ニューオーリンズなどで甚大な[03]被害が発生しました。その際、物資が不足したのをいいことに、小売業者等の間では生活物資の価格を吊り上げる[04]「便乗値上げ」が横行したそうです。他人の不幸につけ込んだ[05]便乗値上げ[2]を我々は許すべきなのかどうか。許すべきでないとすれば、いかなる理由でこれ

---

[1] マイケル・サンデル（まいける・さんでる）
アメリカ合衆国の政治哲学者。本文にあるとおり、コミュニタリアンであり、コモンウェルスを強調した論述が多い。共和（きょうわ）主義者を名乗ることもある。1980年からハーバード大学政治学部教授に就任。アメリカ合衆国のブッシュ大統領が設置した生命倫理委員会で委員を務めた。

[2] 便乗値上げ（びんじょうねあげ）
原油や農作物など、原価の値上がりによって一部の商品が値上がりしたときに、本来ならば直接原価に影響がない商品までもが一緒になって（＝便乗して）値上げをすること。原価の高騰（こうとう）は社会的にも物資の値段を底上げするが、この「便乗値上げ」はその範囲を超えて行われ、しかも売り手側の利益だけを目的にしていることが特徴である。

を非難することができるのか。このように問いかけて[06]我々の道徳観を掘り下げて[07]いくのが、サンデル教授の政治哲学です。道徳的な価値観に関わるテーマとなると、人によって意見が大きく異なるので、答えを出すのは非常に困難です。しかし、考えを進めるためのヒントはいくつか存在します。サンデル教授は、政治哲学に関する論争の歴史を振り返る[08]と、どんな問題についてもだいたい3つの道徳的立場が存在し、それぞれ「快楽」「自由」「美徳」を重視する考え方であると整理しています。

功利主義

1つ目は「功利主義」と呼ばれる立場で、とにかく快楽の最大化を追求するという考え方です。一人ひとりの「幸福」や「利益」を足し合わせた総量が最大になるように、そして「苦痛」の総量が最小限になることをめざすわけです。これは我々にとって最もなじみ[09]のある考え方かもしれません。政治や経済の仕組みは人々の「幸福」や「利益」の総量を最大化するために存在するのだ、という考え方に反対する人はあまり多くはないでしょう。

しかしこうした素朴な[10]功利主義にはいくつかの疑問が向けられています。一つは、快楽の総量を問題にしてしまうと一部の人の権利が踏みにじられる[11]可能性がある、ということです。たとえば、かつて[12]ヨーロッパで、人間をライオンに食わせて殺すという見世物[13]があったそうです。これは現代人の感覚では許容しがたいですが、功利主義の立場で考えると、「殺される人間の苦痛」よりも「それを見て喜ぶ人間の快楽」の総量のほうが多い場合は、この見世物を「残酷だ」と非難することはできなくなってしまいます。

もう一つは、「快楽」や「幸福」や「利益」というのは、単なる量として比較可能なものなのかという疑問です。快楽にも幸福にもさまざまな種類のものが存在するはずで、それらを単純に量として足したり引いたり、あるいは比べたりするのは難しいのではないでしょうか。かつてタバコメーカーが、タバコを吸うことによって平均寿命が短くなる（つまり人々が早く死んでくれる）ので、政府は医療費の支出を削減することができるという計算結果を発表したことがあったそうです。しかし、人が死ぬことの悲しみと医療費の削減とを、同じ次元の問題として比べてよいのかは疑問です。

自由主義

2つ目の「自由」を尊重する立場も我々になじみの深いものです。政治においても経済においても、「自由」は近代社会の基本ルールの一つだと言っていいでしょう。

自由主義の中にもいくつかの異なる考え方が存在し、最も単純明快なのが「リバタリアニズム」という思想です。とにかく自由に勝る[14]価値はないと考える立場で、政府が人々の生活に介入する[15]のは望ましくなく[16]、犯罪や戦争を防止して秩序を守る以上の役割を与えてはならないと言います。つまり、豊かな人から税金を徴収して[17]貧しい人を支援するとか、シートベルトの着用を義務づけて国民の命を守るといった政策についても、「よけいなお世話」として批判するわけです。

「リベラリズム」は、個人の自由を尊重する点ではリバタリアニズムと同じですが、すべての人々が実質的に十分な自由を享受できるためには、政府が個人を支援する制度づくりが必要であると考えます。極端な経済格差[18]が存在すると、貧しい人々が実際にできることは限られてしまい、自由であることの意味がなくなってしまうからです。

20世紀の最も有名な政治哲学者の一人であるジョン・ロールズは、公正なルールとは何なのかを徹底的に議論しました。彼は、もし人々が「無知のベール[19]」というものをかぶっていて、社会の中で自分がどういう位置にいるのかを誰も知らないと仮定すれば、「最も弱い人々」に有利になるようなルールを定めることに全員が同意するはずだと考えました。ひょっとしたら自分が「最も弱い人々」の位置にいるかもしれないからです。ジョン・ロールズは、そこで定められるルールはまずすべての人に基本的な自由を認

めるだろう、そして経済格差については、その格差が存在することによって「最も弱い人々」が救われるような場合にのみ許されるだろう、と言っています。たとえば、ビル・ゲイツが莫大な富[20]を手にするのも、もしそのことによって良質なパソコンが最底辺の人々にも行き渡るのであれば、認められるだろうということです。

美徳をめぐる哲学

功利主義においては、「快楽」さえ[21]得られるのであれば（他人に苦痛を与えない限り）何をやっても許されるし、リバタリアニズムやリベラリズムは個人の「自由」を尊重するので、人がどう生きるべきかを指図する[22]ことはありません。これらの考え方に共通しているのは、「美徳」や「善」というものは個人の価値観の問題にすぎず、政治や経済のシステムはそんなものとは無関係に、中立的な立場から組み立てられるべきであるという前提です。しかし、こうした中立性の原則に異を唱える[23]思想家も存在していて、サンデル教授もまさにその一人です。

美徳に関して政治が中立的であり得るかどうかを考えるには、婚姻制度をめぐる議論を取り上げるのがわかりやすいでしょう。たとえば「同性婚」は認められるべきなのかどうかということです。功利主義の立場であれば、本人たちが幸せになるならば認めるべきと言うまでです[文02]。そして自由主義の立場からも、当然そんなものは個人の自由だから認めるべきという結論になります。政治制度は個人の性的嗜好[24]に対して「中立的」であるべきだというわけです。

しかし、徹底して中立的であろうとするならば、たとえば「一夫多妻」のような結婚のあり方も、本人たちがそれでよいのならば認めるべきだという話になってしまいます。しかし、実際にイスラム圏などで一夫多妻制が存在するとはいえ、少なくとも欧米や日本の社会では、「一夫多妻」が制度的に許されることはないでしょう。ということは、結婚という制度の中にも、単なる「中立性」の原則には還元できない[25]、特定の「美徳」が埋め込まれて[26]いるということです。

では、結婚という制度は具体的にどういう美徳、どういう価値を奨励しているのでしょうか。「子どもを産むこと」というのが真っ先に頭に浮かびますが、現実には結婚の際に「生殖能力」は求められていません（不妊症であっても、出産能力のない高年齢であっても、結婚はできる）。したがって、子どもをつくることは結婚制度の本質ではなさそうです。アメリカのマサチューセッツ州最高裁で同性婚の権利について争われた際、マーシャルという裁判長は、婚姻制度が讃えている美徳とは「独占的な愛情関係」そのものだと結論づけたそうです。つまり、一人の人間を長期間にわたって深く愛するということそのものが、讃えるに値する[27]/[文03]美徳であるということです。その美徳に対する称賛を制度化したものが結婚であるというわけで、結局、同性婚も認められることになりました。

連帯の責任

サンデル教授は、功利主義にも、リバタリアニズムやリベラリズムにも与することなく、我々の社会に「共通の善」「美徳の美徳」というものを打ち立てるべきだと主張します。サンデル教授の立場は「コミュニタリアン」と呼ばれるのですが、それは共同体（コミュニティ）や国家における、人々の「連帯」に大きな価値を見いだしているからです。

我々が、家族に対しては赤の他人に対するよりも大きな責任を負い、自国の同胞に対しては他国民に対するよりも大きな責任を負うのは、当然だろうとサンデル教授は言います。ここには、「家族や同胞を守らなければならない」という内向きの責任だけでなく、「家族や同胞の行為について連帯責任を負う」という外向きの責任も含まれます。家族が外でみっともない振る舞いをしていれば恥ずかしく感じるし、ナチ

スドイツのユダヤ人に対する**ホロコースト**❸や、アメリカにおける黒人差別のように、現代では あるまじき[文04]こととされる行為を父や祖父の世代が行っていたことについて、現代のドイツ人・アメリカ人が責任を感じるということです。

「経済には価値観の正しさなど関係なく、人それぞれの欲望を満たすことが大事」という考え方や「価値観は多様であるほうがよく、特定の美徳(びとく)だけを奨励する べきではない[文05]」という考え方は、ある程度までは正しいでしょう。実際にそうやって近代の資本主義社会、民主主義社会は発展してきたからです。しかし、中立性の名のもとに「美徳(びとく)」をめぐる議論を遠ざけてきた結果、上に述べたような「連帯」の価値観や責任がないがしろにされ、人々がバラバラになってしまったとサンデル教授は指摘しています。

我々日本人も、特に戦後は、「他人の道徳的信念(しんねん)を尊重する」ということは「道徳的信念(しんねん)に関する議論を避けること」であると勘違いしてきました。これでは、我々の道徳観や価値観そのものが深みを失っていくことになります。言うまでもないことですが、他人と意見が一致しないからといって、価値観に関わる議論を避け続けるばかりでは、お互いを理解することも、より良質な価値観を打ち立てることもできません。対立を避けるために議論を封印(ふういん)し続けた あげく[文06]、お互いを理解することができなくなって対立が一層深まるということすらあり得ます。 むしろ²⁸ 簡単には合意できないということを知った上で徹底的に議論し、それぞれの立場を深堀(ふかぼ)りすることでこそ、これからの時代の「正義」が 打ち立てられて²⁹ いくのでしょう。

(文=川端祐一郎(かわばたゆういちろう))

---

❸ ホロコースト
　（ほろこーすと）

「英：holocaust」。第二次世界大戦におけるドイツ軍によるユダヤ人に対する大量虐殺（ぎゃくさつ）を指す。元はギリシア語で「動物を祭壇（さいだん）で焼き、神に捧げる儀式」＝「燔祭（はんさい）」を意味するユダヤ教の宗教用語だった。1978年に放送されたアメリカで長編テレビドラマ『ホロコースト 戦争と家族』という作品がもとでこの言葉が広まったとされている。

第9課　145

本文語彙 | **本文文法**

01 巻き起こす [まきおこす]
アクセント ― 4
品　詞 ― 動詞

あることがらを突然に発生させること。
〈例文〉
・彼のとった行動が予想外の事態を巻き起こした。

02 突き詰める [つきつめる]
アクセント ― 4
品　詞 ― 動詞

物事を徹底的に考え、詳細に調べること。
〈例文〉
・何日もかけて調査を行い、実験が失敗した理由について突き詰めた。

03 甚大 [じんだい]
アクセント ― 0
品　詞 ― ナ形容詞

物事の程度が非常に大きい様。程度が通常の状態をはるかに超えている様。
※ 通例（つうれい）では、好ましくない事態が起こった場合に使う。
〈例文〉
・1993年の日本で冷夏（れいか）を原因とした甚大な米不足が発生した。

04 吊り上げる [つりあげる]
アクセント ― 4
品　詞 ― 動詞

(意図的に) 物の値段を高くすること。
〈例文〉
・彼はうその情報で株の値段を吊り上げた。

05 つけ込む [つけこむ]
アクセント ― 0 (3)
品　詞 ― 動詞

相手の弱みなどを自分の利益や目的のために使用すること。
〈例文〉
・人の善意（ぜんい）につけ込んだ詐欺事件を許すことはできない。

06 問いかける [といかける]
アクセント ― 4 (0)
品　詞 ― 動詞

質問を投げかけること。または、質問をし始めること。
〈例文〉
・教授に対して彼が疑問を問いかけた。

07 掘り下げる [ほりさげる]
アクセント ― 4 (0)
品　詞 ― 動詞

物事の奥深くまで考えること。よく考察すること。
〈例文〉
・大学では、物事を掘り下げて考える力が求められます。

08 振り返る [ふりかえる]
アクセント ― 3
品　詞 ― 動詞

過ぎた出来事について考える。回顧（かいこ）する。
〈例文〉
・夏に故郷に帰り、昔のことを振り返った。

09 なじみ
アクセント ― 3 (0)
品　詞 ― 名詞

なれ親しんで知っていること。特に珍しくはない身近にあるもの。
〈例文〉
・久しぶりに食べた母の料理の味は、とてもなじみのある味だった。

10 素朴 [そぼく]
アクセント ― 0
品　詞 ― ナ形容詞

考え方が単純なもの。飾り気のないもの。
〈例文〉
・小学校の教師になって以来、子どもたちから「どうして空は青いの？」「世界にはどうして国があるの？」といった素朴な疑問を問いかけられ、深く考えさせられることが多い。

11 踏みにじる [ふみにじる]
アクセント ― 4
品　詞 ― 動詞

人の権利、人間性や感情を粗末に扱うこと。蔑（ないがし）ろにする。
〈例文〉
・彼は私の好意を踏みにじった。

12 かつて（嘗て）
アクセント ― 1
品　詞 ― 副詞

過去のあるときを表す。以前に。昔。
〈例文〉
・かつてここに私の生まれた家があった。

13 見世物（見せ物）[みせもの]
アクセント ― 3 (4)
品　詞 ― 名詞

人の目を引くような催し物。出し物。
〈例文〉
・華やかな見世物が街行く人々の足を止めた。

14 勝る [まさる]

アクセント ― 2 (0)
品　　詞 ― 動詞

力量や価値などが他のものに比べて上であること。優れていること。

〈例文〉
・彼の腕は師匠（ししょう）に勝るとも劣らない。

15 介入する [かいにゅうする]

アクセント ― 0
品　　詞 ― 動詞

（当事者の意思に反して）第三者が関わること。割り込むこと。干渉。
※ 政治的な場合によく使われる。

〈例文〉
・国同士の争いには大国が介入することが多い。

16 望ましい [のぞましい]

アクセント ― 4
品　　詞 ― イ形容詞

望まれる状態。そうあってほしいと願う状態。好ましい。

〈例文〉
・実験は一定の環境で行われることが望ましい。

17 徴収する [ちょうしゅうする]

アクセント ― 0
品　　詞 ― 動詞

法律や規則に従って定められた形で金銭を取り立てること。

〈例文〉
・組合が年会費を徴収する。

18 格差 [かくさ]

アクセント ― 1
品　　詞 ― 名詞

同種の間での程度の違い。
※ ただし、本文の「経済格差」は特に「生活水準の違い」を指す。

〈例文〉
・都会と田舎では情報量に格差がある。

19 ベール

アクセント ― 1
品　　詞 ― 名詞

女性の顔を覆うのに使われる薄い布やネット。

〈例文〉
・女性の顔はベールに隠されていてよく見えなかった。

20 富 [とみ]

アクセント ― 1
品　　詞 ― 名詞

金銭的に高い価値を持つもの。財産。資源。

〈例文〉
・彼は一代で巨万（きょまん）の富を築いた。

21 さえ

アクセント ― ―
品　　詞 ― 副助詞

そのことのみで、すべての条件が完全に満たされる意味を表す。だけ。
※ 一般的に「ある条件が満たされるならば」という仮定の意味で使われる。

〈例文〉
・君さえいてくれれば、私は他に何もいらない。

22 指図する [さしずする]

アクセント ― 1
品　　詞 ― 動詞

物事のし方などを他者に言いつけること。命令する。指示する。

〈例文〉
・彼は他人から指図されることを最も嫌う。

23 異を唱える [いをとなえる]

アクセント ― ―
品　　詞 ― 慣用表現

反対すること。もしくは、別の意見を述べること。

〈例文〉
・私は友人の意見に異を唱えた。

24 嗜好 [しこう]

アクセント ― 0
品　　詞 ― 名詞

あるものの中から特に何かを好むこと。好み。趣味。
※「嗜」に「好んで食べる」の意があるので、「飲食物の好み」という意味で使われることがある。
　　（例）日本人の嗜好にあった味付けの料理。

〈例文〉
・自分の嗜好に合った洋服を探す。

25 還元する [かんげんする]

アクセント ― 0
品　　詞 ― 動詞

ある状態から別の状態になったものを、元の状態に戻すこと。
※ 特に哲学で使われるときには「複雑なものを根本的なものに戻すこと」という意味を持ち、文中の「還元できない」では原則から派生（はせい）した法律が原則に当てはまらなくなっていることを示している。

〈例文〉
・成功した企業家は、ビジネスで得た利益を社会に還元する義務を持っています。

26 埋め込む [うめこむ]

アクセント ― 3
品　　詞 ― 動詞

あるものの中に何か別のものをしっかりと入れること。
※ 実際には動作を示す言葉だが文中では比喩（ひゆ）的に使われたものと思われる。

〈例文〉
・土にしっかりと杭（くい）を埋め込む。

第9課　147

27 値する [あたいする]
アクセント― 0
品　　詞― 動詞

それをする価値がある。ふさわしいものである。
〈例文〉
・ 彼の勇気ある行動は賞賛（しょうさん）に値する。

28 むしろ
アクセント― 1
品　　詞― 副詞

二つのものを比べて、前者よりも後者を選ぶという意思を表す。どちらかといえば。
〈例文〉
・ 私は休日は出かけるよりも、むしろ家でのんびりするほうが好きだ。

29 打ち立てる [うちたてる]
アクセント― 4 (0)
品　　詞― 動詞

しっかりとしたものとして定めること。確立する。樹立する。
〈例文〉
・ 政府が新しい政策方針を打ち立てる。

本文語彙 | **本文文法**

01　①〜なり　　②〜たなり

〈言い換え〉
①〜や（否や）/〜が早いか
②〜したまま

〈接続〉
①［動詞（ーる）］なり
②［動詞（ーた）］なり

〈意味〉
①「A なり B」の形で、「A をした直後に B をした」という意味になる。
②「A たなり B」の形で、「A をしてからずっと B をしている」という意味になる。

〈注意点〉
②の場合、「予測された事態が起こらない」という意味合いを持つ場合がある。（例：「彼は私を見たなり、何も言わずに去って行ってしまった。」
→彼が私を見れば挨拶くらいはするだろうと思っていたが、彼は何も言わなかった。）

〈例文〉
① 彼は晩ご飯を食べるなり、すぐに眠ってしまった。
② 母は父とけんかしたなり機嫌が直らない。
② 彼女とは一度電話したなり一切連絡を取っていない。

02　〜までだ /〜までのことだ

〈言い換え〉
〜だけだ

〈接続〉
①［動詞（ーる）］までだ / までのことだ
②［動詞（ーた）］までだ / までのことだ

〈意味〉
①「〜なら／たら」「〜ても」という条件の下、「それなら〜をするだけだ」という決意を表す。
②「そのような行動をしたのは、〜からで、他の理由・他意はない」という意味を表す。

〈注意点〉
②の場合は、言い訳としても用いられる。
「それまでだ」は、「それで終わりだ」「もうそれ以上はない」の意味を表す。
（例：「いくらお金をためても死んでしまえばそれまでだから、生きているうちに楽しんだほうがよい。」）

〈例文〉
① 今年うまくいかなくても、落胆（らくたん）することはない。来年再挑戦するまでだ。
② 今回の件は、彼に非（ひ）があるから指摘したまでだ。彼のことが嫌いだから言ったのではない。

03　〜に値（あたい）する /〜に足る /〜に足りる

〈接続〉
［名詞］に値する / に足る / に足りる
［動詞（ーる）］に値する / に足る / に足りる

〈意味〉
人や情報などが、「する価値がある」「することができる」という判断の意味を表す。

〈注意点〉
硬い書き言葉である。
多くの場合は信頼・尊敬を表す動詞・名詞に接続する。

〈例文〉
・尊敬に値する人物かどうかは、資産や学歴だけでははかれません。
・幼少（ようしょう）期に信頼するに足る大人に見守られて育つことは大切だ。
・彼は世界記録を更新（こうしん）するに足りる力を持っている。

04　〜にあるまじき /〜としてあるまじき

〈接続〉
［名詞1］にあるまじき［名詞2］だ
［名詞1］としてあるまじき［名詞2］だ

〈意味〉
［名詞1］には、職業や地位を表す名詞を用いて、「そのような立場にある人が、［名詞2］のようではいけない／ふさわしくない」というマイナスの意味・批判を表す。

〈注意点〉
書き言葉的な硬い表現。

〈例文〉
・代返をするなど学生にあるまじき行動だ。
・会社を無断で欠勤するなど社会人としてあるまじき行為だ。

第 9 課　149

05 〜べきではない

〈言い換え〉
〜てはいけない / 〜ものではない

〈接続〉
［名詞 / ナ形］であるべきではない
［イ形（ーく）］あるべきではない
［動詞（ーる）］べきで（は）ない

〈意味〉
「〜してはいけない」という禁止を表す。

〈注意点〉
注意書きに用いられる硬い書き言葉。「べからず」は話し言葉では用いられない。
前接する動詞は必ず肯定形である。
　　　（誤）道にゴミを捨てないべきでない。
　　　（正）道にゴミを捨てるべきでない。
「〜べきではなかった」と過去形にすると、過去に行われたことが、行われるべきではなかったという判断・後悔の意味になる。

〈例文〉
・政府は国民の意思を無視するべきではない。
・いつまでも初心（しょしん）を忘れるべきではない。
・彼一人に判断を任せるべきではなかった、とプロジェクトが失敗した今になって後悔している。

06 〜あげく

〈言い換え〉
〜すえ

〈接続〉
［名詞］のあげく
［動詞（ーた）］あげく

〈意味〉
「A あげく B」の形で用いられる。A には「何かの状況や状態が必要以上に長く続いたこと」を示す語句が入る。B には「A の結果がどうなったか」を示す語句が入る。通例（つうれい）、必要以上に長く続いたことがかなりの精神的な負担になったり迷惑になったりするような場合に用いる。

〈注意点〉
「あげくに」の形も使われる。ある状態が限界まで続き、よくない状況が起こったときには、「〜あげくの果てに」が使われることもある。
（例：「さんざん働かされたあげくの果てに、会社は倒産し給料はもらえなかった。」）

〈例文〉
・さんざん並んだあげく、結局、商品は売り切れで買えなかった。
・どちらの化粧品にするか迷ったあげく、両方とも買ってしまった。

▌言語知識に関する設問▐

1. 本文での読み方に注意しながら、次の日本語を音読(おんどく)しなさい。

   ❶ 横行　❷ 素朴　❸ 嗜好　❹ 秩序　❺ 徴収
   ❻ 富　❼ 異なる　❽ 勝る　❾ 唱える　❿ 讃える

2. 下線部に入れる語として最も適当なものを a～d の中から選びなさい。

   ❶ ＿＿＿＿の他人に指図されたくないよ！
   　a. 白　　b. 黒　　c. 赤　　d. 青

   ❷ 昨日、高校の同窓会で、十年ぶりに再会した昔の友だちと一緒に高校時代のいろんな思い出や出来事を
   　＿＿＿＿た。
   　a. 振り絞っ　　b. 振り返っ　　c. 振り向い　　d. 振り回し

   ❸ 他人の弱みに＿＿＿＿で、金儲けすることは卑怯だ。
   　a. つけ込ん　　b. おい込ん　　c. まき込ん　　d. ひき込ん

3. 次の下線部に当てはまる言葉を本文から抜き出して書き入れなさい。

   (1) 自由主義の中にもいくつかの異なる考え方が存在します。最も❶＿＿＿＿＿＿なのが「リバタリアニズム」という
   　思想です。❷＿＿＿＿＿＿自由に勝る価値はないと考える立場で、政府が人々の生活に❸＿＿＿＿＿＿するのは
   　❹＿＿＿＿＿＿なく、犯罪や戦争を防止して秩序を守る以上の役割を❺＿＿＿＿＿＿はならないと言います。

   (2) 中立性の❶＿＿＿＿＿＿に「美徳」を❷＿＿＿＿＿＿議論を❸＿＿＿＿＿＿きた結果、「連帯」の価値観
   　や責任が❹＿＿＿＿＿＿にされ、人々が❺＿＿＿＿＿＿になってしまったとサンデル教授は指摘しています。

▌内容理解▐

1. 功利主義(こうり)の考え方を 70 字以内で説明しなさい。また、その問題点を簡潔にまとめなさい。

   ［功利主義の考え方］
   ＿＿＿＿＿＿＿＿＿＿＿＿＿＿＿＿＿＿＿＿＿＿＿＿＿＿＿＿＿＿＿＿＿＿＿＿
   ＿＿＿＿＿＿＿＿＿＿＿＿＿＿＿＿＿＿＿＿＿＿＿＿＿＿＿＿＿＿＿＿＿＿＿＿

   ［問題点］
   ＿＿＿＿＿＿＿＿＿＿＿＿＿＿＿＿＿＿＿＿＿＿＿＿＿＿＿＿＿＿＿＿＿＿＿＿
   ＿＿＿＿＿＿＿＿＿＿＿＿＿＿＿＿＿＿＿＿＿＿＿＿＿＿＿＿＿＿＿＿＿＿＿＿
   ＿＿＿＿＿＿＿＿＿＿＿＿＿＿＿＿＿＿＿＿＿＿＿＿＿＿＿＿＿＿＿＿＿＿＿＿

2. 次の❶〜❹は、リバタリアニズム、あるいは、リベラリズムの考え方、それに基づく行動のどちらと認識されるか。リバタリアニズムにはaを、リベラリズムにはbを記しなさい。

❶ 不利益を被らないように、住民の中で極端に困窮している人を、社会で援助する。（　）
❷ 競争で得られた結果こそがすべてであり、たとえ社会的に不遇な人がいても、それは自身の責任によるものだと考える。（　）
❸ 政府が特定の人を援助するなど、物事に介入すると、自由や平等が侵害されるとし、反対する。（　）
❹ 社会は必ずしも自由や平等が自然発生的に成立するものではなく、政府などが環境整備のためにさまざまな対策をとることが必要であると考える。（　）

3. 功利主義にも自由主義にも、「美徳」や「善」というものは個人の価値観の問題にすぎないという前提があるが、一方で、「一夫多妻」のような結婚のあり方が、本人たちがよいなら認めるべきだという単純な話にならない理由を40字以内で述べなさい。

_____
_____ため。

4. アメリカのマサチューセッツ州最高裁において同性婚が認められた際に大きな根拠となった考え方は何か。答えなさい。

5. サンデル教授が著作で指摘しているものとして、正しいものをa〜dの中から選びなさい。

　a. 価値観は人それぞれであり、何か一つの価値観を奨励するのはよくない。
　b.「善」や「美徳」を共有することで、価値観に関わる議論を最小限にできる。
　c. 経済活動において、物事の正しさよりも、欲望を満たすことのほうが重要である。
　d.「善」や「美徳」を共有し連帯する共同体は大切である。

発展活動

1. あなたが日々行動する際、基準としている道徳観は何か。本文にあればそれを、なければ別のものを挙げ、その道徳観に基づいて行動する理由を説明しよう。

2. 筆者は、戦後日本では、「他人の道徳的信念を尊重する」ということは「道徳的信念に関する議論を避けること」であると勘違いしてきた側面があると指摘しているが、具体的にどのような場面でそういったことが見られるか。日本における過去の具体的事例を調べ、考えてみよう。

3. 2011年3月11日に発生した東日本大震災について、NHKが討論番組を制作した。そこでは、サンデル教授が日本、アメリカ、中国の学生や文化人とともに震災をめぐる道徳的なテーマについて議論を行った。さまざまなテーマについて話し合われたが、その中で、「震災直後の福島第一原発において、原子炉の暴走を止めるために職員たちが連日作業に当たっているが、こうした危険な任務に従事する人間は、どのように選ばれるべきなのか？」とサンデル教授は問うた。意見交換をした上で、コラムを読んで考察を深めよう。

コラム　サンデルの政治哲学と東日本大震災

東日本大震災

　2011年3月11日、東北地方を中心に東日本のほぼ全域が激しい地震に襲われました。とりわけ[01]沿岸部の津波被害がすさまじく[02]、2011年12月現在の発表では、今回の震災による死者・行方不明者は合わせて約2万人であるとされています。犠牲者の数でいえば2004年のスマトラ沖地震は22万人以上、2008年の四川大地震は8万7千人以上とされているので、それらに比べれば軽微な災害であるとされてしまうこともあるのかもしれません。しかし、近代日本の歴史の中では、約10万人の犠牲者を出した関東大震災に次ぐ大災害であり、また福島県の原子力発電所の事故を原因とした放射性物質による汚染の危険にさらされたこともあって、今後も長く国民的記憶として語り継がれる大惨事であることは間違いありません。

　NHKが2011年の4月と5月に、マイケル・サンデル教授を招いて、今回の東日本大震災に関する討論番組を制作しました（その模様は、NHK出版から『マイケル・サンデル　大震災特別講義──私たちはどう生きるのか』として出版されています）。その番組は衛星中継を用いて、サンデル教授が日本、アメリカ、中国の学生や文化人とともに震災をめぐる道徳的なテーマについて議論するというものでした。

　「日本の被災者たちが終始冷静に行動し、アメリカで起きたような便乗値上げや略奪事件もなく、協力し合って復興に当たっていたことについてどう思うか」とか、「震災後に各国から日本に対する支援が行われ、日本人が感謝を表明したことで、今後の国家間の関係は改善するだろうか」といったテーマも議論されていましたが、やはり最も重要なテーマは「原発」をめぐるものでした。

誰が危険な任務に当たるべきか

　震災直後、津波の影響により、福島第一原子力発電所で原子炉が暴走し始める事故が発生しました。放射性物質が広範囲にわたって飛散したため、放射線被曝の恐れから近隣の住民が他地域に避難したばかりか、数百km離れた関東地方でも大きな騒ぎとなりました。どの程度危険であるかについては評価が分かれるものの、事故から1年以上を経てもその事故の影響は解消されておらず、各地で放射線量を測定した結果が毎日のように報告され、健康への影響等がマスコミやネット上で盛んに議論されていました。

　さて、震災直後の福島第一原発では、原子炉の暴走を止めるために、職員たちが連日作業に当たっていました。防護服を着用してはいるものの、事故が起きている原発の周辺や内部に直接入り込んで作業するわけですから、比較的強い放射線を浴びざるを得ません。放射線被曝による健康被害を抑えるために、厳格に時間を区切って交代制で作業に当たっているなどと報道されていました。

　作業員たちは、もちろん職業的な義務として復旧[03]作業に従事したわけですが、そもそもこうした危険な任務に就きたいと思う人などほとんどいないはずです。とはいえ、誰かがその作業を進めなければ、原子炉の暴走で、より多数の日本人の生命と健康が危険にさらされることになってしまいます。

　このような場合、「生命や健康に悪影響のある危険な作業に従事する人間は、どのように選ばれるべきなのか？」とサンデル教授は問います。討議に参加したある中国人は、「強制ではなく志願に基づく任命であること」「その任務を果たせる技術を持っていること」「家族がいる者や若い者はなるべく避けること」や「金銭的な報酬が与えられること」を条件に挙げていました。金銭的な報酬については、特別な危険を覚悟して任務に当たるのだから特別な報酬が与えられるのは当然だ、というわけですが、これには反対す

る意見もあります。金銭が**インセンティブ**❶になるのであれば、十分に裕福な人たちは生命を危険に曝す作業を拒否することができますが、経済的に貧しい人々は、その金銭のために生命や健康を犠牲にしなければならないかもしれない。それは不公平だし、命に値段をつけているようでおかしいというわけです。これは、どちらが正しいかを決めるのが非常に難しい問題です。

原発を廃止すべきか

　福島第一原発での事故発生以来、「脱原発」を唱えて再生可能エネルギー（風力、地熱、太陽電池など）への転換を訴える人たちと、日本の電力の約３割を担う原子力発電からの脱却は事実上不可能であると主張する人たちとの間で、激しい論争が続いています。私は東京の都心部で働いていたのですが、経済産業省のような中央省庁の建物の周辺では、原発反対派による抗議活動が行われているのをよく見かけました[04]。なお海外では、ドイツのメルケル首相が、福島での原発事故を受けて「脱原発」の方針を宣言しました。

　サンデル教授はこの問題についても問いを投げかけます。生活水準を落としてでも[文01]原発からの脱却を進めるのか、生活水準を維持し、原発のリスクを引き受けるのかという選択です。

　討論参加者のうち原発からの脱却を主張する人からは、たとえば「原発が立地しているのは福島県だが、その電力の供給を受けるのは東京など、別の地域の人々であり、リスクを負う人と恩恵を受ける人が違うのは不公平である」という問題点が指摘されました。他には、「原発は自然に対する負荷が大きく、環境破壊につながっており、そうした技術は人道主義的にも許されない」という意見や、「原発事故後に電力供給量が落ちたため、都心では『節電』に取り組んだ[05]。その経験からすると、現在より電力供給の水準が低下しても、案外幸せに暮らしていけるはずである」といった意見もありました。

　原発肯定派の参加者からは、「たとえば飛行機などに乗る際も事故のリスクは必ずつきまとう[06]が、我々は飛行機に頼るのをやめることはできないだろう」という意見がありました。今も日本では、「原発の放射線事故で死者は一人たりとも[文02]出ておらず、むしろ統計的には、タバコや自動車のほうが生命・健康に与えるリスクが大きい」という主張が存在します。たしかに、自動車事故では１年間に数千人から１万人の日本人が死亡していますが、これまでに自動車という技術の廃止が唱えられたためしはありません[文03]。また他には、「今後新興国の経済が発展してきたときに、原発を使わずに人類が十分なエネルギーを得ることはできないのだから、今後も原発に頼るほかしかたがない[文04]だろう」という意見や、「そもそも石油だって、原子力に比べて優れたエネルギーであるとは言えない（たとえば二酸化炭素の排出という問題がある）のだから、原発を廃止してもしかたがない」などの意見が出ました。

　おそらく当面、原発の完全な廃止が決定されることはないし、かといって、原発の建設が今まで以上に活発に進むとも思えません。これからも日本人はこの問題について、長い議論を続けていかなければならないのです。

（文＝川端祐一郎）

---

❶ **インセンティブ**
（いんせんてぃぶ）
「英：incentive」。原義（げんぎ）としては「やる気を起こさせるための報酬」などを指す。経済学における用語として使われる場合は「人間の意志を決定させたり、行動を変化させたりするような要因」のことをいう。誘因（ゆういん）。本文中では「生命や健康に悪影響のある危険な作業に従事することを誘因（ゆういん）するもの」として金銭が例に挙げられた。

コラム語彙 / コラム文法

01 とりわけ
アクセント — 0
品　詞 — 副詞

あるものの中でも特に。
〈例文〉
・例年（れいねん）、冬は寒いが、今年はとりわけ寒く、雪まで降っていた。

02 すさまじい
アクセント — 4
品　詞 — イ形容詞

勢いや程度が非常に激しいこと。ものすごい。
〈例文〉
・北国では冬にすさまじいほどの雪が降る。

03 復旧 [ふっきゅう]
アクセント — 0
品　詞 — 名詞

壊れた状態から元のあった状態に戻すこと。
〈例文〉
・壊れたパソコンからデータを復旧させる。

04 見かける（見掛ける）[みかける]
アクセント — 0
品　詞 — 動詞

意図しないで自然に見ること。見受ける。目にとまる。
〈例文〉
・街中で友人の姿を見かけた。

05 取り組む [とりくむ]
アクセント — 3 (0)
品　詞 — 動詞

熱心に何かをすること。力を注ぐ。
〈例文〉
・一大プロジェクトに取り組む。

06 つきまとう
アクセント — 4 (0)
品　詞 — 動詞

（好ましくないことや気持ちが）いつもついてまわる。まとわりつく。
〈例文〉
・彼は何をしても不運がつきまとう。

ユニット1 日本人と日本語
ユニット2 日本人と地震
ユニット3 日本人とビジネス
ユニット4 日本人と文学
ユニット5 日本人と哲学
ユニット6 日本人と生活
ユニット7 日本人と読書

第9課

コラム語彙 **コラム文法**

01 〜てでも

〈言い換え〉
　たとえ〜ても

〈接続〉
　[動詞（ーて）] でも

〈意味〉
　動作に強い望みや意思が伴っていることを表す。「実現のためには、無理矢理な手段も悩まず使う」という強い意思を表す。

〈注意点〉
　「〜してでも〜したい」という形で望みを表す場合や、「〜してでも〜しろ」という形で命令や強い意志を表す場合が多い。

〈例文〉
- 初マラソンは這ってでも完走（かんそう）したい。
- どんな手を使ってでも勝ちたい。
- 若いときの苦労は買ってでもせよ。（※ことわざ）

02 〜たりとも

〈言い換え〉
　〜も／〜として

〈接続〉
　[数量詞] たりとも

〈意味〉
　「一番少ない数であってもまったく許容しない」という強い否定を表す。

〈注意点〉
　文語的な表現。一般的には「〜も」や「〜として」が用いられている。

〈例文〉
- 彼女は一度たりとも挫折（ざせつ）したことがない。
- 父が失業してから家族の生活は苦しく、1円たりとも無駄には使えない。

03 〜ためしがない

〈接続〉
　[動詞（ーた）] ためしがない

〈意味〉
　「それより前に実際にあったことがない」という、状況や状態を表す。

〈注意点〉
　非難する気持ちを込めて用いることが多い。

〈例文〉
- 彼女は「また、後で電話するね」といつも言うが、彼女から電話がかかってきたためしがない。
- 宝くじで当たったためしがない。
- 日記は今まで1週間以上書き続けられたためしがない。

04 〜ほかしかたがない

〈言い換え〉
　〜しか手がない／〜ほか（は）ない／〜しかない

〈接続〉
　[動詞（ーる）] ほかしかたがない

〈意味〉
　求めた形ではないが、他に方法がない状態。

〈注意点〉
　口語では、「〜ほかない」「〜しかない」の形でよく用いられる。
　「豆か芋を食べるほかしかたがない」など多くの選択肢から少しの選択肢に限定する場合もある。

〈例文〉
- この病気を治すためには、手術するほかしかたがない。
- これだけ探しても見つからないのだから、諦めるほかしかたがない。

ユニット6
日本人と生活

第10課
「貧乏で無気力な若者たち」では、三浦展の『下流社会――新たな階層集団の出現』を取り上げ、近年の日本では特に若者の間で経済格差が広がりつつあり、さらにはライフスタイル全般の質や、気力・意欲といったものにまで格差の拡大がみられるという現実に触れます。

第11課
「インターネット掲示板が書籍に」では、「2ちゃんねる」という日本の巨大インターネット掲示板から実話として生まれた恋愛小説『電車男』を取り上げ、日本のオタク文化、インターネット文化について紹介します。

第10課
貧乏で無気力（むきりょく）な若者たち

格差社会
家庭のライフスタイル
無気力な人々の社会
ネットカフェ難民
若者のライフスタイル
自分らしさ
一億総中流
下流社会
団塊の世代
バブル崩壊
フリーター
東大学費無料化
個性
ロストジェネレーション
機会悪平等
ワーキングプア
ゆとり教育
収入の格差
貧困
平等社会
高度経済成長
二極化
自由
文化の格差

第10課　貧乏で無気力な若者たち

レビュー書籍 ▶▶▶　三浦展（著）
『下流社会──新たな階層集団の出現』
（2005年、光文社）

思考のストレッチ

1. 書籍タイトルに「下流社会」とありますが、どのような社会が思い浮かぶか。その理由と併せて、考えてみよう。

2. 日本では、2000年代の半ばに「格差社会化」や「貧困」が大きなテーマとして雑誌やテレビや新聞で取り上げられた。その背景には、近年の日本社会のどのような特徴が関係していると考えるか。日本の高度経済成長期からバブル崩壊の頃までと、その後の日本社会の様子の変化をもとに考えてみよう。

3. 書籍タイトルに「新たな階層集団」とあるが、どのような「階層集団」を指すと思うか。"新しくない"階層集団についても考えながら、イメージしてみよう。

格差社会論

マーケティングの専門家である**三浦展**❶が2005年に出版した『下流社会』という本は、80万部も売れるベストセラーとなった。

2000年代の半ばから、日本では「格差社会化」や「貧困」が大きなテーマとして雑誌やテレビや新聞で取り上げられ[01]始め、注目を集めるようになった。高度成長期から**バブル崩壊**❷の頃までの日本は、「**一億総中流**❸」を自認するほどの、経済格差の目立たない「平等社会」だったが、ここ最近になって、豊かな階層と貧しい階層への二極化が進みつつあるという議論である。格差社会化の指摘自体は90年代にも存在したし、現在も続いているのだが、とりわけ[02]2004年頃から2008年頃にかけて大きく盛り上がった[03]。

格差の原因として、たとえば「単に高齢化が進んで、収入を得ない高齢者のみの世帯が増えた結果、統計上、世帯間の格差が拡大しているだけだ」という指摘もあるのだが、近年の格差社会論の多くは、「非正規雇用」つまりアルバイトや派遣社員として働く若者の「貧困」の現実をめぐる議論である。『ワーキングプア』（NHK）、『ネットカフェ難民』（日本テレビ）、『ロストジェネレーション』（朝日新聞社）といったルポルタージュが話題を集め、正社員としての安定的な地位を得られなかった若者が、死ぬほど働いているにもかかわらず「貧困」から抜け出せずに苦しんでいる姿を生々しく伝えた。

---

❶ **三浦展**（みうら・あつし）
株式会社カルチャースタディーズ研究所代表取締役（とりしまりやく）。評論家、消費社会研究家、自著（じちょ）ではマーケティング・アナリストと自称している。家族、都市問題を扱う著書が多数ある。なお、『下流社会』は彼の造語（ぞうご）である。

❷ **バブル崩壊**（ばぶるほうかい）
1980年代末期から1990年代初期に日本で起こった一時的な好景気とその後の不景気を発生状況から特に「泡」にたとえてバブル景気と呼んだ。「バブル崩壊」は特に景気後退期を指す。経済の安定成長期の終結とともに、さまざまな社会的問題が起こるきっかけとなった。

❸ **一億総中流**（いちおくそうちゅうりゅう）
一億総中流階級。つまり国民大多数が中流階級以上の生活をしているという国民意識のこと。

「下流」の若者の無気力な生活

　三浦の「下流社会」論は、多くの人が「中流」を自認していた時代は終わり、明らかに「下流」と呼ばれるべき階層が存在感を持ちつつあるというものである。彼の描く「下流」階層とは、単に収入が少ないという意味ではない。彼の議論が注目を集めたのは、低所得に甘んじている人たちのメンタリティや生活スタイルを分析して、彼らの所得面以外での共通点を描いて見せたからである。

　『下流社会』の前書きはこんなアンケートで始まる。以下の項目に半分以上当てはまる場合、その人は「下流」である可能性が高いと三浦は言う。

1　年収が年齢の10倍未満だ
　（＊編者注：年収は万を単位で数えるので、実際は年齢×10万円のこと）
2　その日その日を気楽に生きたいと思う
3　自分らしく生きるのがよいと思う
4　好きなことだけして生きたい
5　面倒くさがり、だらしない[04]、出不精[05]
6　一人でいるのが好きだ
7　地味で目立たない性格だ
8　ファッションは自分流である
9　食べることが面倒くさいと思うことがある
10　お菓子やファーストフードをよく食べる
11　一日中家でテレビゲームやインターネットをして過ごすことがよくある
12　未婚である（男性で33歳以上、女性で30歳以上の方）

（『下流社会』p.3）

　三浦は本書で、若者のライフスタイルを分析した結果、これらの傾向がお互いに結びつきやすいということを主張している。つまり、フリーター等の年収が少ない若者は、「自分らしく、自由に生きることが素晴らしい」と思っている場合が多く、そういう人はお菓子やファーストフードやテレビゲームが好きで、人付き合いにあまり積極的でない……というように、いくつかの共通点を持っているというわけである。

　食生活について彼は細かく分析していて、この他にも「下流」の若者には「朝食を食べない」「料理をするのが面倒」「食事の時間が不規則」といった特徴があり、また「上流」に比べて「野菜をたくさん食べる」「栄養のバランスに気をつける」という人が少ない。

　「下流」とは、単に所得が低いということではない。コミュニケーション能力、生活能力、働く意欲、学ぶ意欲、消費意欲、つまり総じて人生への意欲が低いのである。その結果として所得が上がらず、未婚のままである確率も高い。そして彼らの中には、だらだら歩き、だらだら生きている者も少なくない。その方が楽だからだ。

（同、p.7）

　言い換えると、三浦が言っている「下流社会」とは、「貧乏な人々の社会」というよりは「無気力な人々の社会」ということになる。

　近年盛んに論じられた「格差社会論」のほとんどは、所得格差の拡大を指摘したり、若者貧困のひどい現実をレポートしたり、企業が若者を正社員として雇わず「非正規雇用」の割合を増やしていることを労

働問題として批判する議論であった。しかし、三浦が注目しているのは、そもそも「よりよい生活」をめざそうともしない若者が増えているということであり、さらには彼らのメンタリティや生活スタイルには一定の共通点があるということなのである。

なぜ無気力な若者が増えたのか

なぜ無気力な若者が増えたのか。三浦は、かつてのように高い経済成長率が望めなくなった現代では、気力が衰えるのは当たり前だと言う。

現在の30歳前後（※本書の出版は2005年である点に注意）の世代は、少年期に非常に豊かな消費生活を享受してしまった世代であるため、今後は年をとればとるほど消費生活の水準が落ちていくという不安が大きい。これは現在の40歳以上にはない感覚である。

(同、p.103)

高度経済成長を経験した世代は、高所得層であろうと低所得層であろうと、社会全体の水準が上昇していくという期待を持つことができた。しかし現在の若者は、子どものころに親の収入で非常に豊かな消費生活を送ったのに対し、いざ[06]自分が大人になってみるとバブル以降ずっと不況が続いていて、昇給はおろか[文01]、就職することすら難しいという始末だ。こんな状況では若者がやる気をなくすのが当然だというのが三浦の主張である。

また、三浦の議論で最もおもしろいのは、「下流」の若者ほど、価値観として「個性」や「自由」を大事にする傾向があり、「自分らしさ」という基準にのっとって[文02]生きたいと考えている人が多いということだ。しかもこの傾向には世代による違いがあって、いわゆる団塊の世代、つまり1947年〜1949年生まれの人たちの世代では「上流」の人ほど「自分らしさ」を重視しているのに対し、若者の世代では逆に「下流」の人ほど「自分らしさ」を重視しているというのである。

団塊の世代がちょうど大学生だった1960年代といえば、世界的にも若者の「反抗」の時代だった。既存の常識や既成の権力に逆らうのがカッコイイことだとされ、自分らしく個性的に、自由を謳歌して生きることに皆憧れていたわけである。彼らの世代の多くは、現実には大企業に就職して、高度成長の恩恵を受けながら堅実に暮らす道を選んだ。しかし口先では「自分らしさ」が大事なのだと説き続け、その言葉を真に受けた[07]子どもたちが本当に「自分らしさ」を貫こうとした結果、さまざまな束縛に耐える道を歩むくらいなら[文03]、多少不安定であろうと「フリーター」のように気楽な生活を送るほうがよいと考え、結果として「下流」に転落する若者がたくさん生まれたというのが三浦の指摘である。

我々はどのような社会をめざすべきなのか

三浦の分析については、統計データの扱い方が乱暴だという批判があり、私もそう思う。あまり丁寧に科学的に論証されているわけではない。しかしそうはいっても、「所得が低いだけでなく、意欲そのものが低い若者たち」というイメージを描いて問題提起したことは重要だと思われるし、三浦が描写している若者の生活は、我々の実感にも合致して[08]いて説得力がある。

むしろ課題は、じゃあどうすればよいのかという点について、明確な回答がないという点だろう。格差社会問題を論じる人の多くは、「若者を正社員として雇わない企業が悪いのだ」とか「教育・就職の仕組み[09]を変えて『機会の平等』をもっと実現すればよい」という結論を導き出す人が多く、それはたしかにある程

度まで正しいだろう。三浦も『下流社会』の中で、「**機会悪平等**❹」こそが必要なのだとして、東大の学費無料化等の就学支援や、高額所得者による社会的寄付を促進せよと主張している。

　しかし、企業は景気が悪化する中で利益を確保するために非正規雇用の割合を増やして効率化しているわけで、飛躍的に正社員の数を増やすという選択肢は当面¹⁰は望めそうにない。また、「機会の平等」が確保されれば急に若者が活発に努力を始めるかというと、そうでもないように思われる。将来どのような社会をめざすべきかについてのはっきりした合意があって、かつ、その将来像に向かって社会全体が上昇していくという実感が持てるというのであれば、多くの人が「将来の豊かさ」をめざして、目先の苦労をものともせずに[文04]意欲的に努力に励む¹¹ということもあり得るだろう。しかし今の日本社会には、はっきりした将来像も、上昇していくという実感もないのである。

　結局のところ、景気が急激によくなるとか、逆にいったんどん底の経済水準まで落ちて高度成長からやりなおすといった、あまりあり得そうにない状況の中でしか、「希望ある未来」をイメージすることはできず、若者の「活力」は取り戻せないのかもしれない。

（文＝川端祐一郎）

---

❹ **機会悪平等**
（きかいあくびょうどう）

親の経済格差が子どもの経済格差にならないための、つまりは低所得者の子どもに対しての優遇（ゆうぐう）措置。能力による結果的な収入差を容認（ようにん）した上で、挑戦する機会だけは生まれに関係なく全員に平等にしようという考え方。逆に言えば、もともと高収入だった家庭の子どもは優位性を使えないため結果的に不利になる。

本文語彙 | **本文文法**

01 取り上げる [とりあげる]
アクセント ― 0 (4)
品　詞 ― 動詞

何事かを特に選んで検討するか、もしくは問題として扱うこと。
※「採り上げる」とも書かれる。
〈例文〉
・これは「食事と体の健康」をテーマとして取り上げた本だ。

02 とりわけ（取り分け）
アクセント ― 0
品　詞 ― 副詞

あるものの中でも特に。
〈例文〉
・例年、冬は寒いが、今年はとりわけ寒く、雪がよく降ります。

03 盛り上がる [もりあがる]
アクセント ― 4 (0)
品　詞 ― 動詞

（あることに対しての）意見や雰囲気、風潮（ふうちょう）が高まること。
〈例文〉
・少子化問題への社会的関心が盛り上がり始めている。

04 だらしない
アクセント ― 4
品　詞 ― イ形容詞

精神的な緩みがあり、整いのない様子。
〈例文〉
・だらしない服装は心もだらしなくする。

05 出不精 [でぶしょう]
アクセント ― 2 (3)
品　詞 ― ナ形容詞

外出を面倒がってしない様子。
〈例文〉
・私の父は出不精で、休日は家で寝てばかりいる。

06 いざ
アクセント ― 1
品　詞 ― 感動詞

これから何かする、また、起ころうとしているときのかけ声。
※「いざ～する」「いざ～となると」などの形で使用されることが多い。
〈例文〉
・いざ行動を起こそうとすると、邪魔ばかりされる。
・いざ出番となると、緊張して失敗ばかりしてしまう。

07 真に受ける [まにうける]
アクセント ― ―
品　詞 ― 慣用表現

（よく考えもせずに）聞いたことや見たものをそのまま信じること。
〈例文〉
・彼は冗談を真に受けて、本気で怒り出してしまった。

08 合致する [がっちする]
アクセント ― 0
品　詞 ― 動詞

何かと何かが符合（ふごう）すること。ぴったりと合っていること。
〈例文〉
・彼女が考える、理想の結婚相手の条件に合致する男性は存在しないだろう。

09 仕組み [しくみ]
アクセント ― 0
品　詞 ― 名詞

物事を形成している形状。組織や制度の構造。
〈例文〉
・世の中の仕組みは実にわかりにくい。

10 当面 [とうめん]
アクセント ― 0
品　詞 ― 名詞

目の前の一時的な状況。今のところ。さしあたって。
〈例文〉
・まずは当面の問題を解決すべきだと主張した。

11 励む [はげむ]
アクセント ― 2
品　詞 ― 動詞

懸命に何かをしていること。努力すること。
〈例文〉
・彼はただ黙々（もくもく）と日々の仕事に励んでいた。

本文語彙 **本文文法**

01 ① 〜はおろか　② 〜は言うまでもなく / 〜は言うに及ばず

〈言い換え〉
① 〜どころか
② 〜もさることながら / 〜はもちろんのこと

〈接続〉
① [名詞] はおろか
② [名詞] は言うまでもなく / は言うに及ばず

〈意味〉
① 「A はおろか B も〜」という形で、「A は当然、B も〜だ」と B を強調する意味を表す。ネガティブな意味で使われることが多く、「〜もない」「〜すらない」「〜もできない」といった文末と共起（きょうき）する。
② 「〜はもちろん」という意味を表す。当然であることをあえて比較として取り上げ、その後に続く事物を強調する言い方。

〈注意点〉
① 話し言葉では「〜どころか」を使う。「〜どころか」「〜はおろか」は、最初に挙げたものよりさらに程度のひどいものを強調して取り立てて付け加える際に用いる。「〜どころか」「〜はおろか」は「〜はもちろんのこと」に置き換えることができる。

〈例文〉
① A：昼ごはんはもう食べましたか。
　 B：昼ごはんはおろか、まだ朝ごはんも食べていません。
① 彼は今回のオリンピックで「金メダル候補」として名前の挙がっていた選手だが、メダルはおろか、入賞すらできなかった。
② 喫煙は言うまでもなく、受動（じゅどう）喫煙も体に悪い。

02 〜にのっとって

〈言い換え〉
〜に即して / 〜に基づいて

〈接続〉
[名詞] にのっとって

〈意味〉
既存（きぞん）の基準や、模範になる決まりに従って、物事が行われることを示す。

〈注意点〉
もともと「則る」、もしくは「法る」と漢字で表記され、「法（のり）に従う」という意味を持つ。「法（のり）」は「守るべきこと」や「模範や手本」という意味を持つ。すでにあった基準に対して用いられるので、「経験」など個人が基準とするものは用いることができない。ただし、言い換えの「〜に基づく」は「〜を基準にする」という意味になるので、「経験に基づく」という形で用いることができる。

〈例文〉
・避難訓練は自治体が作成したマニュアルにのっとって進められた。
・結婚式は伝統にのっとって執（と）り行われた。

03 〜くらいなら

〈言い換え〉
〜なら

〈接続〉
[動詞（ーる）] くらいなら

〈意味〉
「A くらいなら、B」の形で、A と B を比較する際に用いる。「A と B なら、B のほうがまだよい」という意味を表す。

〈注意点〉
A と B の比較は主観で行われるため、客観的にどちらがよいというのとは関係ない。
（例：「嫌いな仕事をするくらいなら、貧乏のほうがましだ。」「貧乏になるくらいなら、嫌いな仕事をするほうがましだ。」）

〈例文〉
・別れるくらいなら、最初から付き合わなければいいのに。
・ダイエットでケーキを我慢してイライラするくらいなら、食べたほうがいい。

04 〜をものともせずに

〈言い換え〉
　〜を困難とも思わないで / 〜を気にもしないで

〈接続〉
　［名詞］をものともせず

〈意味〉
　「不利な状況、あるいは、悪条件にもかかわらず、気にすることもなく挑むこと」という意味を表す。

〈注意点〉
　通例（つうれい）、困難な状況を表す語句を前に置く。後には前の語句と相対する形で、「達成した事柄」もしくは「達成しようとした事柄」を表す語句を置く。そのため、「達成できなかった事柄」は後ろには来ない。
　　　（誤）彼はけがをものともせずに試合に負けた。
　　※ しかし、以下のようには用いることができる。
　　　　　例：彼はけがをものともせずに試合に挑んだが、結果、負けてしまった。　（→ 負けはしたが、試合に挑むという行為は達成している。）

〈例文〉
　・ 彼は自分の境遇をものともせずに、常に前向きに生きている。
　・ 彼女は身長の低さをものともせずに、見事にモデルとして成功した。
　・ この車は砂利道をものともせずに登っていくことができる。

▌言語知識に関する設問 ▌

1. 本文での読み方に注意しながら、次の日本語を音読しなさい。

   ❶ 享受　　❷ 団塊　　❸ 謳歌　　❹ 束縛　　❺ 飛躍
   ❻ 甘んじる　❼ 衰える　❽ 貫く　❾ 逆らう　❿ 励む

2. 下線部に入れる語として最も適当なものをa～dの中から選びなさい。

   ❶ うちのクラスは、性格のいい男子が多いが、＿＿＿＿美男子と言える人は少ない。
   　　a. とりわけ　　b. としても　　c. とんでも　　d. とりきめ

   ❷ 昨夜、テストで0点をとる夢を見たのだが、それが妙に＿＿＿＿て、嫌な予感がする。
   　　a. 初々しく　　b. 図々しく　　c. 生々しく　　d. 騒々しく

   ❸ ＿＿＿＿してないで、さっさと宿題を終わらせなさい！
   　　a. どろどろ　　b. だらだら　　c. そわそわ　　d. いそいそ

   ❹ 今までずっと＿＿＿＿だった兄は、彼女ができたとたんによく出かけるようになった。
   　　a. 不器用　　b. 醍醐味　　c. 不気味　　d. 出不精

3. 次の言葉を用いて、文を作りなさい。

   ❶ 真に受ける　（　　　　　　　　　　　　　　　　　　　　　　　　）
   ❷ ～であろうと～であろうと　（　　　　　　　　　　　　　　　　　　　　　　　　）

▌内容理解 ▌

1. 近年の格差社会の問題に関する議論では、どのような課題について議論されているか。

2. 三浦展は、年収が少ない若者には共通するライフスタイルがあると指摘しているが、それはどのようなものか。

3. 次の下線部に当てはまる言葉を本文から抜き出して書き入れなさい。

   三浦展が言っている「下流社会」とは、「❶＿＿＿＿＿＿＿な人々の社会」というよりは「❷＿＿＿＿＿＿＿な人々の社会」ということになる。

4. 筆者は、「下流」とされる境遇におちいる若者が増えた背景をどのように考えているか。正しくないものをa～dの中から選びなさい。

   a. 現在の若者は、経済的な側面においては子ども時代をピークとして、下降傾向にある日本社会の中で希望を持てずにいること。
   b. 若者たちは、「自分らしさ」を追求した親世代への反抗から、「自分らしさ」よりも、安楽を求める傾向にあること。
   c. 「自分らしさ」を重視するあまり、気楽な道を選択する傾向にあること。
   d. 就職は難しい上に、たとえ入社できても給料も上がらないことで、やる気をなくしていること。

5. 筆者は、格差社会問題を抱える日本には何が欠けていると述べているか。70字以内で答えなさい。

発展活動

1. あなたが住んでいる国や地域では、格差社会問題は議論されているか。本文の内容をふまえ、比較をしながら話し合ってみよう。

2. 三浦展(みうらあつし)は本書で、「下流」に属する若者のライフスタイルに共通する傾向があると指摘しているが、それについてどのように考えるか。三浦展(みうらあつし)が挙げた項目の的確さや、補足(ほそく)できることがないか考えてみよう。

3. 無気力(むきりょく)な若者が増加することで格差が一層深刻化する現在の状況を打開するために、我々はどのようなことをすべきか。発表し、意見交換しよう。

> **コラム** 格差の遺伝？

　三浦展は、ベストセラーとなった『下流社会』から2年後に『格差が遺伝する！』という本を出版しました。このタイトルの意味はズバリ「下流の子は下流」ということです。遺伝といっても生物学的な意味での遺伝ではありません。よい教育を受け、よい文化に触れなければ、よい大学やよい企業に就職できないのであり、それにはおカネがかかるので、結果的に「上流」の家庭に生まれた子どもでないと「上流」の大人になれないということです。

　かつては、貧乏な家、パッとしない[01]親のもとに生まれても、子どもに能力さえあれば、よい大学を出てよい会社に就職でき、下流から中・上流へと階層移動できました。実際、貧乏な家庭出身の経営者や学者等はたくさんいます。しかしそれが可能だった時代はすでに終わったのであり、いまや格差は固定化し、階層が親から子へと再生産される社会になってしまったというのが三浦の指摘です。

　近年では、データを見る限り、親の学歴や文化的レベル――ひと通り[02]の教養があって、食生活等もキチンとしているというようなこと――が高くなければ、その子どもはよい大学やよい企業に入れなくなってきているのです。

　独自の調査データによって三浦が示そうとしているのは、家庭のライフスタイルの質（文化的レベル）や親の収入の高さと、子どもの成績の間には、無視できない相関関係があるということです。例を挙げると、「親子の会話が多い」「お父さんが土日に休める」「必ず朝食をとる」「お父さんがよく本を読む」「よく家族旅行をする」というような幸せな家庭に育った子どもほど、学校の成績がよいのです。

　また他にも、「下流」の若者ほど「白ご飯」を食べないとか、成績が悪い子は運動も苦手で友だちが少ない傾向にあるとか、成績が悪い子ほど肥満の割合が多いといったデータもあります。ちなみに肥満が多くなるのは、恐らく、下流の家庭の親は子どものために毎日健康的な食事を用意する（時間的、金銭的な）余裕などなく、低価格で高カロリーなジャンクフードに頼りがちになるからです。そして、そういう家庭の子は成績も悪いのです。要するに、家庭の文化レベルの格差が、成績――ひいては[03]将来の学歴や収入――の格差に直結しているというわけです。

　三浦が紹介するこれらのデータはあくまで「相関」であって「因果」関係ではありません。つまり、親子の会話が多い家庭の子どもほど成績がよいのがなぜなのかはハッキリわかるわけではありません。当たり前のことですが、毎日朝食をとり、旅行に出かけ、ダイエットしたからといって、子どもの成績がよくなるとは限りません。

　しかしそうは言っても、親の「収入の格差」や「文化の格差」が子どもの将来を決めるようになってくるというのは、ありそうなことです。いわゆる「**ゆとり教育**❶」のおかげで公立学校の授業内容は削減され、学力向上はそれぞれの親の責任になってしまいました。子どもによい教育を受けさせるには、おカネを払って塾に通わせたり、私立中学に入れたりしなければならないのです。優秀な私立の中高一貫校に入れようと思ったらそれなりの高収入が必要で、しかも入試で「両親との旅行の思い出」を作文に書かせたりするので、文化的な意識の高い家庭に生まれないと合格し難いようです。また企業に就職するにあたっても、

---

❶ **ゆとり教育**
（ゆとりきょういく）
従来の知識重視の詰め込み型教育に対して、個性を活かすための教育方針。授業数の削減や、教育内容の難易度を下げたことにより、結果的には学力の低下を招いたと指摘されることもある。

35 昔のように工業製品を「作れば売れる」ような時代ではなくなって、企業も、消費者をうまく刺激するアイディアやセンスを養っていない人間は求めていません。「貧乏でも頑張れば何とか成功できる」という時代が終わり、いまや日本は、豊かな文化に囲まれて育った子どもでなければ成功できない社会になりつつあるというのが三浦の懸念です。

40 　三浦は、示しているデータも議論のし方もかなり大雑把なので、本当に彼の言っていることが正しいのかどうかについては、厳密な検証が必要でしょう。しかし私の実感としても、たとえば昔は公立の中学校・高校から何の問題もなく上位の大学がめざせたのが、最近は周囲の「親」たちの話を聞いているとそうでもないようで、何とかして子どもを私立の中学校に通わせなければならないという声をよく聞きます。子どもの努力以前に、とにかく「おカネ」をかけなければ、よい大学、よい企業に入れないというわけです。

45 　本当に、親の経済的・文化的リソースによって子どもの成績や将来の学歴・収入が決まってしまうようになってきているのだとすれば残念なことです。もちろん、子どもの教育について政府と親がそれぞれどの程度の責任を負うべきかについてはいろいろな考え方があり得ますが、本人の努力で切り開くことのできる選択肢は多いほうがよいのではないでしょうか。私が小学生だった頃は、魚屋の子も大学教授の子も、トラック運転手の子も貿易会社の社長の子も同じ学校の同じクラスで同じ授業を受けるのが当たり
50 前でしたし、高いカネを払って私立の中高一貫校に進んだ者よりも、カネのかからない公立学校で高校教育まで済ませた者が上位の大学に入ることなどまったく不思議なことではありませんでした。学費の安い公立学校で教わることをきちんと勉強していれば、本人の才能と努力次第で何にでもなれたのです。もちろん今だって大半の場合はそうなのでしょうが、子どもたちが早い段階で親の経済力によって選別を受けてしまう傾向が年々強まっているのだとしたら、それは社会にとっても子どもたちにとっても、未来の豊
55 かな可能性を犠牲にする結果にしかならないのではないでしょうか。

(文＝川端祐一郎)

コラム語彙 コラム文法

01 パッとしない
アクセント — 0
品　　詞 — 慣用表現

あまり目立つところがないこと。特に取り上げる箇所がないこと。
〈例文〉
・あの選手は、期待はされるのだけど、成績はパッとしない。

02 ひと通り [ひととおり]
アクセント — 0
品　　詞 — 副詞

大まか〜にする。全体に対して粗くすること。
〈例文〉
・新人に仕事内容をひと通り説明した。

03 ひいては
アクセント — 1
品　　詞 — 副詞

（前の文を受けて）結果的には〜になる。〜の結果〜が起こる。
〈例文〉
・社員一人ひとりの成功がひいては会社の発展へとつながっていくのである。

第11課

インターネット掲示板が書籍に

オタクが主人公の物語

2ちゃんねる

シミュレーションゲーム

パソコン

フィギュア

オタクの男性

マンガ

モテ

インターネット掲示板

シミュレーション

リュックサック

理想的な女性

分厚い眼鏡

アニメ

モリア充

今世紀最強のラブストーリー

世紀最強のラブストーリー

オタクが主人公の物語

日本最大の電子掲示板サイト

完璧な非現実の女性キャラクターを愛する

ダサいアキバ系ファッション

非モテ

スラング

居場所ネット上の知り合い

エルメス

キモい

女性キャラクター

自虐的

第11課 インターネット掲示板が書籍に

レビュー書籍 ▶▶▶ 中野独人(なかのひとり)（著）
『電車男』
（2003年、新潮社(しんちょうしゃ)）

思考のストレッチ

1. インターネット上の掲示板を利用したことはあるか。どんなことのために利用しているか。例を挙げてみよう。
2. 普段わからないことや知らないことがあったときに、どのような手段で調べているか、考えて話してみよう。
3. フェイスブックやツイッター、インスタグラムといったSNSが普及しているが、こうしたSNSをどんな形で自分の実生活に役立てているか、具体的事例を挙げてみよう。

『電車男』は本なのか

　「今世紀最強のラブストーリー」という触れ込み[01]で2004年に出版され、2005年までに売り上げが100万部を突破したベストセラー書籍の『電車男』は、実のところ、従来[02]の意味での「書籍」とはまったく成り立ち[03]が異なります。「ラブストーリー」といっても、作家が小説として書き上げた作品ではありません。『電車男』はもともとインターネット上の掲示板に書き込まれた文を集めたもので、書籍版の『電車男』は、その掲示板に書かれたやり取り[04]をただ抜粋して[05]紙媒体(かみばいたい)に移しただけです。しかも、その出所(でどころ)となった掲示板は「2ちゃんねる」という、たびたび世間を賑わせて[06]いる日本最大の電子掲示板サイトでした。

　インターネット経由でアクセスすれば、お金を出して本を買わなくとも『電車男』を読むことができます。ですから、書籍版の『電車男』は、「2ちゃんねる❶」を訪れることのないような人々、つまり基本的に紙に書かれた情報しか信用しないような人々に対して、インターネット上にこのような物語が存在することを知らしめる[07]という役割を果たした[08]ものだと言っていいでしょう。インターネット上から紙媒体(かみばいたい)へ展開する、という情報提供の方法には一定の需要があるようで、『電車男』の書籍化が大成功を収めた後、インターネット上のコンテンツを紙媒体(かみばいたい)に移して出版するネット本は増加したと言われています。

---

❶ 2ちゃんねる
（にちゃんねる）

日本最大の電子掲示板。利用者数は1200万人にもなると言われている。スローガンは「ハッキング」から「今晩のおかず」まで。その言葉に違わず、多くの分野が掲示板内で扱われている。基本的に匿名（とくめい）で利用することができるため、自由な発言が活発に行われるが、反面、悪意あるデマや無責任に不確かな情報などが書き込まれるケースも多い。2014年に管理権限の事情で、「2ちゃんねる(2ch.sc)」が開設され、それまでのものと区別する際は「2ちゃんねる(2ch.net)」とされるようになる。2017年には、「2ちゃんねる(2ch.net)」が「5ちゃんねる」に変更され、ドメイン名も「5ch.net」になった。

174　第11課

オタクが主人公の物語

『電車男』の主人公は、**リュックサック❷**を背負って分厚い眼鏡をかけた、ダサい**アキバ系❸**ファッションのオタクの男性です。日本における典型的なオタクのイメージからすれば、このような男性は現実の女性と恋愛をすることがなく、むしろマンガやアニメに登場する女性キャラクターに憧れ[09]を抱き、関連したグッズを集め、自分の部屋にフィギュアを飾り、パソコンの前でひたすらネット上の知り合いとばかり交流していると考えられています。

彼らは、現実の女性からは「キモい」（気持ちが悪い、不気味だ[10]という言葉にさらに侮蔑的な響きを持たせた言葉）と言われ、差別されているという不安を抱えていて、おびえて[11]彼女らに話しかけることもできません。その代わりに、彼らにとって完璧な非現実の女性キャラクターを愛することで、自らの心を満たしていると考えられています。彼らの中には、自分が現実の女性を怖がっているのだとはけっして認めず、「おびえているのではなく、むしろマンガやアニメの中にいる女性こそが本当に理想的な女性なのであって、現実の女性などはつまらないものとして見限って[12]いるのだ」と解釈している人もいるようです。

彼らは自分たちを「非モテ」（女性にもてない[13]という意味）という言葉で自虐的に、あるいは開き直って呼ぶこともあり、現実の女性と交際している男性を「モテ」（女性にもてるという意味）とか「リア充」（現実の生活が充実している、つまり現実の交際相手がいるという意味）といった言葉で呼んで敵視することもあります。オタクの男性たちは、インターネット上の「２ちゃんねる」等で仲間を募り、彼らの仲間内だけで通用するスラングを使っておしゃべりしているようです。

こうした話は、「２ちゃんねる」等のウェブサイトを頻繁に利用している人にとっては驚くにはあたらないことで、ことさらに[14]書き立てる[15]必要があることとは思えないでしょう。そればかりか、偏見に基づいた、悪意ある中傷に聞こえてしまうかもしれません。「２ちゃんねる」や「オタク」をよく知らない筆者が、ステレオタイプな「２ちゃんねる」「オタク」像をそのまま鵜呑み❹にして紹介しているにすぎない、と言われるのもしかたのないことだと思います。それでもあえて[16]書いているのは、『電車男』が、このようなステレオタイプな「オタク」像を形成し、広く流布することに一役買ったテキストの一つであるとも言えるからです。この本によって、初めて「２ちゃんねる」という世界を知り、「オタク」をイメージし始めたという人も多かったのではないでしょうか。

シミュレーションゲーム感覚で

『電車男』の物語は、非モテ系男子である主人公が、電車の中で酔っ払いに絡まれて[17]いる女性を見つけてしまい、勇気を振り絞って[18]助けに入るという場面で始まります。女性からは後日、助けてもらったお礼に、**エルメス❺**のカップが送られてきます。

主人公は、現実の女性と接点を持つこのチャンスを逃すまいとして、女性を食事に誘うことにしました。

---

❷ リュックサック
（りゅっくさっく）
ドイツ語の「rucksack」を語源とする。

❸ アキバ系
（あきばけい）
日本の秋葉原（あきはばら）近辺を活動の場にしているオタクたちに見える傾向のこと。特にファッションで言えば、ガラス瓶の底のような形をしたメガネをかけて、アニメの絵がプリントされているＴシャツの上にチェック柄のシャツを着て、アニメのポスターがはみ出したリュックサックを背負っているなど、オタク像としてある一定のイメージを持たれることがある。ただし、実際のオタクの外見は一般の人とまったく同じように多様化しているため、前述したような格好を同一にしているわけではない。ある種、メディアが作り出したイメージであると言える。

❹ 鵜呑み
（うのみ）
他人の発言や思想、提案などを十分理解しないままに使用すること。鵜（う）という鳥が餌の魚を食べるときに丸のみにする様子に由来している。

❺ エルメス
（えるめす）
フランスのファッションブランド「Hermès」のこと。

第11課　175

しかし主人公は文字通りの「非モテ」で、女性との交際経験もありません。デートといっても、何を着てどこに行けばよいのかもわかりません。そこで、だめでもともとだ[文01]と思いながら、「2ちゃんねる」に相談を書き込んでみると、「2ちゃんねる」の他の住人（利用者）たちが次々と、服装やデートスポットなどについてアドバイスを寄せてくれました。このときの主人公のペンネームが「電車男」。女性は仮に[19]「エルメス」と名付けられました。

　電車男は、エルメスとのデートの経緯[20]などもいちいち「2ちゃんねる」に書き込んで住人に報告し、また新たなアドバイスを得るというやり取りを繰り返していきます。このやり取りは、読み手である「2ちゃんねる」の住人からすると、ゲームで非現実の女性と交際するのに似ています。電車男は、たくさんの人たちからの助言を仰ぎ[21]ながらエルメスへのアプローチ[22]を進めていくわけですが、これは一人の作家が書き上げた物語を読んでいくのとはまったく違います。住人が電車男にどのようなアドバイスをするかによって物語の結末が変わってくるので、まさにシミュレーションゲーム❻をプレイしているようなものです。

　もちろん、電車男は「2ちゃんねる」に書き込みをしている現実の男性なので、ゲームのキャラクターとは違います。『電車男』の出版後、この物語は事実に即して[文02]書かれた話ではなく、一種の「やらせ❼」ではないかといった疑問の声を挙げる人も現れました。つまり、電車男を名乗る人物が、作り話[23]を「2ちゃんねる」に書き込み、それに釣られた住人たちが一所懸命にアドバイスをして、また電車男の作り話が続いていったのではないかというわけです。しかしいずれにしても、「2ちゃんねる」という掲示板で、多数の人が参加しながら一つ物語が書き上げられていったということ自体はまぎれもない[24]事実です。この、物語の成立過程のダイナミズム❽こそが、『電車男』の魅力だと言えるでしょう。

『電車男』的な物語への期待

　「2ちゃんねる」に集った人々の心が一つになって、全力で電車男の恋愛を応援し、応援の声を受けた電車男は少しずつ「オタク」臭さを捨てて、成長していきます。そして勇を鼓してエルメスに告白し、二人は結ばれて物語は完結します。

　相手の顔も見えない、声も聞こえない、本名もわからないインターネットの掲示板で、こんなにも人間味[25]のある交流がなされているということは、現実の世界では孤独な人々に対しても、インターネット掲示板にならば「居場所」を提供できるのかもしれません。そんな希望を、この物語は伝えているのではないでしょうか。

　フェイスブックやツイッターといったSNSをはじめとして[文03]、人々に「居場所」を提供するインターネットサービスはますます発展を続けています。しかし、こうしたインターネットの世界が、すべての年齢層に十分に知られているとは思えません。インターネットを頻繁には利用しない人も多いからです。インターネット上でも人間らしい交流が行われているのだということを、紙のメディアにしか触れないような人々に対しても広く紹介してくれる『電車男』のような物語が、今後も現れることを期待したいと思います。

（文＝平塚夏紀（ひらつかなつき））

---

❻ シミュレーションゲーム
（しみゅれーしょんげーむ）
「英：simulation game」。現実、あるいは非現実な状況を設定し、行われるゲームのこと。疑似的に乗り物の操縦を楽しむことができるものから、戦争を行うもの、競走馬を育てるものや、恋愛を楽しむものまで多くの種類がある。

❼ やらせ
（やらせ）
実際にはない虚偽の事柄をいかにも本当のことのように振る舞って行い、視聴者・観客などを騙すこと。スクープのねつ造や、架空の感動的な話を本当の話だと偽って伝えることを指す。

❽ ダイナミズム
（だいなみずむ）
「英：dynamism」。内包する活動的なエネルギーや力強さのこと。迫力。

本文語彙　本文文法

01　触れ込み [ふれこみ]
アクセント― 0
品　詞― 名詞

前宣伝をすること。触れ込むこと。
※ 通例（つうれい）、実際よりも大げさに言う場合に使う。
〈例文〉
・彼は「世界最強」の触れ込みで格闘技（かくとうぎ）界にデビューした。

02　従来 [じゅうらい]
アクセント― 1
品　詞― 名詞

これまで。昔から今まで。従前（じゅうぜん）。
※ 副詞的に使う場合もある。
〈例文〉
・もはや従来の販売方法では物は売れなくなっている。

03　成り立ち [なりたち]
アクセント― 0
品　詞― 名詞

何かが出来上がるときの過程や事情のこと。でき方。
〈例文〉
・宇宙の成り立ちについては多種多様な説がありますが、どれも大変興味深いです。

04　やり取り [やりとり]
アクセント― 2
品　詞― 名詞

言葉の受け答え。連絡と返事の繰り返しのこと。
〈例文〉
・学生時代の友人とは今でも頻繁に電子メールでやり取りをする。

05　抜粋する [ばっすいする]
アクセント― 0
品　詞― 動詞

書物などから必要なある部分だけを選んで抜き出すこと。
〈例文〉
・日本の小説を読んだときは、気に入った一文を抜粋して、手帳に書き留めることにしている。

06　賑わす [にぎわす]
アクセント― 3
品　詞― 動詞

賑やかにすること。活動的にする。活気のある状態にする。
〈例文〉
・彼はクラスの中心人物で、巧みな冗談を言っていつも教室を賑わせます。

07　知らしめる [しらしめる]
アクセント― ―
品　詞― 慣用表現

知らせること。相手の意思に関係なく認めさせること。
※ 動詞「知る」＋助動詞「しめる」。「しめる」は動詞の未然形に付いて、使役（～させる）という意味を加える。
〈例文〉
・オリンピックで金メダルを取ることで、彼は自分の実力を世界に知らしめた。

08　果たす [はたす]
アクセント― 2
品　詞― 動詞

何かを達成すること。成し遂げる。
〈例文〉
・物理学において、アインシュタインの果たした功績は大きい。

09　憧れ (あこがれ)
アクセント― 0
品　詞― 名詞

憧れること。理想として強く心がひかれること。
〈例文〉
・野球少年とってイチローは憧れの人だ。

10　不気味 [ぶきみ]
アクセント― 0
品　詞― ナ形容詞

気味が悪いこと。心持ちを悪くさせる様。または、人を不安にさせて恐ろしく思わせる様。
〈例文〉
・暗い道を夜遅くに通ると、わけもなく不気味に感じる。

11　おびえる (怯える)
アクセント― 0
品　詞― 動詞

何かを怖がって体を緊張させていること。
〈例文〉
・怒っている父を前に、子どもがおびえている。

12　見限る [みかぎる]
アクセント― 0 (3)
品　詞― 動詞

あるものや状態を、限界として期待しなくなること。見切りをつけること。見込みなしとすること。
〈例文〉
・彼は自分が勤めていた会社を見限って、転職（てんしょく）した。

13　もてる
アクセント― 2
品　詞― 動詞

他人から好意を持たれるということ。人気があること。
※「持つ」という動詞の可能動詞。日本ではしばしば「モテる」とカタカナを用いて表記（ひょうき）されることがある。
〈例文〉
・彼は人当たりがよく、頼りがいもあるので女性にも男性にももてる。

第11課　177

14 ことさら [殊更]
アクセント — 0
品　　詞 — 副詞

何かの考えがあって、意図的に限度を超えて行うこと。故意（こい）に。
〈例文〉
・彼は自分の成功はことさらに大きく話すが、他人の成功はことさらに小さく話す。

15 書き立てる [かきたてる]
アクセント — 4 (0)
品　　詞 — 動詞

注目されるために目立つように書くこと。盛んに書くこと。
〈例文〉
・マスコミは人の批判を書き立てるが、批判された人が受ける不利益についてはまったく関心がない。

16 あえて（敢えて）
アクセント — 1
品　　詞 — 副詞

しなくてもよいことを強いてしている様子。わざわざ。
〈例文〉
・彼が試合で負けた理由をあえて挙げるなら、運が悪かったと言うしかない。

17 絡む [からむ]
アクセント — 2
品　　詞 — 動詞

嫌がらせをしたり、無理を言って相手を困らせること。言いがかり。
〈例文〉
・夜中に出かけたりするからチンピラに絡まれるんだ。

18 振り絞る [ふりしぼる]
アクセント — 4
品　　詞 — 動詞

声や力、気持ちなどをあるだけ全部出すこと。精一杯出すこと。
〈例文〉
・自分の知識を振り絞っても、いい案が浮かばない。

19 仮に [かりに]
アクセント — 0
品　　詞 — 副詞

一時的な間に合わせとして、すること。
〈例文〉
・予約したホテルの部屋の電気が故障していたので、仮に用意された部屋に泊まった。

20 経緯 [いきさつ]
アクセント — 0
品　　詞 — 名詞

物事の経過や事情のこと。けいい。顛末（てんまつ）。
〈例文〉
・警察が事件が起こった経緯について捜査する。

21 仰ぐ [あおぐ]
アクセント — 2
品　　詞 — 動詞

助言や判断、命令などを求めること。教えを受ける。助力（じょりょく）を請（こ）う。
〈例文〉
・重要なことなので、上役（うわやく）に判断を仰ぎます。

22 アプローチ
アクセント — 3
品　　詞 — 名詞

（物理的な意味での）接近。近づくこと。
※ 俗用（ぞくよう）として異性を口説（くど）く意味で使われることがある。
〈例文〉
・彼はもう半年間も彼女にアプローチしているが、まったく相手にされていない。

23 作り話 [つくりばなし]
アクセント — 4
品　　詞 — 名詞

誰かが考え出した架空の出来事。創作。
※ いかにも現実にあったかのような作られた話を指して使う場合が多い。
〈例文〉
・彼は作り話の怪談（かいだん）を話しては私たちを怖がらせた。

24 まぎれもない
アクセント — ー
品　　詞 — 慣用表現

間違いがないこと。明白であること。確かであること。
〈例文〉
・彼は常に努力をし続けることにおいてはまぎれもない天才だった。

25 人間味 [にんげんみ]
アクセント — 0
品　　詞 — 名詞

人情のある様子。人としての温かみがあること。人間らしい思いやりや豊かな感情があること。
〈例文〉
・彼は他人に冷たい人だと言われているが、実際はとても人間味のある優しい人だ。

本文語彙 | **本文文法**

01 〜て（も）もともと

〈接続〉
[名詞／ナ形] で（も）もともと
[イ形（ーくて）]（も）もともと
[動詞（ーて）]（も）もともと

〈意味〉
「もともと」は「損にも得にもならない」という意味を表す。「失敗して当たり前、成功すれば幸運だ」という状況を示す。

〈注意点〉
否定形の動詞を失敗の意味合いを含めて用いることが多い。成功の可能性が低いものへ挑戦する場合、あるいは、挑戦したが失敗してしまった場合などに、「しかたがない」という諦観（ていかん）を込めて用いる。「〜てももともとだ」の形で言うこともある。
「ダメでもともと」はよく使われる表現。
　　　例： A：宝くじなんかまず当たるもんじゃないよ。
　　　　　 B：ダメでもともと、買わなきゃ当たらないよ。

〈例文〉
・負けてもともとだ。思い切った作戦で勝ちに行こう。
・彼は人気の小説家だから、断られてもともとで書いてもらえないか依頼してみるよ。

02 〜に即して 〈〜に即した〉

〈言い換え〉
〜に沿って／〜に基づいて 〈〜に沿った／〜に基づいた〉

〈接続〉
[名詞] に即して

〈意味〉
「即」は「ぴったり合う」という意味がある。そこから「行為、もしくはある物事の状況や状態にぴったり合わせて行動すること」という意味を持つ。

〈注意点〉
「法律などなんらかのルールに合わせる」場合は、読みは同じ「そくして」であるが、漢字表記（ひょうき）は「則して」となる。

〈例文〉
・理屈だけでなく経験に即して判断することが大切だ。
・彼の能力に即して給与額を決定しました。
・事実に即した説明をしてください。

03 〜をはじめとして 〈〜をはじめとする〉

〈言い換え〉
〜を代表例として 〈〜を代表例とする〉

〈接続〉
[名詞] をはじめとして

〈意味〉
複数あるものの中から特定のものを挙げ、代表例として示す際に使われる表現。「AやBをはじめとする[名詞]」という場合、その名詞を取り上げるために、その中で特に代表的なA・Bを例示している。

〈例文〉
・アメリカや中国をはじめとする先進各国では子どもの肥満が問題視されている。

言語知識に関する設問

1. 本文での読み方に注意しながら、次の日本語を音読しなさい。

   ❶ 自虐　　❷ 殊更　　❸ 侮蔑　　❹ 抜粋　　❺ 分厚い
   ❻ 仰ぐ　　❼ 鼓す　　❽ 募る　　❾ 鵜呑み　　❿ 賑わす

2. 下線部に入れる語として最も適当なものをa〜dの中から選びなさい。

   ❶ さっきまであんなに落ち込んでいたのに、＿＿＿たのか、もう仲間とワイワイ騒いでいる。
   　　a. 開き立っ　　b. 開き直っ　　c. 開き通し　　d. 開き合っ

   ❷ この論文は、心理学の視座から経済研究に＿＿＿してみたものだ。
   　　a. アクセス　　b. アプローチ　　c. アプリ　　d. アドバイス

   ❸ この映画は、公開前に大勢の人が「今世紀最も泣けるラブストーリー」とテレビで＿＿＿いたが、実際観に行ったらそうでもなかった。
   　　a. 触れ合って　　b. 触れ出して　　c. 触れ込んで　　d. 触れ通して

3. 次の言葉を用いて、文を作りなさい。

   ❶ 〜をはじめとする　（　　　　　　　　　　　　　　　　　　　　　　　　　　　　）
   ❷ あえて　（　　　　　　　　　　　　　　　　　　　　　　　　　　　　　　　　　）
   ❸ 見限る　（　　　　　　　　　　　　　　　　　　　　　　　　　　　　　　　　　）

内容理解

1. 『電車男』がそれまでのベストセラー書籍と異なる点は何か。異なる点を挙げなさい。

2. 『電車男』に、典型的なオタクの特徴が描かれていることについて、筆者はどのように考えてるか。正しいものには〇を、正しくないものには×を記しなさい。

   ❶ ことさらに書き立てる必要があることとは思えない内容を描いている。（　　）
   ❷ ステレオタイプな「2ちゃんねる」「オタク」像をそのまま鵜呑みにして紹介しているにすぎない。（　　）
   ❸ これまで、ウェブを頻繁に利用している人にも知られていなかったオタクの男性像を斬新な手法で描いている。（　　）
   ❹ この本によって、初めて「2ちゃんねる」という世界を知り、「オタク」をイメージし始めたという人も多い。（　　）
   ❺ ステレオタイプな「オタク」像を形成し、広く流布することに一役買ったテキストの一つであるとも言える。（　　）

3. 以下の文の不足部分を補い、文を完成させなさい。

   『電車男』の主人公は助けた女性からお礼が届き、女性を食事に誘うことにした。しかし、❶＿＿＿＿＿＿は「非モテ」で、❷＿＿＿＿＿＿＿＿＿経験はなく、デートといっても、❸＿＿＿＿＿＿＿＿＿＿＿＿＿＿＿＿わからないという理由から、❹＿＿＿＿＿＿＿＿＿＿＿＿＿に、服装やデートスポットなどについてのアドバイスを受けることにした。

4. 電車男は「2ちゃんねる」で他の住人（利用者）たちからアドバイスを受けていたが、こうしたやり取りは読んだ人々にどのような感覚を与えたと筆者は考えているか。また、そのような印象を与えた理由は何か。簡潔に述べなさい。

5. 筆者の主張として、正しくないものを a～d の中から選びなさい。

　　a. 多数の人が参加するインターネットの掲示板で、物語が書き上げられていったという成立過程は、『電車男』の魅力の一つだ。
　　b.『電車男』は、現実の世界では孤独な人々に対しても、インターネット掲示板にならば「居場所」を提供できるのかもしれないという希望を伝えている。
　　c. インターネット上でも人間らしい交流が行われているのだということを、書籍や新聞といった紙のメディアにしか触れない人々に対しても、広く紹介してくれる物語が今後も現れることを期待している。
　　d.『電車男』の物語のように、「２ちゃんねる」に集った人々の心が一つになって、数多くの恋愛が成就することが望ましい。

▌発展活動▐

1. 『電車男』は、相手の顔も見えない、声も聞こえない、本名もわからないインターネットの掲示板で、大勢の人々が協働で編んだ文章である。こうした形で制作されたインターネット上のものは他にあるか。身近な事例を挙げてみよう。

2. インターネット上での交流が以前に比べて、皆さんに広く親しまれるようになっているが、実生活での人と人との交流と対比して、どのような役割を果たしていると思うか。具体的な事例を挙げながら、考えてみよう。

3. SNS は私たちの生活を豊かにしてくれる側面もあるが、逆に、負の側面も持つと言われている。どんな問題があるか考えて、発表してみよう。

コラム 日本最大の掲示板、2ちゃんねる

2ちゃんねるの功罪

　『電車男』を生み出した巨大掲示板の「2ちゃんねる」は、1999年にオープンして以来、圧倒的な利用者規模を誇り、日本最大の掲示板サイトであり続けてきました（2014年に管理権限の事情で、「2ちゃんねる（2ch.sc）」が開設され、それまでのものと区別する際は「2ちゃんねる（2ch.net）」とされるようになった。2017年には、「2ちゃんねる（2ch.net）」が「5ちゃんねる」に変更され、ドメイン名も「5ch.net」になった）。

　2ちゃんねるは、匿名制である点が特徴の掲示板サービスで、投稿者個人が特定されることがないため書き込みの自由度は非常に高くなっています。そのため、おもしろい情報が豊富に手に入る一方で、自由度の高さゆえに[文01]問題が起きることも多く、批評家たちの間でもたびたび議論の対象になってきました。

　2ちゃんねる批判派は、匿名制の2ちゃんねるの書き込みには責任が伴っておらず、下品な言葉や虚偽の情報があふれていると指摘します。一方肯定派は、2ちゃんねるには実はさまざまな分野の専門家などが匿名で書き込んでおり、議論のレベルが意外に高いことや、虚偽の情報が流れても参加者が多数いるため自浄作用が働き、しばらくすると訂正されて騒ぎが収まる[01]といった点を評価しています。

　2ちゃんねるがほぼ完全な匿名制掲示板であることから、さまざまな問題が起きているのは確かです。おそらく最も多いのは誹謗中傷や虚偽情報の流布でしょう。2ちゃんねるに匿名で投稿された中傷記事などに対して、関係する個人や企業が削除要請を行っているケースは日常的にあります（削除依頼は公開されています）。ところが、掲示板の規模が大きすぎることもあり、また発足[02]当初から厳格な規制よりは自由なコミュニケーションを重んじる[03]運営方針を採っていることもあって、そうした情報がなかなか削除されず、中傷された側が2ちゃんねる運営者を訴えるというケースもあるようです。

　誹謗中傷の類いだけでなく、犯罪につながり得る情報の書き込みも多いと言われています。新聞報道によれば、2011年中に警察からの削除要請があったにもかかわらず放置された情報は5,000件以上もあり、そのほとんどが禁止薬物の取引[04]に関するものであったとのことです。

　そうした問題もあって、ここ10年間ぐらい、2ちゃんねるを「有用なメディア」とみるか「有害なメディア」とみるかに関する議論が常に行われてきました。しかし、そうした論争をよそに[文02]2ちゃんねるは成長を続け、2010年代を迎えた今の時点で考えると、若いインターネットのユーザーの多くは2ちゃんねるにある程度慣れ親しんでおり（書き込みをしていなくても、見たことぐらいはあるのが普通）、善し悪しの議論を超えて利用されているのが実態です。2ちゃんねるはすでに、少なくとも若者にとっては、当たり前の存在になってしまったということです。

「まとめサイト」という新たなメディア

　『電車男』はこの2ちゃんねるから生まれた物語です。しかし正確に言うと、2ちゃんねるそのものというよりも、2ちゃんねるの「まとめサイト」と言われるもの（「まとめブログ」とも言われる）を通じて有名になったものです。

　2ちゃんねるには日々膨大な量のコメントが投稿されていますが、有益なものもあれば無益なものもあるし、自分が関心を持てるものも持てないものもあります。そこで、膨大な投稿の中から、有益なものをわかりやすく、おもしろおかしくまとめて紹介するというブログが多数存在して人気を集めており、まとめサイトと呼ばれています。まとめサイトを運営して多数の人を集め、そのサイトの広告収入だけで生計を立てている人もいるぐらいで、まとめサイトは今や、2ちゃんねる本体に負けず劣らずポピュラーな媒体となっています。

数年前から、インターネットの世界で「CGM」(Consumer-Generated Media)や「UGC」(USer-Generated Content)といった概念が注目を集めてきました。これらは、プロのクリエイターではなく無名の消費者が多数集まってコンテンツを形成していくという現象と、そこで生み出されるコンテンツを指す言葉です。

　「2ちゃんねる」と「まとめサイト」という組み合わせは、日本のネット社会において、CGMの最も成功したあり方の一つであるとも言えるかもしれません。「2ちゃんねる」は、枠[05]にとらわれない自由さと参加者の多さによって、多彩な情報の断片を次々に生み出していきます。しかし、そこには無益な情報も多数含まれており、普通に読みまくった[文03]のでは「玉」と「石」との選別が大変で、情報流通の媒体としては非常に効率がよくありません。しかし、この混沌とした情報の塊が、「まとめサイト」というフィルタを通過することで、余計な情報が取り除かれ、内容はわかりやすく編集されて、読むに堪える[文04] UGCとなって幅広く消費されるわけです。

　ただ、まとめサイトにも問題があります。2ちゃんねるに掲載された情報を無断[06]で転載し、それによって高額の広告収入を得ている場合、2ちゃんねるとの間で著作権等をめぐって利害が対立します。しかしまとめサイトは、2ちゃんねる本体と同じことですが、問題を抱えつつもすでにユーザーからかなりの支持を得ている媒体です。2012年に行われたある調査によると、インターネット利用者の3分の1程度はまとめサイト（2ちゃんねるのまとめに限りませんが）を利用したことがあり、まとめサイトの利用者の4分の3は週に1度はまとめサイトを閲覧しているとのことです。同調査は、「まとめサイトが新しい情報流通構造として現代人の生活に入り込み、一つの情報源として定着しつつあることが明らかになった」と指摘しており、今後ますます進化していくものと思われます。

（文＝川端祐一郎）

コラム語彙 コラム文法

01 ⭐ 収まる [おさまる]
アクセント— 3
品　　詞— 動詞

争いや騒動などが落ち着くこと。解決すること。収束すること。
〈例文〉
・ 始まって一カ月経ってもストライキは収まりそうにない。

02 ⭐ 発足 [ほっそく]
アクセント— 0
品　　詞— 名詞

組織や機構などが新しくつくられて、活動を開始すること。旗揚げ。
〈例文〉
・ 新たな内閣の発足に多くの国民が期待を寄せる。

03 ⭐ 重んじる [おもんじる]
アクセント— 4 (0)
品　　詞— 動詞

価値のあるものとして大事にすること。重きを置く。尊重する。
〈例文〉
・ 彼は自分の利益よりも、全体の利益を重んじる人だ。

04 ⭐ 取引 [とりひき]
アクセント— 2
品　　詞— 名詞

売買行為による金品のやり取りのこと。商売。
〈例文〉
・ 日本では酒類の取引には、国の認可が必要である。

05 ⭐ 枠 [わく]
アクセント— 2
品　　詞— 名詞

物事のおおよその範囲や限界のこと。制限。
〈例文〉
・ ただ言われたことをするだけで、自ら考えようとしなければ、常識の枠の中から出ることはできない。

06 ⭐ 無断 [むだん]
アクセント— 0
品　　詞— 名詞

必要な相手に許可を得ないこと。断らずに行うこと。
〈例文〉
・ 無断で人の車を勝手に使うんじゃない。

コラム語彙 | **コラム文法**

01　①〜ゆえに 〈〜ゆえの〉　　②〜がゆえに 〈〜がゆえの〉

〈言い換え〉
①〜が理由で /〜が原因で 〈〜が理由の /〜が原因の〉
②〜という理由で 〈〜という理由の〉

〈接続〉
①[名詞]（の / が）ゆえに
②[節] がゆえに

〈意味〉
「〜が原因で」「〜という理由で」という意味を表す。

〈注意点〉
「〜ゆえ」は理由を表す「故」という名詞に由来する表現だが、文語的表現であり、日常会話ではあまり使われない。

〈例文〉
① 世界には貧しさのゆえに教育を受けられない子どもたちがいる。
① 優しさがゆえの厳しさもある。
② ボクサーであるがゆえに、毎日きつい減量に取り組まなければならない。
② 家族のルーツを探したいがゆえに彼は一人旅を続けている。

02　〜をよそに

〈接続〉
[名詞] をよそに

〈意味〉
「無関係の状態・状況にあること、もしくは意図的に他人の感情や心情を無視する」という意味を表す。

〈注意点〉
「よそ」は、「余所」もしくは「他所」と表記し、「どこか他の場所」や「直接は関係のないこと」という意味を持つ。

〈例文〉
・彼女は周囲の不安をよそに、冬山への登山を決定した。
・昨今（さっこん）のエコブームをよそにして、彼は「使い捨てグッズ」専門の店を開いた。

03　〜まくる

〈接続〉
[動詞（ーます）] まくる

〈意味〉
激しい勢いで同じ動作を思う存分に繰り返すこと。

〈注意点〉
さらに強調する場合は、「〜て〜て〜まくる」という形で表す。（例：「泣いて泣いて泣きまくる」）

〈例文〉
・会議では人の話を聞くことも重要で、一人でしゃべりまくるのはよくない。
・今日は強い風が吹きまくっているから、傘は持っていっても無駄だろう。

04　〜に堪える 〈〜に堪えない〉

〈接続〉
[名詞 / 動詞（ーる）] に堪える / に堪えない

〈意味〉
①「に堪える」は、「そうするだけの十分な価値がある」という意味を表す。（※本文での使われ方）
②「に堪えない」は、「〜するにはあまりにも状態や状況がひどく、我慢できない」という意味を表す。
③「に堪えない」は、一部の感情や心の動きを表す名詞を前に置いて、その意味を強調する際に用いる。

〈注意点〉
①②の認識は、なんらかの認識をするために行われる行為を表す名詞や動詞を前に置いて用いる。
③は、正式な場での言葉として用いることが多い。あるいは、やや大げさに表現する場合に用いられることもある。

〈例文〉
① 彼の作品は専門家の評価に堪える出来映（できば）えだ。
① 読むに堪える物語を書くにはまだまだ経験が足りない。
② インターネットの掲示板は誹謗（ひぼう）中傷が多く、読むに堪えない。
③ 日頃から過分（かぶん）なまでのお心遣いをいただき、感謝の念に堪えません。
③ 長年の研究がやっと世間に認められ、感激に堪えない。

ユニット7
日本人と読書

第12課

「日本人と読書——教養の崩壊と復活」では、特定のベストセラー書籍についてではなく、読書に関する統計データなどを取り上げながら、日本人にとっての「読書」というもののあり方と、読書を通じて得られる「教養」の価値について考えます。

第 12 課

日本人と読書
──教養の崩壊と復活

マンガの電子版
無料で読めるコンテンツ
電子書籍専用端末
ビジネス書
読書
読書世論調査
日本人の読書量
電子データ化
絶版本 稀覯本
人生の教訓を語ったようなエッセイ
活字離れ
贈与
ベストセラーランキング
ロングセラー
著作権
電子書籍
小説
教養の崩壊と復活
自炊
裁断
岩波文庫
自ら望む
出版不況
大正教養主義
教養書
古典
日本のベストセラー書籍
真理は万人によって求められることを自ら欲し、芸術は万人によって愛されることを

第12課 日本人と読書──教養の崩壊と復活

思考の
ストレッチ

1. 普段、どのような書籍を読むか、また、一カ月にどのくらいの冊数を読むか、整理してみよう。
2. 本や雑誌を主にどこで購入するか、例を挙げてみよう。
3. どうして本を読むのか。あなたの場合について考え、話してみよう。

日本のベストセラー

　月ごとや年ごとに発表されるベストセラー書籍ランキングを眺めていると、"売れている本"の中にもかなりたくさんのテーマや作家が含まれていて、自分の読書経験がいかに[01]狭い範囲のものでしかないかがわかる。音楽の場合であれば、テレビの音楽番組を観ていれば売上10位くらいまでの曲は必ず放映されるので、たいていのヒット[02]曲を知っているというのも普通のことだが、書籍の場合は読んでみるまで内容がわからないので、そうはいかない。

　ベストセラーランキングの上位にランクインする[03]書籍のジャンルを見ると、やはり小説とビジネス書が多くを占めている。たとえば、村上春樹の小説『1Q84』や、ドラッカーの経営学をわかりやすく解説した『もし高校野球の女子マネージャーがドラッカーの『マネジメント』を読んだら』が大ベストセラーになったのが記憶に新しいところである。これらの本は、知人同士が数人集れば誰か一人は読んだことがあって、たとえばビジネスパーソンの場合であれば、「『もしドラ』読んだ？」「いや、まだ読んでない」「俺は読んだよ」「俺はあんなもの読みたくないね」といった会話のネタになるほどであった。小説とビジネス書以外のジャンル[04]としては、たとえば、人生の教訓を語ったようなエッセイも定番の一つである。

　また、時折、珍しいタイプの書籍が上位にランクインすることもある。たとえば、2010年から2011年にかけて、『体脂肪計タニタの社員食堂』という書籍が大ベストセラーになった。これは、体脂肪計を作っているタニタという会社の、社員食堂のメニューのレシピをまとめたものである。タニタの社員食堂では健康に配慮して[05]カロリーを抑えた食事が提供されており、この食堂の栄養士の腕にかかると[文01]どんな社員も健康的にダイエットができると評判で、テレビ番組で紹介された後にレシピの書籍化が行われたところ、予想だに[文02]しない大ヒットとなった。

日本人の読書量

　ところで、書籍というのはどれくらい読まれているものなのだろうか。2011年に毎日新聞が行った「読書世論[06]調査」によると、日本人の1カ月の平均読書量は、単行本が月に0.9冊、文庫・新書は0.7冊とのことである。1カ月に、合わせて1～2冊（雑誌やマンガを除く）を読むのが普通といったところだろう[文03]か。1日の平均読書時間は、書籍が29分、雑誌は25分とのことである。これらはあくまで平均なので、ほとんど本を読まないという人も多数いると思われる。

　昔の調査を見てみると、たとえば1955年に京都大学の学生向けに行われたアンケート[07]では、だいたい10日に1冊程度は「教養書」を読んでいて、教養書の読書に費やす時間が1日1.8時間程度というのが、平均的な姿だったようである。つまり、「教養書」と言われるような難しい本を月に数冊程度読んでいれば、まあまあの読書家であると言えたのではないだろうか。

読書量は、知的関心の高い層と低い層ではかなりの差があることも想像にかたくない[文04]。たとえば、研究員やコンサルタントのような職種であれば、読書量は月に数冊程度では済まないだろう。ビジネス誌の『プレジデント』がビジネスパーソン向けに行った調査では、1日に30分以上読書する人の割合は、年収1500万円クラスで41.5％、年収800万円クラスで23.8％、年収500万円クラスで16.1％。月に4冊以上の本を読む人の割合は、年収1500万円クラスで34.6％、年収800万円クラスで17.8％、年収500万円クラスで17.0％となっており、稼ぐ人ほど知的関心が高く、たくさんの本を読んでいるという結果が明らかである。また同調査では、稼ぐ人ほど、分厚い本を読み、洋書も読み、専門外の本も読んでいるという傾向が明らかになっている。

　近年の全般的な傾向として、日本人が昔に比べて読書をしなくなったということもよく指摘される。2011年の読売新聞による調査では、「この1か月間で1冊も本を読まなかった人は50％（昨年52％）だった。この質問は1980年から毎年実施しており、80年は38％だったが、95年以降は50％前後で推移している」「84年には1か月間で10冊以上の本を読んだ人は20歳代で8％いたが、この3年間は1％にとどまっている」とされており、いわゆる「活字離れ❶」が進んでいることは間違いないのだろう。出版業界の売上も、近年は一貫して減少傾向にある。

教養は滅びたのか

　「教養」と呼ばれるものの基本は、読書によって培われるものであろう。また、読書の価値も教養という言葉と結びつけて語られることが少なくない。

　社会学者・竹内洋❷の『教養主義の没落』は、教養を重んじる「教養主義」について、「哲学・歴史・文学など人文学の読書を中心にした人格の完成を目指す態度」と定義している。つまり、教養を深めるとは、人文書の読書を通じて知的に洗練された立派な人格に到達することであって、目の前の実利を満たす目的で手にする実用書や、娯楽本の類いは、教養主義における読書とは見なされない[08]ということである。

　日本人全体の読書量が全体的に減少しているということは、日本人が教養というものを昔ほど重視しなくなったということでもある。また、読書量ではなく、たとえばベストセラー・ランキングの中身を見てみても、上記のような意味での「教養書」は、近年のランキングの中にはなかなか登場しない。

　戦前の、たとえば大正時代には「大正教養主義」と呼ばれる一種のエリート[09]文化があり、旧制高校や大学の学生が教養を身につけるべく、歴史書や思想書を競うように読みあさって[10]いた。竹内によると、この教養主義の文化は形を変えながら戦後の早い時期までは残存していたものの、経済成長とともに"教養"そのものへの需要がなくなっていったようである。

　日本では、ある程度大きな書店に行けば、必ず岩波書店の「岩波文庫」シリーズの棚が見つかる。岩波文庫は大正教養主義の影響を強く受けて昭和2年（1927年）に創刊されたもので、古今東西の古典的な

---

❶ 活字離れ
（かつじばなれ）

ここでいう「活字」とは、新聞や書籍など、印刷された文字が書かれているものを指す。国民の中で文字を読める人の割合のことを識字（しきじ）率というが、この識字率が高いにもかかわらず、平均の読書量が減少する現象のことを「活字離れ」と言う。しばしば社会問題として取り上げられており、日本のみならず、世界中にもその傾向はあると言われている。Eメールやインターネット上の文字に関しては、活字に含まれないため、実際の文字を読む量が減少したとは言い切れないが、難解な文章に触れる機会が減少することで、文章理解力、教養力などの低下が懸念（けねん）されている。

❷ 竹内洋
（たけうち・よう）

1942年生まれ。関西（かんさい）大学名誉教授。日本の社会学者で教育学博士。専門は教育社会学。2012年4月、関西大学東京センター長に就任。日本教育社会学会会長、読売新聞（よみうりしんぶん）読書委員、中央教育審議会専門委員などを歴任している。

人文書を現在でも数百円程度の安い価格で販売しており、日本人の教養を支えてきた道具の一つであると言える。少なくとも文科系の学生にとって、「古典」と言われる世界的名著に最も手軽に触れられる媒体といえば、岩波文庫をおいて[文05]他にないと言ってよいだろう。

岩波文庫から出版される書籍は、巻末に岩波書店の創業者である岩波茂雄の「**読書子❸に寄す**」というメッセージが掲載されている。「真理は万人によって求められることを自ら欲し、芸術は万人によって愛されることを自ら望む」の一文で始まるこの文章（哲学者の**三木清❹**が起草したと言われている）は、学問的な知識というものは一部のエリート階級だけが独占するのではなく、広く大衆の手に渡るべきであり、一流の「教養書」を廉価で販売することこそが岩波文庫の使命であると謳って[11]いる。

しかしその後、教養が"容易に手に入るもの"になっていくのと並行して、日本社会の中で教養を重んじる態度も薄らいで[12]いったようである。戦前には、教養というものは高等教育を受けることのできる一部エリートの特権的な文化であった。ところが戦後になると、大学への進学率も上昇し、教養的知識が必ずしも特別なものではなくなってしまった。また、書物を通じて人格を陶冶するなどという堅苦しい[13]価値観よりも、ファッションをはじめとした都会的なライフスタイルを重んじる風潮が強まったことや、大学で教養を学んでも結局は知識階級ではなく普通のサラリーマンになるしかないという事実が、教養を重んじる文化を崩壊させたと竹内は振り返っている。

教養主義の復活？

しかし現在でも、すべての日本人が、読書を通じて教養を身につけるという価値観を完全に捨てきったわけではないことも確かである。たとえば、中国の古典である『三国志』や、司馬遼太郎の歴史小説『坂の上の雲』などは、多くのビジネスパーソンや経営者が好んで読んでいて、先に触れたビジネス誌の『プレジデント』の調査でも人気書籍に挙げられている。

学問の世界でも、あからさまに[14]「教養の復活」を謳っている人たちがいる。竹内もその一人だし、たとえば**柄谷行人❺**や**浅田彰❻**といった現代思想家たちが共同で2002年に編纂した『必読書150』という本は、現代人が読むべき教養書を150冊リストアップした[15]ものである。柄谷は、「われわれは今、教養主義を復活させようとしているのではない。現実に立ち向かうために『教養』がいるのだ。**カント❼**も**マルクス❽**も**フロイト❾**も読んでいないで、何ができるというのか」と言っており、単に教養を身につけて立派な

---

❸ 読書子
（どくしょし）
「読書子」とは「読書をする人（特に男性）」を意味する言葉。「子」は接尾語として「～する人（特に男性）」という意味をもつ。

❹ 三木清
（みき・きよし）
1897年生まれ。1945年没。日本の哲学者。岩波茂雄（いわなみ・しげお）の資金的援助を受けて1922年にドイツに留学し、一時期マルティン・ハイデッガー（Martin Heidegger）にも師事（しじ）した。この時代を代表する哲学者の一人であるが、当時の思想弾圧（だんあつ）の中で政治犯として投獄（とうごく）され、獄中（ごくちゅう）で死亡した。

❺ 柄谷行人
（からたに・こうじん）
1941年生まれ。本名は柄谷善男（からたに・よしお）。日本の哲学者、思想家、文学者、文芸評論家。

❻ 浅田彰
（あさだ・あきら）
1957年生まれ。日本の思想家、作家、批評家。

❼ カント
（かんと）
1724年生まれのドイツの哲学者。いわゆる批判哲学の祖（そ）である。1804年没。

❽ マルクス
（まるくす）
1818年生まれのドイツの経済学者。エンゲルス（1820～1895）とともに科学的社会主義の祖（そ）とされる。1895年没（ぼつ）。

❾ フロイト
（ふろいと）
1856年生まれのオーストリアの精神医学者。精神分析の祖であり、文学や芸術などの多領域に影響を与えた人物でもある。1939年没。

文化人になればよいというのではなく、目の前の政治や経済の問題を解決するために、現実に教養的知識が必要なのだと説いている。そして柄谷は、「僕は80年代の半ばに、どういう本を読めばいいかと聞かれて、岩波文庫を読めといったことがある。（中略）なぜか、推薦したい本がほとんど岩波文庫にあったということです」（『必読書』p.103）と言っており、岩波文庫のように日本人の「教養」を長年蓄積してきた媒体が、未だに価値を持っているということも指摘している。

2005年出版の『国家の品格』が大ベストセラーとなった数学者の藤原正彦は、数学者として一流の仕事をするためにも、歴史や文学などの教養を通じて、深い美的感覚を養っていくことが不可欠[16]であると言う。彼が尊敬する岡潔という日本の著名な数学者は、数学の研究を始める前に俳句の研究に没頭して[17]いた時期があって、文学の中に宿る「情緒（じょうしょ・じょうちょ）」が、数学の問題を解く上でも欠かせないと言っていたそうだ。専門の仕事に特化するばかりでは一流の業績を上げることはできないということである。

現在でも、たいていの大学には「一般教養」という科目があり、大学によっては「教養課程」というものが存在する。専門的な教育を受ける前に、「知」の世界の幅広さや奥行き[18]を知るために教養を身につけることの必要性は、忘れられたわけではない。

どのような人生を歩むのであれ、ある程度まで専門分野に特化することは誰にとっても避けがたいことだが、専門的な知識や技能を最大限に生かすためにも、じつは幅広い教養というものが必要なのである。そして「読書」こそは、教養を得るための最大の武器だろう。流行の「ベストセラー」で現代的なテーマに関する知見[19]を得ると同時に、「古典」や「ロングセラー」と言われる歴史的に定評[20]のある書物を通じて、教養を深めることも忘れないようにしたいものだ。

（文＝川端祐一郎）

本文語彙　本文文法

01　いかに（如何に）
アクセント— 2
品　　詞— 副詞

物事の程度を表すときに用いる。どれくらい。どれほど。
〈例文〉
・いかに苦しくとも、他人様のものを盗んではいけない。

02　ヒット
アクセント— 1
品　　詞— 名詞

世間や社会に認められることに成功したもの。
※ もとは英語の「hit」に由来する。
〈例文〉
・この製品はわが社最大のヒット作です。

03　ランクインする
アクセント— 4
品　　詞— 動詞

格付けされたものの中に入ること。
※ もとは英語の「rank in」で、本来の意味は「〜に中に位置する」。格付けしていれば公的なものでも、私的なものでも違いなく使用することができる。
〈例文〉
・マラソンで歴代（れきだい）10位にランクインする記録が出た。
・この店は俺の中で3位にランクインしている店だ。

04　ジャンル
アクセント— 1（ジャ）
品　　詞— 名詞

種類。領域。特に、文芸・芸術作品の様式・形態上の分類について言う。
※ フランス語の「genre」に由来し、「(芸術作品の)形式・様式など」の意味を持つ。
〈例文〉
・彼が好きなジャンルはロシア文学だ。

05　配慮する[はいりょする]
アクセント— 1
品　　詞— 動詞

問題がないように気を遣ったり、心を配ること。考慮。
〈例文〉
・新しいプロジェクトの成功に配慮する。
・課長が部下の体調に配慮して、早く帰るように勧めた。

06　世論[よろん]
アクセント— 1
品　　詞— 名詞

社会一般の人が共通して持っている意見やその多数派のこと。または、社会的問題などに対しての一般の人の姿勢や見解。
※ 正確には「輿論」と書く。世論は「せろん」もしくは「せいろん」と読み、意味は輿論に同じ。輿論の言い換える言葉として用いているうちに混同された。現在は区別なく用いられている。
〈例文〉
・世論が大切なのは言うまでもないことだが、世論のみを重視すればよいというものでもない。

07　アンケート
アクセント— 1（3）
品　　詞— 名詞

何か事柄について調査をする際に、同様の質問を多数の人に行い、その結果を集計する方法のこと。
〈例文〉
・会社で「休日は何をしているのか」についてのアンケートを行ったが、「ひたすら寝ている」というのが圧倒的に多かった。

08　見なす（見做す）[みなす]
アクセント— 0（2）
品　　詞— 動詞

「〜である」と判断したり認めたりすること。
〈例文〉
・彼の行動を私たちは裏切りと見なした。
・実験は失敗したが、次の実験につながる結果だったので、ある意味での成功と見なすこともできる。

09　エリート
アクセント— 2
品　　詞— 名詞

社会や、ある組織の中で優れていると認められた人の集団、あるいはその個人のこと。
※ フランス語の「élite」を語源とする。
〈例文〉
・彼は営業部のエリートだが、性格には問題がある。
・過ぎたエリート意識がかえって身を滅ぼした。

10　読みあさる（読み漁る）[よみあさる]
アクセント— 0（4）
品　　詞— 動詞

手当たり次第に読むこと。乱読する。
〈例文〉
・社会人になってからというもの実用書ばかりを読みあさっていたので、時には小説も読むようにしている。

11　謳う[うたう]
アクセント— 0
品　　詞— 動詞

多くの人に伝わるように特に強調して言ったり書いたりすること。
〈例文〉
・1カ月で10kg減を謳ったダイエットプログラムが流行したが、健康のためには時間をかけて体重を減らしたほうが良いと思われる。
・このベッドは「どんな人でもぐっすり眠れる」と謳われて売られている。

12 薄らぐ [うすらぐ]

アクセント― 3 (0)
品　　詞― 動詞

だんだんと減少していくこと。薄くなること。
※「薄くなる」という意味はあるが、色や味などには用いることができない。
〈例文〉
・悲しい記憶も、時とともにだんだんと薄らいでいった。
・朝日が昇るとともに夜の闇は薄らいでいった。

13 堅苦しい [かたくるしい]

アクセント― 5 (0)
品　　詞― イ形容詞

窮屈で気楽になることができない様子。
〈例文〉
・真面目なのはいいが、彼はいつも堅苦しい物言いばかりなので、たまには冗談でも言ってほしいものだ。

14 あからさま

アクセント― 0
品　　詞― ナ形容詞

隠そうとしないではっきりと出ている様子。露骨。おおっぴら。
〈例文〉
・目的だった女の子が来なかったからって、あんなにあからさまに落ち込まなくてもいいだろうに。
・彼女はあからさまに彼のことを嫌っているのに、彼はそれにまったく気がつかない。

15 リストアップする

アクセント― 4
品　　詞― 動詞

表や目録、名簿の中から、なんらかの目的をもって選び出すこと。
※英語の「list」と「up」をもとに作られた和製英語。
〈例文〉
・過去の犯罪者の中から同じ手段を使った者がいないかリストアップする。
・アドレス帳の中からよく電話する相手だけをリストアップする。

16 不可欠 [ふかけつ]

アクセント― 2
品　　詞― 名詞

物事をする上で、欠かすことができないということ。どうしても必要であるということ。
※「不可欠な」の形でナ形容詞として用いられることも多い。
〈例文〉
・今回のプロジェクトの成功には、彼の協力が不可欠です。

17 没頭する [ぼっとうする]

アクセント― 0
品　　詞― 動詞

何かに集中し、ひたすらそれだけを行うこと。
〈例文〉
・あんまりテレビゲームに没頭していないで、たまには外で遊んできなさい。
・彼が読書に没頭しているときは、隣で大声でも出さないと聞こえないみたいだよ。

18 奥行き [おくゆき]

アクセント― 0
品　　詞― 名詞

知識や人格、考えなどの深さのこと。
〈例文〉
・彼はもっともらしいことは言うんだけど、意見には奥行きがない。

19 知見 [ちけん]

アクセント― 0
品　　詞― 名詞

知識や見識、意見のこと。
※知見には「実際に見ることで知る」という意味がある。個々の意味で使うこともあるが、本来の知見とは、知識と体験をともに持つことで、物事への正しい見解を持つことを意味する。
〈例文〉
・読書で知見を広めるのもよいが、時には自分で体験してみることも大事だ。

20 定評 [ていひょう]

アクセント― 0
品　　詞― 名詞

一定以上の人に認められていて、すぐには変わらないよい評判があるということ。
※通例（つうれい）、肯定的な意味で用いられる。否定的な意味を表す場合は「悪評（あくひょう）」を用いる。
〈例文〉
・この店のコーヒーはおいしいとの定評がある。

第12課　195

本文語彙　本文文法

01 〜にかかると / 〜にかかったら / 〜にかかっては

〈接続〉
［名詞］にかかると / にかかったら / にかかっては

〈意味〉
人や人の言動を表す名詞を前に置いて、「その人の能力、あるいは言動や雰囲気などに対して、誰もかなわない」ということを表す。

〈注意点〉
動詞の「かかる」は「係る」「掛かる」「懸かる」「罹る」「懸る」「架かる」「繋る」など漢字表記が複数ある。

〈例文〉
- 山田先生には、不思議な魅力があり、どんな悪童（あくどう）も彼女にかかると、みんないい子になる。
- 彼女にかかったら、どんなに取り繕っても本心を見透かされてしまう。
- 彼にかかってはどんな材料でも天下一品の料理になってしまう。

02 〜だに

〈言い換え〉
①〜さえ
②〜だけでも

〈接続〉
①［名詞］だに
②［動詞（ーる）］だに

〈意味〉
①「〜さえしない」「まったく〜しない」という状況を示す。（※本文での使われ方）
②「〜するだけでも〜だ」という状況を示す。

〈注意点〉
①は、「［名詞］だにしない」の形で用いられる。古い形式の文語的な表現で「予想だに / 想像だに / 思うだに / 微動（びどう）だに / 一顧（いっこ）だに / 夢想（むそう）だに」といった慣用的な表現で用いられることがほとんどである。
②は、①とは異なり、後ろは肯定文になる。現在ではほとんど使われることのない表現であることに注意すること。

〈例文〉
① 事態は予想だにしない結末となった。
① 兵士はどのような危険が迫っても、微動（びどう）だにせず王を守り続ける。
② 毎年、交通事故で数千人が死亡しているとは、考えるだに恐ろしい。
② 私は彼女を思うだに、幸せな気持ちになる。

03 〜といったところだ / 〜というところだ

〈接続〉
［節 / 句］といったところだ / というところだ

〈意味〉
そのときの段階の状況を示す。

〈注意点〉
状況を説明する場合に用いる。前接する節・句では話し手の判断が述べられており、「およそ」や「おおむね」という意味を含む。

〈例文〉
- ゴールまではあと（およそ）10キロといったところです。　（※（　）内は省略されることが多い。）
- 絵の完成まであと（おおむね）1、2週間といったところだ。　（※「それ以上かかるかもしれないし、もっと短いかもしれないが、だいたい1、2週間」ということを示す。）

04 〜にかたくない

〈接続〉
［名詞］にかたくない

〈意味〉
もともとは「かたい」という語で、意味は「難しい。簡単ではない」という意味。漢字では「難い」と表記する。
それが否定の形で用いられることで、「〜するのは難しくない。簡単である」「簡単に〜できる」という意味を持つようになった。

〈注意点〉
現在はほとんどの場合、「想像にかたくない」「察するにかたくない」など決まった言い回しで用いられる。やや文語的表現であるため、日常会話で用いることは少ない。

〈例文〉
- 私も彼女も孤児として一緒に育った。あのとき彼女が感じていただろう寂しさは察するにかたくない。
- 彼は一代で貧困から巨万（きょまん）の富を築いた。彼の苦労は想像にかたくない。

05　～をおいて

〈言い換え〉
　～以外に（は）／～の他に（は）

〈接続〉
　［名詞］をおいて

〈意味〉
　「～をおいてない／いない」で、「～以外にはない／いない」「～しかない／いない」という意味を表す。

〈注意点〉
　書き言葉的な表現である。

〈例文〉
- この仕事を任せるなら、彼をおいて他に適任（てきにん）者はいないだろう。彼は十年来この問題について研究しているのだから。

言語知識に関する設問

1. 本文での読み方に注意しながら、次の日本語を音読しなさい。

   ❶ 世論　　❷ 娯楽　　❸ 古今東西　　❹ 蓄積　　❺ 陶冶
   ❻ 費やす　❼ 欲する　❽ 薄らぐ　　　❾ 宿る　　❿ 謳う

2. 下線部に入れる語として最も適当なものを a ～ d の中から選びなさい。

   ❶ 大学を中退した後、吉本興業に入って芸人になったうちの従兄弟は、毎日一生懸命お笑いの＿＿＿＿を考えているが、つまらないものばかりだ。
   　　a. ネタ　　b. タイプ　　c. ヒット　　d. ジャンル

   ❷ 去年我が校が初の甲子園出場を果たしたときの喜びは、未だに記憶＿＿＿新しい。
   　　a. へ　　b. に　　c. は　　d. が

   ❸ 彼は言葉にはしなかったが、表情は＿＿＿私への嫌悪を表していた。
   　　a. あれこれ　　b. あたかも　　c. あからさまに　　d. あくまでも

   ❹ 今学期新しく来た担任の先生は、雰囲気は優しいが、どんなときもスーツをきっちりと着ていて、誰に対しても敬語で話す＿＿＿人だ。
   　　a. 重苦しい　　b. 堅苦しい　　c. 暑苦しい　　d. 難苦しい

3. 次の下線部に当てはまる言葉を本文から抜き出して書き入れなさい。

   (1) 戦前の、たとえば大正時代には「大正教養主義」と呼ばれる一種の❶＿＿＿＿文化があり、❷＿＿＿＿の学生が教養を身につけるべく、❸＿＿＿＿を競うように読み❹＿＿＿＿いた。竹内によると、この教養主義の文化は形を変えながら戦後の早い時期までは残存していたものの、❺＿＿＿＿とともに"教養"そのものへの需要がなくなっていったようである。

   (2) どのような人生を歩むのであれ、ある程度まで専門分野に❶＿＿＿＿することは誰にとっても避けがたいことだが、専門的な知識や技能を最大限に❷＿＿＿＿ためにも、じつは❸＿＿＿＿教養というものが必要なのです。そして「読書」こそは、教養を得るための最大の武器だろう。流行の「ベストセラー」で現代的なテーマに関する❹＿＿＿＿を得ると同時に、「古典」や「ロングセラー」と言われる歴史的に❺＿＿＿＿のある書物を通じて、教養を❻＿＿＿＿ことも忘れないようにしたいものだ。

内容理解

1. 日本のベストセラー書籍にはさまざまなものがあるが、筆者はどのようなジャンルがランキングの上位にランクインすると述べているか、答えなさい。

2. 一口に「日本人」と言っても、人によって、あるいは時代によって読書する本の冊数や読書時間に違いがある。本文に挙げられている違いについて、2点以上まとめなさい。（以下のAとBには本文にある語句を記し、Cには AとBの違いや傾向を述べる形で、文を完成させなさい。）

   同じ「日本人」の読書でも、{ A }と{ B }とでは、{ C }がある。

3. 岩波書店は、なぜ古今東西の古典的な人文書を集めた岩波文庫シリーズを安い価格で提供しているのか。本文をもとに答えなさい。

4. 日本人が教養というものを以前ほどは重視しなくなっている傾向にある要因は何か。本文をもとに答えなさい。

5. 本文の内容に合致するものには〇を、合致しないものには×を記しなさい。

   ❶ 何をするにも、幅広い教養が必要であり、そのためには読書が重要なツールとなるため、ベストセラー書籍以外にもさまざまな分野や内容の書籍を読むほうがいい。（　　）
   ❷ 現在もなお、「古典」や「ロングセラー」と言われる歴史的に定評のある書物は一般には手に入りにくく、教養は一部のエリートの特権的な文化である。（　　）
   ❸ 現在の日本人は、読書から教養を身につけるという価値観を完全に捨て切ってしまい、教養を身につけることの必要性を忘却してしまっている。（　　）
   ❹ 読書量は、経済力と比例し、収入の高い人ほど読書する傾向にあるという調査結果も報告されている。（　　）
   ❺ 経済成長やライフスタイルの変化、大卒者の進路状況なども、教養を重んじる文化を崩壊させたと述べる者もいる。（　　）

▌発展活動▐

1. 自分の国や地域の平均読書量について調べ、その特徴や年代別の変化について発表しよう。他の国や地域のデータも集めて、比較してみよう。

2. 本文で述べられている教養的知識について、その必要性を感じたことはあるか。あるいは、まったく感じないか。具体例を挙げ、その理由を話し合おう。

3. 自分が今までに読んだ中で強く印象に残っている本を挙げて、どうして強く印象に残っているか書き出してみよう。それによって、一時的なものから、人生の教訓にしたものまで、自分の行動や考え方、内面にどのような変化が起こったか。発表してみよう。

コラム 電子書籍の現状と未来

出版不況の時代

　近年、出版業界の売上は減少する一方となっており、「出版不況」とも言われています。読書に関する各種統計調査を見ても、昔に比べて日本人の読書量が減っていることは事実のようです。また、そうした「活字離れ」は、1980年代から2000年代にかけて実施されていた「ゆとり教育」と関連づけて論じられることもよくあります。学校教育が子どもに対して甘い内容になっており、その結果として若者たちが昔（戦前や高度成長期）に比べて勉強熱心でなくなってしまったというのは、一般論としてよく語られることです。

　しかし、思想家・哲学者として多数の書籍を出版している内田樹は、『街場のメディア論』などの著作の中で、社会全体の知的水準というものはそう簡単に低下するものではなく、書籍が昔に比べて売れなくなっているのは、単に作り手側の努力が足りないだけだと主張しています。確かに、読書量が減るといっても、たとえばビジネスパーソンであれば企業経営の現場で何の勉強もせずに競争を勝ち抜けるわけではあるまいし[文01]、何かしらメディアに触れて情報を得る努力をしているはずです。たとえば、読書ではなくインターネットを通じて知識を仕入れているのかもしれません。

電子書籍の時代

　書籍が売れなくなった原因の一つとして、インターネット上に無料で読めるコンテンツが無数に存在するため、わざわざ[01]お金を払って書籍を買う必要がなくなったという点はよく指摘されています。そして今後は、インターネットと書籍の文化が融合して、「電子書籍」の時代がいよいよやってくるのだと日本でも話題になっています。

　Amazonの「Kindle」、楽天の子会社であるKoboの「Kobo Touch」、ソニーの「Reader」といった電子書籍専用端末や、あるいはアップルの「iPad」「iPhone」やグーグルの「Android」搭載端末を通じて、電子書籍を読む人の数は着実に増えつつあります。また、日本では、携帯電話向けにマンガの電子版を配信するサービスが、以前から広く普及していました。紙の書籍から電子書籍への移行は、当分のあいだ減速することはないでしょう。

　この電子書籍について、内田は次のように評しています。「電子書籍が読者に提供するメリット[02]の最大のものは『紙ベース[03]の出版ビジネスでは利益が出ない本』を再びリーダブル❶な状態に蘇らせた[04]ことです。絶版本、稀覯[05]本、所蔵している図書館まで足を運ばなければ閲覧できなかった本、紙の劣化が著しく一般読者には閲読が許可されなかった本、そういった『読者が読みたかったけれど読むことの難しかった本』へのアクセシビリティ❷を飛躍的に高めたことです。」

　たしかに、現在では図書館の書籍が一部電子データ化されるなどして、絶版になっている書籍や近所の書店に陳列されていないようなマイナーな[06]書籍が、少しずつ手に入りやすくなっていることは確かでしょう。ただし、日本でもまだ、電子化されていない書籍のほうが圧倒的に多く、「紙では読めないけれども電子では読める本」はこれから増えてくるものと考えるべきだと思われます。

---

❶ **リーダブル**
（りーだぶる）
「英：readable」。直訳（ちょくやく）では「読むことができる」という意味。なんらかの理由で読むことが難しくなっていた本を、手軽に読めるようにすること。

❷ **アクセシビリティ**
（あくせしびりてぃ）
「英：accessibility」。直訳（ちょくやく）では「接近しやすいこと」という意味。本文では「手に入れやすさ」といった意味合いで使用されている。

出版と読書の本質

　電子書籍は、電子メディアならではの[文02]利便性がある一方で、紙の書籍に比べればコピーが容易で、インターネット等を通じて著作権を無視した配信が行われるかもしれないという問題があります。紙の書籍を裁断し、卓上型の**スキャナ**❸を用いて電子データ化する行為が、日本では俗に「**自炊**❹」と呼ばれていますが、これも目的の個人用たると商用たるとを問わず[文03]、著作権を侵害する恐れがあるとしてしばしば[07]話題になっています。

　しかし内田は、電子データ化によって著作権が侵害されることを問題視する論調は、書籍の売り上げに悪影響があるという商売上の問題にとらわれている点で、出版と読書の本質に反していると言います。内田は、書物は厳密に言えば「商品」ではなく、出版は「金儲け[08]」のための活動ではないと言います。書籍は確かに値札[09]を付けて市場で売られていますが、本を出版するということは基本的には商売ではなく「贈与」なのであって、いくら儲かるかを基準に考えてはならないというのが内田の主張です。著作権を楯[10]にしてコピーを制限するような考え方は、「自分の本を読む人」よりも「自分の本を買う人」のほうに興味があるのだとして、内田は批判しています。

　内田に言わせれば、本というものは、買ってくれる人のために書いているのではなく、読んでくれる人のために書いているのであって、多くの人に読まれることこそが重要であるということです。そう考えないと、たとえば仮に[11]「あなたが出版した著書を、すべて定価で買い取って[12]廃棄処分にしたい。なぜなら、あなたの本を人に読ませたくないからだ」という申し出[13]をする人が現れた場合に、反対するロジックがなくなってしまうからです。

　電子書籍が話題になる際、紙の書籍と電子書籍のどちらが儲かるのかという議論になりがちな面は確かにあると思います。著者の生活を成り立たせるためにある程度の報酬が必要であるにしても、出版の本質的な目的が「多くの人に言葉や情報を届けること」にあるという点は、忘れてはならないでしょう。

（文＝川端祐一郎）

---

❸ **スキャナ**
（すきゃな）
「英：scanner」のこと。

❹ **自炊**
（じすい）
自炊とは本来は外食などをせずに、自宅で炊事を行うことを意味する。インターネット上の俗語の一種として本文のような意味で使われている。本人が購入し、所有しているものであれば、合法の範囲に留まるが、これらをもとに商売をしたり、不特定多数の人間と共有しようとした場合には法律に触れるので注意が必要である。

コラム語彙 コラム文法

01 わざわざ
アクセント — 1
品　　詞 — 副詞

必要性がないのに意識して行うこと。
〈例文〉
・わかりきったことをわざわざ説明しなくてもいい。

02 メリット
アクセント — 1
品　　詞 — 名詞

物事の長所や利点。周りに与えるプラス要素のこと。
※ 英語の「merit」を語源としている。
〈例文〉
・彼女は午後しか出勤できないが、仕事ができる人なので午後に出勤してくれるだけでもメリットがある。

03 ベース
アクセント — 1
品　　詞 — 名詞

物事の土台や基本、基礎のこと。
※ 英語の「base」を語源としている。
※ 本文の「紙ベース」は「紙（の使用）を基本とした」という意味。
〈例文〉
・彼の哲学は子ども時代の経験がベースになっている。
・次の絵は青色ベースで描いてください。

04 蘇らせる [よみがえらせる]
アクセント — 6
品　　詞 — 慣用表現

衰えたものがもう一度勢いを取り戻すこと。
※ 動詞「蘇る」の未然形に、使役の助動詞「せる」を付けた形。
※ 「蘇る」には「死んだ人が生き返る、もしくは死にそうな人が息を吹き返す」という意味がある。
〈例文〉
・彼は倒産しかけた会社をたった3年で蘇らせた。
・彼女は絵を描くことで、50年前の自分が生まれ育った街の風景を蘇らせた。

05 稀覯 [きこう]
アクセント — 0
品　　詞 — 名詞

とても貴重でめったに見られないということ。
※ 文語的なかたい表現なので、日常会話に用いることはまずない。
※ 「めったに見られない貴重な書物」を「稀覯書」もしくは本文のように「稀覯本」と呼ぶ。
〈例文〉
・我が家に代々伝わるこの皿は、名匠（めいしょう）の稀覯の逸品（いっぴん）で、博物館でも見ることはまずできない。

06 マイナー
アクセント — 1
品　　詞 — ナ形容詞

重要度が低い。あまり重要ではないということ。
※ もとは英語の「minor」。慣用的に「一般的に知られておらず、あまり有名ではない」という意味合いで使用される。
〈例文〉
・彼は地元では有名だが、まだまだ全国的にはマイナーな芸人だ。

07 しばしば
アクセント — 1
品　　詞 — 副詞

比較的頻度の高いことを表す。たびたび。しょっちゅう。
〈例文〉
・彼はしばしば会社に遅れてきては上司に怒られている。

08 儲け [もうけ]
アクセント — 3
品　　詞 — 名詞

金銭的な利益や得。儲けたもの。
※ 「金儲け」は「金銭を得るための行為」を意味する。
〈例文〉
・朝から晩まで一生懸命働いたが、今日は全然儲けがなかった。

09 値札 [ねふだ]
アクセント — 0
品　　詞 — 名詞

値段が書かれている、商品に付いた小さな札。タグ。
〈例文〉
・いい服だと思ったが、値札を見たら予算をオーバーしているので買うのをやめた。

10 楯 [たて]
アクセント — 1
品　　詞 — 名詞

自分を守るための、都合がよい手段のこと。盾。
※ もとは戦闘の際に攻撃から身を守るための防具（ぼうぐ）のこと。そこから比喩（ひゆ）的に本文のような意味で使われるようになった。
〈例文〉
・彼は自分の境遇を楯にして、すぐに被害者になりたがる。
・メディアは「報道の自由」を楯に取るが、度が過ぎればプライバシーの侵害（しんがい）にもなりかねない。

11 仮に [かりに]
アクセント — 0
品　　詞 — 副詞

（そうなるかどうかはわからないが、）たとえなったとしても。万が一。もしも。よしんば。
〈例文〉
・仮に休むにしても、前日までには知らせてください。

12 買い取る [かいとる]

アクセント ― 3
品　　詞 ― 動詞

買って自分のものにすること。
〈例文〉
・この工房では、ガラス細工作りを体験できますが、失敗しても作品は買い取らないといけません。

13 申し出 [もうしで]

アクセント ― 0
品　　詞 ― 名詞

自分の意見や、要望などを言うこと。または、その内容。
〈例文〉
・せっかくの援助の申し出だったが、今はまだ一人で頑張ろうと思うので、断ることにしました。

コラム語彙 コラム文法

01 〜ではあるまいし / 〜ではあるまいに

〈言い換え〉
〜ではないだろうに /〜じゃあるまいし

〈接続〉
[名詞] ではあるまいし / ではあるまいに

〈意味〉
実際にはそうではないのに、まるでそうであるかのような態度や行為をすること。

〈注意点〉
名詞の部分には、通例（つうれい）、未熟な、もしくは経験の浅い人物を示す語が来る。否定的な意味を持ち、相手を非難する場合や行動に疑問を感じた場合に用いられることが多い。やや硬い表現。「〜じゃあるまいし」はくだけた口語的表現。

〈例文〉
- 新人ではあるまいし、どうしてこのようなミスをしてしまったんだね。
  （→ 新人じゃあるまいし、なんでこんなミスをしちゃったんだね。　（＊口語的言い換え））
- 初めて見るわけではあるまいに、何をそんなに驚いているんだ。
  （→ 初めて見るわけではないだろうに、何をそんなに驚いているんだ。　（＊口語的言い換え））

02 〜ならではの　〈〜ならではだ〉

〈接続〉
[名詞] ならではの

〈意味〉
「A ならではの B」もしくは「B は A ならではだ」の形で、「A にしか見られない B という特徴がある」という意味を表す。

〈注意点〉
通例、よい意味を示す場合に用いる。

〈例文〉
- ピカソの絵には彼ならではの味わいがある。
- この会社ならではのサービスがある。
- この料理は彼ならではだ。

03 AたるとBたるとを問わず

〈言い換え〉
Ａか B かを問わず / Ａでも B でもを問わず

〈接続〉
[名詞 1] たると [名詞 2] たるとを問わず

〈意味〉
「A であっても、B であっても関係なく両方とも」という意味を表す。

〈注意点〉
日常会話ではあまり使わない。憲法などの法律関係の文書に用いられることが多い表現。

〈例文〉
- 直接たると間接たるとを問わず、不正に金銭を授受（じゅじゅ）してはならない。
- 味方たると敵たるとを問わず、負傷した兵士は病院に運んだ。

参考文献

<辞書・文法書>

市川保子（2005）．『初級日本語文法と教え方のポイント』スリーエーネットワーク

市川保子（2007）．『中級日本語文法と教え方のポイント』スリーエーネットワーク

許小明・Reika（主編）（2011）．『藍宝書・新日本語能力考試 N1 文法（詳解＋練習）』華東理工大学出版社

金田一春彦・池田弥三郎（編）（1978）．『学研国語大辞典』学習研究社

金田一春彦（監修）・秋永一枝（編）（2001）．『新明解日本語アクセント辞典』三省堂

グループジャマシイ（1998）．『教師と学習者のための日本語文型辞典』くろしお出版

小西友七（編）（1998）．『ジーニアス和英辞典』（初版）大修館書店

小西友七（編）（1998）．『ジーニアス英和辞典』（改訂版第五版）大修館書店

小林信明（編）（2003）．『新選漢和辞典』（第七版）小学館

『語源由来辞典』<http://gogen-allguide.com/>

柴田武・山田進（編）（2002）．『類語大辞典』講談社

白川博之（監修）・庵功雄・高梨信乃・中西久実子・山田敏弘（2001）．『中上級を教える人のための日本語文法ハンドブック』スリーエーネットワーク

藤堂明保（編）（1978）．『学研漢和大字典』学習研究社

彭曦・汪麗影・夏建新・方萍（編著）（2010）．『新日本語能力測試 N1 語法詳解』華東理工大学出版社

松岡弘（監修）・庵功雄・高梨信乃・中西久実子・山田敏弘（2000）．『初級を教える人のための日本語文法ハンドブック』スリーエーネットワーク

劉文照・海老原博（編著）（2010）．『新日本語能力考試 N1 語法解説篇』華東理工大学出版社

『goo 辞書』<http://dictionary.goo.ne.jp/>

『weblio 辞書』<http://www.weblio.jp/>

<著書>

岡崎敏雄（1989）．『日本語教育の教材――分析，使用，作成』アルク

国際交流基金（2008）．『海外の日本語教育の現状――日本語教育機関調査，2006 年』国際交流基金

国際交流基金（2017）．『海外の日本語教育の現状――2015 年度日本語教育機関調査より』国際交流基金

国際交流基金・日本国際教育支援協会（2009）．『新しい「日本語能力試験」ガイドブック』凡人社

国際交流基金・日本国際教育支援協会（2009）．『新しい「日本語能力試験」問題例集』国際交流基金

国際交流基金・日本国際教育支援協会（2012）．『日本語能力試験公式問題集』凡人社

修剛・李運博（2011）．『跨文化交際中的日語教育研究』高等教育出版社

曹大峰（編）（2006）．『日語教学与教材創新研究――日語専業基礎課程総合研究』高等教育出版社

本名信行・岡本佐智子（編）（2000）．『アジアにおける日本語教育』三修社

森篤嗣（編集）・森篤嗣・田中祐輔・中俣尚己・奥野由紀子・建石始・岩田一成（著）（2019）．『日本語教育への応用』（シリーズ「コーパスで学ぶ日本語学」第 5 巻），朝倉書店

吉岡英幸（編）（2008）．『徹底ガイド日本語教材――教材から日本語教育が見える!!』凡人社

<論文>

王婉瑩（2004）.「日語専業低年級精読課教材分析」『清華大学学報』19, 96-99.

岡野喜美子・長田紀子・シュック陽子（1991）.「ニーズ調査報告と分析──国際部教科書作成を前提に」『講座日本語教育』第 26 分冊, 231-247.

押尾和美・秋元美晴・武田明子・阿部洋子・高梨美穂・柳澤好昭・岩元隆一・石毛順子（2008）.「新しい日本語能力試験のための語彙表作成にむけて」『国際交流基金日本語教育紀要』4, 71-86.

柏崎雅世（2004）.「『日本事情テキストバンク』の教材開発」『東京外国語大学留学生日本語教育センター論集』30, 153-167.

川瀬生郎（2007）.「日本語教材開発、教科書作成に関する課題」『日本語教育』135, 23-28.

島田徳子・柴原智代（2005）.「日本語教材作成のための三つの視点──教授設計論・学習過程への注目・教室活動の分析指標」『国際交流基金日本語教育紀要』1, 53-67.

修剛（2012）.「中国における大学の日本語教育の課題と教材開発」「中国における新しい日本語教材の開発を語る」中国大学日本語教材シリーズ完成記念公開研究会, 国際交流基金日本語国際センター.

曹大峰（2008）.「中国における日本語教科書作成──歩み・現状・課題」『言語文化と日本語教育』35, 1-9.

田中祐輔（2010）.「論体現"学習当事者需求"的教材開発支援網站的構建──為了適応多様化学習需求的総合日語教材開発」『日本研究集林』35, 99-106.

田中祐輔（2015）.「第 9 章　初級総合教科書から見た文法シラバス」山内博之（監修）・庵功雄・山内博之（編）『現場に役立つ日本語教育研究 1　データに基づく文法シラバス』167-192, くろしお出版

田中祐輔（2016）.「解説 日本語教材目録データベース」吉岡英幸・本田弘之（編）『日本語教材研究の視点──新しい教材研究論の確立をめざして』225-226, くろしお出版

田中祐輔（2016）.「第 1 章　初級総合教科書から見た語彙シラバス」山内博之（監修）・森篤嗣（編）『現場に役立つ日本語教育研究 2　ニーズを踏まえた語彙シラバス』1-27, くろしお出版

田中祐輔（2016）.「日本語教育基礎文法の国際比較研究──日本語教科書の日中対照調査から」『中研紀要教科書フォーラム』17, 39-55, 公益財団法人中央教育研究所

田中祐輔（2017）.「第 7 章第 1 節　当事者の語りから日本語教育の歴史を考える」川上郁雄（編集）『公共日本語教育学──社会をつくる日本語教育』138-143, くろしお出版

田中祐輔（2018）.「第 5 章　語彙に着目した日本語教科書作成プロセスの歩み」山内博之（監修）・岩田一成（編）『現場に役立つ日本語教育研究 6　語から始まる教材作り』59-73, くろしお出版

田中祐輔（2019）.「日本語教育の『文型』に生きる国語教育──戦後の初級教科書五九文型はどこからきたのか」『月刊国語教育研究』561, 42-49, 日本国語教育学会

田中祐輔・伊藤由希子・王慧隽・肖輝・川端祐一郎（2010）.「中国の日本語専攻大学生に対する日本語教科書の課題──学習者への学習状況調査を通して」『大学外語研究文集』11, 362-381.

田中祐輔・川端祐一郎（2018）.「戦後の日本語教科書における掲載語彙選択の傾向とその要因に関する基礎的定量分析」『日本語教育』170, 日本語教育学会, 78-91.

寶文・李慶祥（2000）.「高年級日語精読課教材的内容、結構、規模」『山東師大外国語学院学報』4, 93-96.

野田岳人・渡辺史央（2003）.「教材開発の実際：『日本語学習者のための読解教材専門書を読み解く』に関する一報告」『神戸大学留学生センター紀要』9, 113-141.

楊豪傑・彭玉全（2010）.「日語専業学生心目中理想的精読教材」『中国教育学刊』S1, 66-68.

横田淳子（1999）.「『中・上級社会科学系読解教材テキストバンク』の教材開発」『東京外国語大学留学生日本語教育センター論集』25，139-150.

吉岡英幸（2006）.「教材・教具の歴史と展望」『早稲田日本語教育の歴史と展望』7-25，アルク

吉岡英幸（2011）.「日本語教材から見た日本語能力観」『早稲田日本語教育学』9，1-7.

李倍建（2007）.「中国における日本語教育と日本語教材の編成及び使用について」『中央学院大学社会システム研究所紀要』8（1），209-244.

冷麗敏（2005）.「中国の大学における『総合日本語（精読）』に関する意識調査——学習者と教師の回答を比較して」『日本言語文化研究会論集—創刊号—』59-73.

【ユニット1　日本人と日本語】
＜第1課＞
北原保雄（編著）（2004）.『問題な日本語——どこがおかしい？　何がおかしい？』大修館書店

北原保雄（編著）（2005）.『続弾！　問題な日本語——何が気になる？　どうして気になる？』大修館書店

北原保雄（編著）（2007）.『問題な日本語　その3』大修館書店

北原保雄（編著）（2011）.『問題な日本語　その4』大修館書店

＜第2課＞
齋藤孝（2001）.『声に出して読みたい日本語』草思社

齋藤孝（2002）.『声に出して読みたい日本語2』草思社

齋藤孝（2004）.『声に出して読みたい日本語3』草思社

齋藤孝（2000）.『身体感覚を取り戻す——腰・ハラ文化の再生』日本放送出版協会

崎谷博征（2006）.『グズな大脳思考　デキる内蔵思考』明日香出版社

【ユニット2　日本人と地震】
＜第3課＞
烏賀陽弘道（2011）.「頼れるどころか、もはや『有害』な日本の震災報道——信頼に足る情報を探し求めて分かったこと」（「JB Press」掲載，2011年3月18日付）
　　<http://jbpress.ismedia.jp/articles/-/5668>（Last Accessed. 2012.07.23）.

荻上チキ（2011）.『検証　東日本大震災の流言・デマ』光文社

小出浩章（2011）.『原発のウソ』扶桑社

津田大介（2011）.「ソーシャルメディアは東北を再興可能か——ローカルコミュニティの自立と復興」『思想地図β vol.2』コンテクチュアズ.

中川恵一（2012）.『放射線医が語る被ばくと発がんの真実』ベストセラーズ

藤沢数希（2012）.『「反原発」の不都合な真実』新潮社

吉村昭（2004）.『関東大震災』文藝春秋

【ユニット3　日本人とビジネス】
＜第4課＞
梅田望夫（2006）.『ウェブ進化論——本当の大変化はこれから始まる』筑摩書房

梅田望夫・平野啓一郎（2006）.『ウェブ人間論』新潮社

荻上チキ（2011）.『検証　東日本大震災の流言・デマ』光文社
佐々木俊尚（2011）.『キュレーションの時代――「つながり」の情報革命が始まる』筑摩書房

<第5課>
岩崎夏海（2009）.『もし高校野球の女子マネージャーがドラッカーの『マネジメント』を読んだら』ダイヤモンド社
ドラッカー, P. F.（著）・上田惇生（編訳）（2001）.『マネジメント［エッセンシャル版］――基本と原則』ダイヤモンド社
ドラッカー, P. F.（著）・上田惇生（訳）（2006）.『経営者の条件』ダイヤモンド社
「仕事に役立つ読書術！CHAPTER1 20代の読書傾向を知る」
　　<http://www.hitachi-solutions.co.jp/column/tashinami/book/>（Last Accessed. 2012.07.23）.
「特集――ドラッカーの大預言：日本経済は甦る！」『週刊ダイヤモンド』（2001年3月3日付）ダイヤモンド社.
「特別インタビュー：ピーター・F・ドラッカー大いに語る」『日経ビジネス』（1999年4月5日付）日経BP.
『読書の秋』ビジネス書に関する調査を実施
　　<http://www.r-agent.co.jp/corp/news/091027.html>（Last Accessed. 2012.07.23）.

【ユニット4　日本人と文学】
<第6課>
河合隼雄・村上春樹（2006）.『村上春樹、河合隼雄に会いにいく』新潮社
村上春樹（1979）.『風の歌を聴け』講談社
村上春樹（1980）.『1973年のピンボール』講談社
村上春樹（1982）.『羊をめぐる冒険』講談社
村上春樹（1987）.『ノルウェイの森（上）（下）』講談社
村上春樹（1994）.『ねじまき鳥クロニクル〈第1部〉泥棒かささぎ編』新潮社
村上春樹（1994）.『ねじまき鳥クロニクル〈第2部〉予言する鳥編』新潮社
村上春樹（1994）.『ねじまき鳥クロニクル〈第3部〉――鳥刺し男編』新潮社
村上春樹（2002）.『海辺のカフカ（上）（下）』新潮社
村上春樹（2009）.『1Q84 BOOK1』新潮社
村上春樹（2009）.『1Q84 BOOK2』新潮社
村上春樹（2010）.『1Q84 BOOK3』新潮社
「[『1Q84』への30年]（上）月の裏に残されたような恐怖」『読売新聞』（2009年6月16日付）.
「[『1Q84』への30年]（中）成長つづける若者に興味（連載）」『読売新聞』（2009年6月17日付）.
「[『1Q84』への30年]（下）2つの『言語』交流させた（連載）」『読売新聞』（2009年6月18日付）.
「村上春樹インタビュー：僕の小説は、混沌とした時代に求められる」『COURRiER Japon (クーリエ ジャポン)2009年07月号』講談社
「村上春樹氏ロングインタビュー：僕にとっての＜世界文学＞そして＜世界＞」『毎日新聞』（2008年5月12日付）.

<第7課>
水野敬也（2007）.『夢をかなえるゾウ』飛鳥新社

＜第 8 課＞
金原ひとみ（2004）．『蛇にピアス』集英社
『大辞林（第三版）』三省堂
綿矢りさ（2003）．『蹴りたい背中』河出書房新社

【ユニット5　日本人と哲学】
＜第 9 課＞
マイケル・サンデル（著）・鬼澤忍（訳）（2010）．『これからの「正義」の話をしよう──いまを生き延びるための哲学』早川書房
マイケル・サンデル（著）・NHK「マイケル・サンデル究極の選択」制作チーム（編）（2011）．『マイケル・サンデル　大震災特別講義──私たちはどう生きるのか』NHK出版

【ユニット6　日本人と生活】
＜第 10 課＞
朝日新聞「ロストジェネレーション」取材班（2006）．『ロストジェネレーション──さまよう2000万人』朝日新聞社
三浦展（2005）．『下流社会──新たな階層集団の出現』光文社
三浦展（2007）．『格差が遺伝する！──子どもの下流化を防ぐには』宝島社
水島宏明（2007）．『ネットカフェ難民と貧困ニッポン』日本テレビ放送網
NHKスペシャル「ワーキングプア」取材班（2007）．『ワーキングプア──日本を蝕む病』ポプラ社

＜第 11 課＞
井上トシユキ（2003）．『2ちゃんねる宣言（増補版）──挑発するメディア』文藝春秋
中野独人（2003）．『電車男』新潮社
名無しぼうず（2012）．『僕が「2ちゃんねるまとめブログ」管理人になった理由』（電子版）デジカル・インプレスコミュニケーションズ
「2ちゃんねる　違法情報5068件放置」『産経新聞』（2012年5月11日付）．
「2ちゃんねる，転載禁止まとめサイトへの広告掲載停止を要請　ブログサービス2社に対し」『ITmediaニュース』（2012年7月19日付）．
　　<http://www.itmedia.co.jp/news/articles/1207/19/news025.html>（Last Accessed. 2012.07.23）．
「新しい情報流通構造・暇つぶしメディア『まとめサイト』の利用実態調査」（2012年）株式会社電通パブリックリレーションズ．
「大企業の約8割，2ちゃんねるにアクセス制限」『ITmediaエンタープライズ』（2008年02月14日付）
　　<http://www.itmedia.co.jp/enterprise/articles/0802/14/news110.html>（Last Accessed. 2012.07.23）．
「『電車男』100万部突破──映画観客動員も」『asahi.com』（2005年6月20日付）
　　<http://book.asahi.com/news/TKY200506200311.html>（Last Accessed. 2012.07.23）．
「ベストセラー『電車男』に続け！注目を浴びるネット本出版事情」『web R25』（2005年2月17日付）
　　<http://r25.yahoo.co.jp/fushigi/rxr_detail/?id=20050217-90000593-r25>（Last Accessed. 2012.07.23）．

【ユニット7　日本人と読書】
<第12課>

岩崎夏海（2009）．『もし高校野球の女子マネージャーがドラッカーの『マネジメント』を読んだら』ダイヤモンド社

内田樹（2012）．『街場の読書論』太田出版

柄谷行人・岡崎乾二郎・島田雅彦・渡部直己・浅田彰・奥泉光・スガ秀実（2002）．『必読書150』太田出版

竹内洋（2003）．『教養主義の没落──変わりゆくエリート学生文化』中央公論新社

タニタ（2010）．『体脂肪計タニタの社員食堂──500kcalのまんぷく定食』大和書房

藤原正彦（2005）．『国家の品格』新潮社

マイケル・サンデル（著）・鬼澤忍（訳）（2010）．『これからの「正義」の話をしよう──いまを生き延びるための哲学』早川書房

村上春樹（2009）．『1Q84 BOOK1』新潮社

村上春樹（2009）．『1Q84 BOOK2』新潮社

村上春樹（2010）．『1Q84 BOOK3』新潮社

「第65回読書世論調査：震災体験、読書に影響──解説本に高まる関心（その1）」『毎日新聞』（2011年10月26日付）．

「読書週間世論調査　電子書籍　若年層が関心──本離れ『時間ない』特集」『読売新聞』（2011年10月22日付）．

「ビジネスマン1000人調査の結論！──「年収別」心底、役立った一冊、ゴミ箱行きの一冊」『プレジデント』（2012年4月30日付）．

「ベストセラー　年度別　明治3年～：【FAX DM、FAX送信の日本著者販促センター】」（日本著者販促センター）<http://www.1book.co.jp/cat_84.html>（Last Accessed. 2012.08.09）．

語彙索引

例　1 ＝第1課（本文）　　1C ＝第1課（コラム）

【あ】

- あえて（敢えて）............... 11
- 仰ぐ［あおぐ］............... 11
- 煽り立てる［あおりたてる］............... 3
- あからさま............... 12
- アクチュアル............... 5C
- 憧れ［あこがれ］............... 11
- 値する［あたいする］............... 9
- 宛［あて］............... 1C
- 当て字［あてじ］............... 1
- アプローチ............... 11
- アマチュア............... 4, 6
- あらかじめ（予め）............... 4C
- あらゆる............... 5
- ありがち............... 1
- ありのまま............... 6
- ありふれる（有り触れる）............... 7
- アンケート............... 12
- 言いくるめる（言い包める）
  ［いいくるめる］............... 7
- 言い張る［いいはる］............... 7
- 言い回し［いいまわし］............... 8C
- 生かす［いかす］............... 5
- いかに（如何に）............... 12
- 経緯［いきさつ］............... 11
- いざ............... 10
- 痛ましい［いたましい］............... 3
- 一見［いっけん］............... 7
- いっそう............... 4
- 逸話［いつわ］............... 7
- 命がけ［いのちがけ］............... 6
- 嫌々［いやいや］............... 8
- 否応［いやおう］............... 6
- 異を唱える［いをとなえる］............... 2, 9
- ヴァーチャル............... 3

- 受け入れる［うけいれる］............... 1, 4
- 受け止める［うけとめる］............... 8
- ウケる（受ける）............... 7
- 薄らぐ［うすらぐ］............... 12
- 謳う［うたう］............... 12
- 疑わしい［うたがわしい］............... 3
- 打ち立てる［うちたてる］............... 9
- 唸る［うなる］............... 7
- 埋め込む［うめこむ］............... 9
- 裏付け［うらづけ］............... 3C
- エリート............... 12
- 奥行き［おくゆき］............... 12
- 収まる［おさまる］............... 11C
- 襲う［おそう］............... 3
- おびえる［怯える］............... 11
- 帯びる［おびる］............... 2
- 趣［おもむき］............... 8
- 重んじる［おもんじる］............... 2, 11C
- 及ぶ［およぶ］............... 4C
- 檻［おり］............... 6C
- 折に触れて［おりにふれて］............... 2

【か】

- 買い取る［かいとる］............... 12C
- 介入する［かいにゅうする］............... 9
- 顧みる［かえりみる］............... 5
- 掲げる［かかげる］............... 5
- 欠かす［かかす］............... 4
- かき消す［かきけす］............... 3
- 書き立てる［かきたてる］............... 11
- 稼業［かぎょう］............... 6
- 画一的［かくいつてき］............... 4C
- 格差［かくさ］............... 9
- 囲い込み［かこいこみ］............... 6
- 化す［かす］............... 8

- 課す［かす］............... 8
- 堅苦しい［かたくるしい］............... 12
- かたどる............... 7
- 語りかける［かたりかける］............... 7
- 肩を並べる［かたをならべる］............... 8
- 合致する［がっちする］............... 10
- かつて（嘗て）............... 5, 9
- かねる............... 1
- 構える［かまえる］............... 6
- 絡む［からむ］............... 11
- 仮に［かりに］............... 11, 12C
- 還元する［かんげんする］............... 9
- 管内［かんない］............... 3
- 稀覯［きこう］............... 12C
- 兆し［きざし］............... 8
- 既視感［きしかん］............... 3C
- 築き上げる［きずきあげる］............... 6
- 気にかける（気に掛ける）
  ［きにかける］............... 7
- 忌避する［きひする］............... 2
- 窮屈［きゅうくつ］............... 7C
- 曲芸［きょくげい］............... 5
- 切り離す［きりはなす］............... 3
- 吟味する［ぎんみする］............... 1
- 食い意地［くいいじ］............... 7
- 口ずさむ［くちずさむ］............... 2
- 口出し［くちだし］............... 5
- くまなく............... 4C
- 気だるさ（気怠さ）［けだるさ］............... 8
- 結束［けっそく］............... 8
- 結束力［けっそくりょく］............... 5
- 圏内［けんない］............... 3
- 豪語する［ごうごする］............... 7
- 個々［ここ］............... 5
- 試みる［こころみる］............... 5

語彙索引　**211**

コツ [こつ] 2C	先方 [せんぽう] 1C	呈する [ていする] 7C
ことあるごとに (事ある毎に) 5	洗練する [せんれんする] 8	定着する [ていちゃくする] 1, 1C
ことさら (殊更) 11	疎外感 [そがいかん] 8	定年 [ていねん] 5
古風 [こふう] 5	疎外する [そがいする] 6	定評 [ていひょう] 12
こもる (籠もる) 1C	即座 [そくざ] 5C	手軽 [てがる] 4, 8
	備わる [そなわる] 6	出来合い [できあい] 6
	素朴 [そぼく] 9	出不精 [でぶしょう] 10
【さ】	そもそも 3, 4C	デマ 3
さえ 9	諳んじる [そらんじる] 2	出回る [でまわる] 3C
割く [さく] 8C	それなり 7C	問いかける [といかける] 9
差し置く [さしおく] 8		倒錯 [とうさく] 7C
指図する [さしずする] 9		当面 [とうめん] 10
差し出す [さしだす] 1	**【た】**	どうやら 7
さして (然して) 8	対応する [たいおうする] 1	時折 [ときおり] 6
殺到する [さっとうする] 6	大して [たいして] 5	説く [とく] 7
さなか (最中) 5C	携わる [たずさわる] 5	どことなく 8
自活する [じかつする] 6	立ち返る [たちかえる] 5	どさくさ 3C
しがらみ 6C	立ち向かう [たちむかう] 6	突入する [とつにゅうする] 4C
仕組み [しくみ] 10	脱走する [だっそうする] 6	留まる [とどまる] 5
嗜好 [しこう] 9	楯 [たて] 12C	唱える [となえる] 4C
示唆に富む [しさにとむ] 2C	たどり着く (辿り着く)	飛び交う [とびかう] 3, 4
指針を求める [ししんをもとめる] 5	[たどりつく] 7C	富 [とみ] 9
失墜 [しっつい] 8	絶やす [たやす] 6	共働き [ともばたらき] 8
しばしば 12C	だらしない 10	取り上げる [とりあげる] 4C, 10
始末する [しまつする] 6	ダラダラ [だらだら] 7	取り組む [とりくむ] 9C
締めつける (締め付ける)	千切る [ちぎる] 8	とりたてて (取り立てて) 2
[しめつける] 8	知見 [ちけん] 12	取引 [とりひき] 11C
ジャンル 12	茶の間 [ちゃのま] 8	取引先 [とりひきさき] 1C
集約する [しゅうやくする] 4	ちやほや 7	とりわけ (取り分け) 9C, 10
従来 [じゅうらい] 11	徴収する [ちょうしゅうする] 9	取るに足らない [とるにたらない] .. 3
趣旨 [しゅし] 2C	賃金 [ちんぎん] 5C	
出馬する [しゅつばする] 6	突き詰める [つきつめる] 9	
知らしめる [しらしめる] 11	つきまとう 9C	**【な】**
甚大 [じんだい] 9	作り話 [つくりばなし] 11	投げかける [なげかける] 7
信憑性 [しんぴょうせい] 3	つけ込む [つけこむ] 9	なし得ない (成し得ない／為し得ない)
すさまじい 9C	都度 [つど] 5	[なしえない] 5
筋書き [すじがき] 8C	常日頃 [つねひごろ] 1C	なじみ 9
素早い [すばやい] 3	つぶる (瞑る) 5	名付ける [なづける] 6, 8C
すら 1, 2C, 5C	吊り上げる [つりあげる] 9	名乗る [なのる] 1C, 7
すんなり 6	連れ回す [つれまわす] 6	生身 [なまみ] 8

成り立ち [なりたち] 11	表題 (ひょうだい) 2	惑わす [まどわす] 3C
生業 [なりわい] 6	ひょっとする 6C	的を射る [まとをいる] 2C
名を冠する [なをかんする] ... 8	開き直る [ひらきなおる] 1	真に受ける [まにうける] 10
賑わす [にぎわす] 11	瀕する [ひんする] 2	目の当たり [まのあたり] 7
日課 [にっか] 7	フィジカル 3	見いだす [みいだす] 6
人間味 [にんげんみ] 11	フォーカスする 3	見入る [みいる] 8
抜け出す [ぬけだす] 7	フォーム 2C	見受ける [みうける] 1C
ネームバリュー 5	不可欠 [ふかけつ] 8C, 12	見限る [みかぎる] 11
根ざす (根差す) [ねざす] 1	不気味 [ぶきみ] 11	見かける (見掛ける) [みかける]
ネタ 1	ぶち 5	.... 1C, 9C
根付く [ねづく] 7	復旧 [ふっきゅう] 9C	見下す [みくだす] 8C
値札 [ねふだ] 12C	不当 [ふとう] 2	見世物 (見せ物) [みせもの] ... 9
ノウハウ 5	踏みにじる [ふみにじる] 9	導く [みちびく] 7
望ましい [のぞましい] 9	プラント 3	見通し [みとおし] 4
臨む [のぞむ] 7C	振り返る [ふりかえる] 4, 9	見なす (見做す) [みなす] 12
乗っかる [のっかる] 4C	振り絞る [ふりしぼる] 11	身の回り [みのまわり] 5
飲み込む [のみこむ] 3C	古臭い [ふるくさい] 2	見舞う [みまう] 3
	触れ込み [ふれこみ] 11	見向き [みむき] 8C
【は】	文脈 [ぶんみゃく] 1C	むしろ 2C, 9
配慮する [はいりょする] 12	ベース 12C	結びつく [むすびつく] 2C
励む [はげむ] 10	ベール 9	無断 [むだん] 11C
果たす [はたす] 11	冒頭 [ぼうとう] 2	むやみやたら [無暗矢鱈] 1
抜粋する [ばっすいする] 11	誇る [ほこる] 2	銘打つ [めいうつ] 6
パッとしない 10C	発足 [ほっそく] 11C	めぐる (巡る) 5C
払う [はらう] 5	没頭する [ぼっとうする] 12	目覚める [めざめる] 5
ひいては 10C	ほど遠い (程とおい) [ほどとおい] ... 7	メリット 12C
控える [ひかえる] 3	ホメちぎる (褒めちぎる) 7	目をみはる [めをみはる] 8
日陰 [ひかげ] 8	掘り下げる [ほりさげる] 9	儲け [もうけ] 12C
引き取る [ひきとる] 6		申し出 [もうしで] 12C
ひたすら 2	**【ま】**	もたらす 3, 4
ひたむき 7C	マイナー 12C	もって (以て) 1
ヒット 12	巻き起こす [まきおこす] 9	もっぱら (専ら) 3
ひとごと (他人事) 1	巻き返す [まきかえす] 8	もてる 11
ひと通り [ひととおり] ... 2, 10C	紛らわす [まぎらわす] 8	ものすごい 2
ひとまず 2C	まぎれもない 11	もはや (最早) 1C, 3, 5C
日向 [ひなた] 8	まぎれる (紛れる) 3C	盛り上がる [もりあがる] 10
被ばく (被曝) [ひばく] 3	勝る [まさる] 9	
秘める [ひめる] 8	またぐ (跨ぐ) 7C	**【や】**
拍子 [ひょうし] 6	待ち合わせ [まちあわせ] 1C	役職 [やくしょく] 1C

語彙索引 **213**

やけに 7
やたら 10
奴 [やつ] 10
宿る [やどる] 60
やり取り [やりとり] 11
要する [ようする] 1
よくよく 1
善し悪し [よしあし] 4
呼び寄せる [よびよせる] 6
読み上げる [よみあげる] 2
読みあさる（読み漁る）
　　　　　[よみあさる] 12
蘇らせる [よみがえらせる] 120
世論 [よろん] 12

【ら】
ランクインする 12
理屈 [りくつ] 7
リストアップする 12
流言飛語 [りゅうげんひご] 30
隆盛 [りゅうせい] 2
レジュメ 5

【わ】
枠 [わく] 110
枠組み [わくぐみ] 6
わざわざ 1, 120

文法索引

例 　1 ＝第 1 課（本文）　　1C ＝第 1 課（コラム）

【あ】

～あげく 9
いかにも～そうだ 3C
いかにも～らしい 3C
～いかん（で） 1

【か】

～（の）かいもなく 3C
～かたわら 4
～がてら 1
AがBと相まって 3C
～が早いか 5C
～がゆえに〈～がゆえの〉 11C
～きらいがある 1C
～くらいなら 10
～ごとし〈～ごとき / ～ごとく〉 7

【さ】

～ずくめ 4
～ずじまい 7C
～ずにはすまない 2
～そばから 7

【た】

～だけのことはある 8
～だけましだ 3, 5C
～たところで 1
～たなり 9
～だに 3, 12
AだのBだの 2C
～ためしがない 9C

～たものではない 2
～たものでもない 2
～たりとも 9C
AたるとBたるとを問わず 12C
～たるや 8C
AつBつ 8
～っぱなし 7
AであれBであれ 7
AであろうとBであろうと 7
～て（は）いられない 8
～てからというもの 3
～てたまらない 8
～てでも 9C
～でなくて何だろうか 7C
～ではあるまいし 12C
～ではあるまいに 12C
～て（も）もともと 11
AといいBといい 8C
～というところだ 12
～といったところだ 12
～と言わずして何（と言うの）だろうか 7C
AといわずBといわず 8C
～と言わんばかりに 8
～と(は)うってかわって 6
～と思いきや 5C
AとB（と）が相まって 3C
～ときたら 7
～ところだった 7C
～としたら 1
～としてあるまじき 9
～とすると 1

～とすれば	1
～とばかりに	8
～ともなく	6
～ともなしに	6
AともなればB	7C
～とやら	7C

【な】

～ないではすまない	2
～ないまでも	4
～ながら(も)	2, 6
～ながらに	2, 6
～なくして(は)	4
～なくもない	2C
～なしに(は)	4
～ならいざ知らず	8
～ならではの〈～ならではだ〉	12C
～ならともかく	8
～(の)ならまだしも	7C
～なり	9
AなりBなり	6
～なりに〈～なりの〉	6C
～に値する	9
～にあたり	3
～にあって	5C
～にあるまじき	9
～に至っては	1, 3
～に至っても	3
～に至る〈～に至った/～に至って〉	1
～に至ると	3
～に至るまで	1
～にかかったら	12
～にかかっては	12
～にかかると	12

～にかたくない	12
～にこしたことはない	5C
～に即して〈～に即した〉	11
～に堪える〈～堪えない〉	11C
～に足りる	9
～に足る	9
～にのっとって	10
～に(も)まして	5

【は】

～は言うに及ばず	10
～は言うまでもなく	10
～はおろか	10
～ばこそ	5
～べきではない	9
～べく	8
～ほかしかたがない	9C

【ま】

～まくる	11C
～までだ	9
～までのことだ	9
～まみれ	6
～めく	3C
～もさることながら	7
～も同然の〈～も同然だ〉	8C
～ものを	3C

【や】

～や否や	6
～ゆえに〈～ゆえの〉	11C
～よりほか(は)いない	3
～よりほか(は)ない	3

【わ】
〜わけ 1
わりと 6

【を】
〜をおいて 12
〜を皮切りとして 7
〜を皮切りに 7
〜を皮切りにして 7
〜を禁じ得ない 8
〜をはじめとして〈〜をはじめとする〉........... 11
〜をもって 1
〜をものともせずに 10
〜を余儀なくさせる 3
〜を余儀なくされる 3
〜をよそに 11C

【ん】
〜んばかりの〈〜んばかりだ/〜んばかりに〉...3

文化・社会キーワード索引

例　1 ＝第1課（本文）　　1C ＝第1課（コラム）

【あ】

芥川賞 [あくたがわしょう] 8
芥川龍之介 [あくたがわりゅうのすけ] 8
一般教養 [いっぱんきょうよう] 12
一夫多妻 [いっぷたさい] 9
岩波文庫 [いわなみぶんこ] 12
インターネットカフェ 8
オウム真理教 [オウムしんりきょう] 6
オタク 11
お笑い [おわらい] 7
御社 [おんしゃ] 1C

【か】

格差社会 [かくさしゃかい] 10
学生運動 [がくせいうんどう] 6
活字離れ [かつじばなれ] 12
家庭内暴力 [かていないぼうりょく] 6
金原ひとみ [かねはら・ひとみ] 8
カルト宗教 [カルトしゅうきょう] 6
関西弁 [かんさいべん] 7
菅直人 [かん・なおと] 3C
機会の平等 [きかいのびょうどう] 10
貴社 [きしゃ] 1C
求人情報誌 [きゅうじんじょうほうし] 7
旧制高校 [きゅうせいこうこう] 12
経済産業省 [けいざいさんぎょうしょう] ...9C
ケータイ小説 [ケータイしょうせつ] 8C
原理主義 [げんりしゅぎ] 6
高校野球 [こうこうやきゅう] 5
高度経済成長 [こうどけいざいせいちょう] ...10
高度成長期 [こうどせいちょうき] 10
高齢化 [こうれいか] 10
黒人差別 [こくじんさべつ] 9
孤独死 [こどくし] 8

【さ】

財政赤字 [ざいせいあかじ] 5C
再生可能エネルギー [さいせいかのうエネルギー] ...9C
自己啓発 [じこけいはつ] 7, 7C
自分探し [じぶんさがし] 7C
資本主義 [しほんしゅぎ] 9
ジャンクフード 10C
集合知 [しゅうごうち] 4
就職活動 [しゅうしょくかつどう] 7C
終身雇用 [しゅうしんこよう] 5
集団主義的 [しゅうだんしゅぎてき] 6C
終末思想 [しゅうまつしそう] 6
儒教文化 [じゅきょうぶんか] 6C
出版不況 [しゅっぱんふきょう] 8, 12
純文学 [じゅんぶんがく] 8
少子高齢化 [しょうしこうれいか] 5C
消費文化 [しょうひぶんか] 8
新興国 [しんこうこく] 9C
新興宗教 [しんこうしゅうきょう] 6
正座 [せいざ] 2
節電 [せつでん] 9C
戦後 [せんご] 9
戦前 [せんぜん] 2
全体主義 [ぜんたいしゅぎ] 6
戦中 [せんちゅう] 2

【た】

脱原発 [だつげんぱつ] 9C
地下鉄サリン事件 [ちかてつサリンじけん] 6
中高一貫校 [ちゅうこういっかんこう] ...10C
著作権 [ちょさくけん] 12
テレビゲーム 10
電子書籍 [でんししょせき] 12
転職 [てんしょく] 7C
同性婚 [どうせいこん] 9

218　社会・文化キーワード索引

トンデモ 2C

【な】

夏目漱石 [なつめそうせき] 8
日本的経営 [にほんてきけいえい] 5
ネットカフェ難民 [ネットカフェなんみん] 8
年功序列 [ねんこうじょれつ] 5
飲み会 [のみかい] 4

【は】

バイト 8
派遣社員 [はけんしゃいん] 10
バブル 10
阪神大震災 [はんしんだいしんさい] 6C
非正規雇用 [ひせいきこよう] 8
非モテ [ヒモテ] 11
ファストフード 10
ファッション雑誌 [ファッションざっし] 8
福島第一原子力発電所
　　　[ふくしまだいいちげんしりょくはつでんしょ] 3, 9C
ベストセラー 12
ベンチャー起業家 [ベンチャーきぎょうか] 7C
放送作家 [ほうそうさっか] 5
本田宗一郎 [ほんだ・そういちろう] 7

【ま】

マーケティング 10
松下幸之助 [まつした・こうのすけ] 7
まとめサイト 11C
民主主義 [みんしゅしゅぎ] 9
民主党 [みんしゅとう] 3C
村上春樹 [むらかみ・はるき] 6
明治時代 [めいじじだい] 1

【や】

ゆとり教育 [ゆとりきょういく] 12
読売新聞 [よみうりしんぶん] 12

【ら】

ライトノベル 8C
リア充 [リアじゅう] 11

【わ】

ワーキングプア 10
和歌 [わか] 2
若者言葉 [わかものことば] 1C
綿矢りさ [わたや・りさ] 8

【A】

NHK [エヌ・エイチ・ケイ] 9

著者紹介

[編著者]

田中祐輔（たなか　ゆうすけ）　青山学院大学文学部　准教授

筑波大学日本語・日本文化学類卒業
早稲田大学大学院日本語教育研究科博士後期課程修了　博士（日本語教育学）
日本学術振興会特別研究員、中国復旦大学講師、早稲田大学国際学術院助手、東洋大学講師を経て現職。東京大学、早稲田大学、一橋大学、東京外国語大学、などにおいて非常勤講師を歴任。
第 32 回大平正芳記念賞特別賞受賞。2017 年度早稲田大学ティーチングアワード総長賞受賞。2018 年度日本語教育学会奨励賞受賞。2019 年度・2021 年度博報堂教育財団研究助成優秀賞受賞。2020 年キッズデザイン協議会会長賞受賞。2020 年度東京大学オンライン授業等におけるグッドプラクティス総長表彰。2021 年 PARENTING AWARD ノミネート。
[主な著書／論文]『日本語で考えたくなる科学の問い〔文化と社会篇〕』（2022, 凡人社，編著）、『《書き込み式》表現するための語彙文法練習ノート〈上〉―語／コロケーション／慣用句／表現文型―』（2022, 凡人社，編著）、『データ科学×日本語教育』（2021, ひつじ書房，共著）、『実践ビジネス日本語問題集［語彙・文法・読解］』（2021, 国際教育フォーラム，共著）、『文字・語彙・文法を学ぶための実践練習ノート』（2021, 凡人社，編著）、『日本語教育への応用』（2018, 朝倉書店，共著）、『現代中国の日本語教育史』（2015, 国書刊行会，単著）、「『日本語教育』掲載論文の引用ネットワーク分析―日本語教育研究コミュニティの輪郭描写―」（『日本語教育』178, 2021, 共著）、「戦後の日本語教科書における掲載語彙選択の傾向とその要因に関する基礎的定量分析」（『日本語教育』170, 2018, 共著）

[著者]

川端祐一郎（かわばた　ゆういちろう）　京都大学大学院　工学研究科都市社会工学専攻　助教

筑波大学社会学類卒業
京都大学大学院工学研究科都市社会工学専攻博士後期課程修了　博士（工学）
専門は、公共政策論、コミュニケーション論。
社会評論誌『表現者クライテリオン』編集委員。
[主な著書／論文]『日本語で考えたくなる科学の問い〔文化と社会篇〕』（2022, 凡人社，共著）、「『日本語教育』掲載論文の引用ネットワーク分析―日本語教育研究コミュニティの輪郭描写」（『日本語教育』178, 2021, 共著）、「戦後の日本語教科書における掲載語彙選択の傾向とその要因に関する基礎的定量分析」（『日本語教育』170, 2018, 共著）

肖輝（しょう　き）　大連外国語大学　日本語学院　准教授

大連外国語大学日本語学部卒業
早稲田大学大学院アジア太平洋研究科修士課程修了
大連外国語大学北東アジアハイレベル外国語外事人材育成プログラム博士課程単位取得満期退学
専門は、日本語教育、翻訳通訳教育。
[主な著書／論文]『日语阅读训练　通过流行语看日本』（2012, 外语教学与研究出版社，共著）『日语口译进阶教程』（2015, 長春出版社）『新经典日本语　口译基础』（2018 年, 外语教学与研究出版社，共著）

張玥（ちょう　ゆえ）　公益財団法人東京財団政策研究所　プログラムオフィサー

復旦大学中国言語文学学部卒業。同大学院修士課程修了
東京大学大学院総合文化研究科言語情報科学専攻博士後期課程単位取得満期退学
専門は、中国音韻学、歴史言語学、社会言語学、中国語教育。
[主な著書／論文]『日本語で考えたくなる科学の問い〔文化と社会篇〕』（2022, 凡人社，共著）、『《書き込み式》表現するための語彙文法練習ノート〈上〉―語／コロケーション／慣用句／表現文型―』（2022, 凡人社，共著）、「一八七四年刊『英字入門』に反映した上海語音」（『中国語学』268, 2021, 単著）、「欧文資料から見る 20 世紀前期上海語の音声・音韻的特徴」（『言語情報科学』15, 2017, 単著）

[本文デザイン]
遠藤梓

[カバーデザイン]
遠藤梓・松本和晃

[校正]
田中祐輔・山田信也・山田信吾・山本瞳・柳田正芳・長瀬啓之・田中千鶴子

|上級日本語教材|

日本がわかる、日本語がわかる
ベストセラーの書評エッセイ24

2019年2月25日　初版第1刷発行
2024年1月10日　初版第4刷発行

編　著　者	田中祐輔
著　　　者	川端祐一郎・肖輝・張玥
発　　　行	株式会社 凡人社
	〒102-0093　東京都千代田区平河町 1-3-13
	電話 03-3263-3959
印刷・製本	倉敷印刷株式会社

定価はカバーに表示してあります。乱丁本・落丁本はお取り換えいたします。
＊本書の一部あるいは全部について、著作者から文書による承諾を得ずに、いかなる方法においても無断で、転載・複写・複製することは法律で固く禁じられています。

ISBN 978-4-89358-955-2
©Yusuke TANAKA, Yuichiro KAWABATA, Hui XIAO, Yue ZHANG　2019 Printed in Japan

上級日本語教材

日本がわかる、日本語がわかる
ベストセラーの書評エッセイ24

活動用ワークシート集

反転授業を取り入れた授業で使用するワークシートを配信しています。
下記よりダウンロードしてお使いください。
（凡人社ウェブサイト内「凡人社の本」からもアクセスできます）

http://www.bonjinsha.com/wp/bookreview